Kürschner | Widmer | Koschmieder

WANDERN IN DER STADT
Basel

Iris Kürschner
Freddy Widmer
Michae Koschmieder

WANDERN IN DER STADT
Basel

Fotos von Iris Kürschner

Rotpunktverlag

© 2015 Rotpunktverlag, Zürich

www.rotpunktverlag.ch
www.wanderweb.ch/basel

Umschlagfoto: Rhein mit Basler Münster und Wettsteinbrücke
Gestaltung: Patrizia Grab, Sylvie Dardel
Karten: Kartografie Winter, Ottobrunn.
Geodaten © OpenStreetMap-Contributors
Lithos: Widmer & Fluri GmbH, Zürich
Druck und Bindung: Druckerei Uhl, Radolfzell

ISBN 978-3-85869-670-0
2. Auflage 2016

INHALT

8 Zu diesem Buch
10 Nützliche Infos

300 Literatur
303 Bildnachweis

1 Stadtmauerrundgang
12 Auf der Mauer, auf der Lauer

An der Kleinbasler sowie der inneren und der äußeren Großbasler Stadtmauer entlang – beziehungsweise an dem, was noch daran erinnert.

22 Route 1 und Seitenblicke

2 Gegen den Strom
28 Basel an mym Rhy

Von Kleinhüningen bis Birsfelden: über (fast) alle Brücken, auf (fast) allen Fähren – immer am Rhein entlang.

38 Route 2 und Seitenblicke

3 Kunst an jeder Ecke
44 Von Böcklin über Picasso bis zu Tinguely und Serra

Ein Spaziergang durch die Stadt, die immer auch eine Galerie ist.

54 Route 3 und Seitenblicke

4 Altstadt anders
60 In 25 Fragen um den Marktplatz

Fragwürdigkeiten überall! Hier kommen die Antworten. Denn man sieht nur, was man weiß!

74 Route 4

5 Toteninseln
76 Durchs Grüne – mit und ohne Trauerrand

Eine Stadtwanderung über sieben Friedhöfe, durch Stadtgrün und Stadtgrau.

86 Route 5 und Seitenblicke

6 Badisches in Basel

92 **Die Pforzheim-Basel-Schlussetappe**

Vom Badischen Bahnhof, dem offiziellen Schlusspunkt des Schwarzwald-Westwegs, zur Münsterpfalz.

102 Route 6 und Seitenblicke

7 Die Birs entlang

108 **Sterben und Leben am anderen Basler Fluss**

Sie gibt dem Menschen Energie und Trinkwasser – und mittlerweile gibt sie Pflanzen und Tieren auch wieder Leben.

120 Route 7 und Seitenblicke

8 Rund um den Kanton Basel-Stadt

126 **Basel exklusiv, Basel extrem**

Wer als »Grenzgänger« den Kanton Basel-Stadt umrundet, macht etwa einen Marathon. Wir versuchen die Runde an einem Tag.

138 Route 8 und Seitenblicke

9 Im Vorort Arlesheim

146 **Sein Dom, sein Garten, sein Bach**

Politische Wirren und kirchenpolitische Auseinandersetzungen haben Arlesheim ein Bijou beschert. Der Natur verdankt der Ort ein zweites.

158 Route 9 und Seitenblicke

10 Dalbedych

164 **Ort der Bewegung, Ort der Begegnung**

Vom Kraftwerk an der Birs in eine historische Industriezone am Rhein – was sich nach Lärm und Technik anhört, ist tatsächlich eine Wanderung durch viel Natur und Kultur.

174 Route 10 und Seitenblicke

11 Vom Leimental zur Birsigmündung

180 **Im Schüttelbecher der Geschichte**

Von einem historisch bewegten Grenzgebiet zum ältesten Zoo der Schweiz und hinab in Basels düstersten Flussabschnitt.

188 Route 11 und Seitenblicke

12 Urwald am Rhein
194 Dr Hansdampf im Schnoogeloch
*Gedanken Rhein-affiner Menschen begleiten
uns zu den Rheinauen, die hier Camargue heißen.*

202 Route 12 und Seitenblicke

13 Stadt Land Berg
210 Vom tiefsten zum höchsten Punkt
*Hafen und Hochwald, Kunst im Park und Riehener Palazzi.
Stramm geht es bergwärts zu Basels Bergdorf und zum
schönsten Ausguck überm Rheinknie.*

224 Route 13 und Seitenblicke

14 Basel Rhein Ost
230 Alles im Fluss – ein Rheinkrimi
*Von der Hightech- in die Römerzeit, Chemie neben Biotopen –
krasse Kontraste beim Bummel am Rhein zu den Nachbargemeinden.*

244 Route 14 und Seitenblicke

15 Die Grenze entlang
252 Fluchtwege
*Mal Schweiz, mal Deutschland. Verwirrend der Grenzverlauf,
der in Kriegszeiten über das Schicksal entschied.*

270 Route 15 und Seitenblicke

16 Wiese und Wein
276 Basels grüne Lunge
*Trinkwassergebiet, Rebenland und Idylle pur vom Stadtrand
auf den Tüllinger Berg.*

286 Route 16 und Seitenblicke

17 Rheinschwimmen
292 Alles geht bachab
*Ein kurzer »Stadtspaziergang« mit minimaler Ausrüstung,
ein kleines Stück in Richtung Holland.*

298 Route 17

Inhalt | **7**

ZU DIESEM BUCH

Sich nie um eine Wetterprognose kümmern müssen – einfach zum Fenster hinausschauen und feststellen: Es geht oder es geht nicht. Und dann gehen oder eben nicht gehen.

Nie einen Rucksack packen, sich nie fragen müssen: Regenschutz, Ersatzwäsche, Thermosflasche, alles dabei? Ein Mini-Rucksäcklein vielleicht, aber meist genügt schon das Portemonnaie.

Sich nie um Fahrpläne kümmern – die Gegend, in der wir uns aufhalten und bewegen, ist mit dem öffentlichen Verkehr so gut erschlossen, dass wir in kurzen Intervallen hin- oder zurückkommen.

So weit die eher technischen und einigermaßen oberflächlichen Qualitäten des Stadtwanderns; sie gelten zumindest für jene, die hier zu Hause sind.

Die inhaltlichen Qualitäten des Basler Stadtwanderns haben wir drei, Iris Kürschner, Michael Koschmieder und Freddy Widmer, gesucht, gefunden, recherchiert und vertieft und dabei so manches Mal bedauert, dass ein Text auch einmal fertig sein muss. Folgen Sie uns auf unseren siebzehn Touren durch die Stadt, in der Stadt, rund um die Stadt herum und in die Stadt hinein; ja, so großzügig durften wir das Vergnügen »Wandern in der Stadt« schon auslegen, durften sozusagen Anlauf nehmen im Elsass, im Markgräfler Land, im Birseck und im Leimental; denn hätten wir uns auf die 37 Quadratkilometer des Kantons Basel-Stadt beschränken müssen, wären wir einander wahrscheinlich gelegentlich auf die Füße getreten.

Wir verstehen uns nicht als Herzblutbasler, das heißt, der Nabel unserer Welt ist nicht das Käppelijoch, wir schlafen nicht in der rot-blauen Bettwäsche des lokalen FC, ja, wir sind nicht mal aktive Fasnächtler. Aber wir mögen die Stadt, wir geben hier wenn nicht gerade die große Liebeserklärung, so aber doch eine starke Sympathiebekundung ab und freuen uns darüber, wie wir Basel zum Teil neu entdeckt haben. Eine Stadt mit viel Chemie und erstaunlich viel Natur; die Architekturstadt, die Kunststadt, die heitere Stadt, auch die Stadt, die im Krieg viel Erschütterndes aus nächster Nähe gesehen hat, die Stadt aus viel Vorgestern und hoffentlich viel Übermorgen. Viele scheinbar unscheinbare und doch amüsante Details haben wir entdeckt und teilen diese hier gern. Etwa wie nahe sich Nonnen und Nutten gekommen sind und in gewisser Weise auch Roger und Elizabeth, der King of Tennis und die Queen; wir schreiben über Wohltäter und Übeltäter, über Mörder und Selbstmörder, über schräge Vögel und zielstrebige Biber, über alte Stadttore und neue städtische Torheiten, über Großes und Kleines – etwa ein Weltereignis, das im Haus zur Mücke stattgefunden hat. Wir berichten über einen Stararchitekten, der eines seiner Werke schon nach fünfzehn Jahren geschleift sah, und über ein Gotteshaus, das seit Jahrhunderten laufend restauriert wird. Wir kennen eine Wiese, auf der nicht ein einzig Gräslein wächst, und wissen, dass die Camargue nur anderthalb Gehstunden vom Novartis Campus entfernt ist, haben in der Region einen Inka-Schatz gefunden und erklären, was es mit der Liebessteuer auf sich hat. Und warum eigentlich hat ein deutscher Fürst, der Basler war, sein Land von hier aus regiert? Warum hat man die Leiche eines Häftlings quasi zur Probe verbrannt, und stimmt es, dass Mussolini mal in einem nahen Steinbruch geschuftet hat?

So, genug verraten. Zeit, zum Fenster hinauszuschauen und nachzusehen, ob es geht oder nicht geht. Und gehen.

Freddy Widmer
Juli 2015

NÜTZLICHE INFOS

Stadtplan
Wer mit diesem Buch wandert, sollte trotz ausführlichem Routen-Telegramm einen Stadtplan bzw. eine Wanderkarte bei sich tragen. Einen großen Teil der Touren steckt der Stadtplan *Basel und Umgebung* vom Grundbuch- und Vermessungsamt im Maßstab 1:25 000 ab (im Buchhandel, Bahnhof SBB, bei Basel Tourismus oder in der Infothek Riehen erhältlich: www.stadtplan.bs.ch). Leider fehlen hier diverse Zipfel bei Touren ins angrenzende Ausland. So muss man sich bei Tour 12 mit der französischen IGN-Karte, Blatt 3721 ET *Huningue Bâle*, 1:25 000, behelfen, bei Tour 14 für den fehlenden Part am Kraftwerk Augst-Wyhlen mit der Wanderkarte *Region Basel*, 1:25 000, editionmpa oder mit dem Stadtplan *Grenzach-Wyhlen*, bei Tour 15 für den Inzlinger Abschnitt mit dem Ortsplan *Riehen Bettingen*, 1:10 000, und bei Tour 16 für die Tüllinger Berghälfte mit dem Falk-Stadtplan *Lörrach Weil am Rhein*, 1:17 000, oder dem Stadtplan *Weil am Rhein*. Für die Basellandpartien bei den Touren 7, 9, 10 und 11 helfen Swisstopo Blatt 1067 *Arlesheim* und Blatt 1047 *Basel*, 1:25 000.

ÖV
Basel und seine Regio sind bestens mit S-Bahn, Tram, Bus, Fähre und Ausflugsschiffen erschlossen. Ein Großteil der in diesem Buch vorgestellten Strecken liegt in der Tarifzone 10; Fahrpläne: www.bvb.ch, www.sbb.ch. Gäste, die in Basler Hotels logieren, erhalten beim Check-in ein sogenanntes Mobility Ticket für die freie Benutzung der öffentlichen Verkehrsmittel während der Aufenthaltsdauer. Wer einen Zoobesuch einplant, für den kommt die BaselCard gelegen; bei Basel Tourismus erhältlich (24 Std. 20 CHF / Euro, 48 Std. 27 CHF / Euro), gewährt sie neben freiem Zooeintritt auch freie Fahrt mit dem öV, kostenlose Stadtführungen und Fähre sowie ermäßigte Tarife in Museen, bei Schifffahrten, Restaurantbesuchen und Kinos. Preishit ist das TriRegio mini Ticket. Es kostet 10,50 CHF / 7 Euro für 24 Std., und zwei Kinder bis 14 Jahre fahren im gesamten öV-Netz der in diesem Buch vorgestellten Touren gratis mit: www.triregio.info.

Ausrüstung
Eine Jacke als Wind- und Regenschutz gehört immer ins Gepäck. Das Allerwichtigste sind die Schuhe: keine Stadtschuhe, sondern gut eingelaufene, bequeme Wanderschuhe. Auch Turnschuhe sind möglich.

Wegbeschaffenheit
Wer in einer Stadt wandert, wird Teerstraßen nicht umgehen können. Bei der Routenwahl haben wir jedoch versucht, den Anteil an Naturwegen so hoch wie möglich zu halten.

Trinkwasser
Allein in Basel gibt es über 200 Brunnen (www.brunnenfuehrer.ch), aus denen Trinkwasser fließt. Kommen noch die Brunnen von Markgräflerland, Elsass und Baselland hinzu. Damit ergeben sich genügend Möglichkeiten zum Nachfüllen der Trinkwasserflasche, etwas spärlich gesät nur auf Tour 12.

Unterwegs
Diese Rubrik nennt Angebote und Einkehrmöglichkeiten entlang der jeweiligen Route, in der Regel ausgewählte Adressen, ohne Anspruch auf Vollständigkeit.

Internet
Zu empfehlen sind:

www.baselinsider.ch: Interessante Reportagen, Geheimtipps, Restaurantempfehlungen … kurz, das Basler Online-Nachschlagewerk.

www.hls-dhs-dss.ch: Historisches Lexikon der Schweiz, Artikel zu Personen, Orten und Sachthemen. Suche nach Lexikonartikeln oder im Volltext.

www.bs.ch: Internetseite des Kantons Basel-Stadt.

www.museenbasel.ch: Übersicht über Museen und Aktuelles.

www.ub.unibas.ch > swissbib: Universitätsbibliothek Basel.

www.de.wikipedia.org: Bietet Texte zu praktisch allem. Ob sie gut recherchiert sind, sei dahingestellt.

Man beachte auch die Weblinks im Anschluss an die Texte / Seitenblicke.

Buchhinweise

Die in knapper Form zitierten Publikationen finden sich in einer ausführlichen Literaturliste am Ende des Buchs.

Dies & das als Taschenführer

Basilisken: Thomas Hofstätter, *Basels Ungeheuer – Eine kleine Basiliskenkunde*, Berlin und Basel 2008.

Gärten: Brigitte Frei-Heitz, Anne Nagel, *Gartenwege der Schweiz – Landschaftsgärten des 19. Jahrhunderts in Basel und Umgebung*, Baden 2012.

Klöster: Felix Ackermann, Therese Wollmann, *Klöster in Basel – Spaziergänge durch fünf Jahrhunderte*, Basel 2009.

Quartiere: Ewald Billerbeck, *Basel St. Johann – Der Reiseführer*, Basel 2010. Hansjörg Beutter, Ewald Billerbeck, *Basel Gundeldingen – Der Reiseführer*, Basel 2009. Barbara Lüem, *Basel Kleinhüningen – Der Reiseführer*, Basel 2008.

Kleine Web-Bibliothek

www.gruenguertel.ch: Trinationale Website, die 100 außergewöhnliche Naturorte in der Region Basel beschreibt, mit Übersichtskarte, Anreise, Zeitaufwand, Verpflegungsmöglichkeiten.

www.pronatura-bs.ch: Pro Natura Basel kümmert sich um mehr Natur in der Stadt. Unter ihrer Obhut stehen 16 Reservate. Auf der Website ganz unten bei den Quicklinks findet man auch das Programm von »Basel natürlich«, Exkursionen, die gratis angeboten werden und spannende Einblicke vermitteln.

www.altbasel.ch: Historisches Basel online.

Kleine Regio-Bibliothek

André Salvisberg, *Die Basler Strassennamen*, Basel 1999.

Sabine Währen/Philipp Ryser/Werner Ryser, *Dreiland – Portrait eines Lebensraums*, Basel 2011.

Wolfgang Abel, *Markgräflerland – Streifzüge zwischen Weinweg und Weinstraße*, Badenweiler 2013.

Jacky Salamander/Wolfgang Abel, *Elsass & Sundgau*, Badenweiler 2012.

Iris Kürschner, *Jura – Die 40 schönsten Touren*, Bruckmann Verlag 2012.

Stadtführungen

Das Angebot an Stadtführungen in Basel ist reichhaltig, ob zu Fuß, mit Bus oder Schiff, ob im Oldtimer-Tram oder mit dem Segway, ob mit Schauspielern, Obdachlosen oder als Individualtour mit iGuide (fünf audiovisuelle Stadtrundgänge). Klassische, originelle, kauzige Themengänge zum Beispiel bei:

www.basel.com > Erlebnisse: Angebot von Basel Tourismus.

www.visitbasel.com.

www.grabmacherjoggi.ch.

www.vereinsurprise.ch > Sozialer Stadtrundgang Basel: Drei Experten der Straße geben Einblick in ihren Alltag und zeigen Orte, an denen man sonst achtlos vorübergeht.

www.kandern.de: Stadtführungen mit dem Autor Michael Koschmieder bei der Volkshochschule Kandern.

Stadtmauer, St. Alban-Quartier

1 Stadtmauerrundgang

Auf der Mauer, auf der Lauer

An der Kleinbasler sowie der inneren und der äußeren Großbasler Stadtmauer entlang – beziehungsweise an dem, was noch daran erinnert.

Michael Koschmieder

Zur Basler Kinderzeit von Johann Peter Hebel stand das alles noch weitgehend: die ganzen rund acht Kilometer Stadtmauern und Gräben, alle Stadttürme, Bollwerke und der Rheinturm mit dem Lällekönig. Binnen sechzig Jahren nach seinem Tod verschwand das meiste, und wir müssen nun die Fantasie und alte Bildquellen bemühen, um einen Eindruck von damals zu erhalten. Wir beginnen deshalb unsere Mauerwanderung im Klingentalkloster, wo wir die einzigartige Gelegenheit haben, die erste Hälfte unserer Tour vollständig aus der Vogelperspektive und auch noch ins Mittelalter zeitversetzt zu überschauen. Im oberen Stockwerk finden wir ein Stadtmodell, welches das mittelalterliche Basel nach dem Stadtplan von Matthäus Merian darstellt. Ansonsten hilft ein Exemplar des merianschen Stadtplanes, den man im Historischen Museum oder bei Basel Tourismus am Steinenberg bekommt.

Am Rheinbord kann man einen Blick in den freigelegten Rychedych werfen, ein Gewerbekanal, der Kleinbasel und das Klingentalkloster mit Wasserkraft versorgte und hier unterirdisch dem Rhein zufloss. Nach der Kaserne und an Boule spielenden Mitmenschen vorbei biegen wir rechts in den Klingentalgraben. Klingentalgraben! Da sind wir richtig, denn die meisten Straßenzüge, die auf den ehemaligen Stadtgräben an oder zwischen den Stadtmauern angelegt worden sind, enden auch heute noch auf -graben. Wo man heute die Klybeckstraße und die Tramlinie überschreitet, stand früher das nach dem Kloster St. Blasien benannte Bläsitor.

Eckturm der Kartause an der Wettsteinbrücke

An der Kreuzung mit der Riehentorstraße bewundern wir das schönste Stadttor von Kleinbasel, das Riehentor. Allerdings nur, wenn wir eine historische Aufnahme dabeihaben, denn das Prachtstück mit seinen vier Ecktürmchen wurde abgerissen. Geblieben ist das Torstübli, eine kleine Wirtschaft mit viel Charme. Wir erreichen den Wettsteinplatz und die leider meistens verschlossene Theodorskirche, an deren Außenseite einige interessante Epitaphe zu entdecken sind. Keine fünfzig Meter vom Eingang des gotischen Gotteshauses mit dem Käsbissenturm erreichen wir die nächste gotische Kirche: die des Kartäuserordens. Man sieht sie aber erst, wenn man durch den Rundbogen in den Innenhof des Waisenhauses getreten ist. In das Tschekkenbürlinzimmer mit der grandiosen Schnitzdecke und in das Innere der Kartäuserkirche darf man einen Blick werfen, wenn man nett fragt. Hieronymus Tschekkenbürlin war der letzte Abt und nach der Aufhebung des Klosters auch der letzte Bewohner der Kartause. Auf dem Merianplan kann man noch die Einzelzellen erkennen, in denen die Klosterbrüder ein Leben in innerer Einkehr führten.

Damit lassen wir den Kleinbasler Stadtmauerabschnitt auch schon hinter uns, die Zinnen der Kartause und der Eckturm erinnern noch an zurückliegende Zeiten. Auf der Großbasler Seite der Wettsteinbrücke erreichen wir, von einem riesigen Basilisken des Bildhauers Ferdinand Schlöth begrüßt, den inneren Stadtmauerring. Rechts eröffnete der St.-Alban-Schwibbogen den Weg zum Münster. Auf alten Bildern ist er leicht durch den doppelten Torbogen zu identifizieren. Die Mauer reichte bis an den Rhein hinunter. Räume im Turm hießen »Bärenloch«, »Vogelkäfig« oder »des Teufels Küche« – kein gemütlicher Ort.

Caritasbrunnen in der Kartause

Der St. Albangraben wurde bereits 1786 aufgefüllt, danach entstanden mehrere große Bauten: das Antikenmuseum (Nr. 5) wie auch das Nachbarhaus, beide vom Architekten Melchior Berri. Die Mauer führte geradlinig bis zum Aeschen-Schwibbogen, ein Ritter Eschemar wohnte im Tor. Es stand am obersten Ende der Freien Straße; das Abbruchmaterial wurde u.a. zum Bau des Schilthofs verwendet, ein auffälliger klassizistischer Rundbau am Eck für den Seidenfabrikanten Rudolf Forcart-Hoffmann nach dem Vorbild des Schlosses Wilhelmshöhe bei Kassel.

Den Steinenberg gehts hinunter und den Kohlenberg wieder hinauf. Wo heute die Figuren und Fontänen des Tinguely-Brunnens spritziges Theater aufführen, stand im Mittelalter das Kloster der Reuerinnen zu Maria Magdalena für bußwillige bekehrte Prostituierte. Etwa auf der Höhe der Traminsel – aber in einiger Tiefe – fließt der Birsig unter der Stadt. Im Mittelalter rauschte er rechts und links am Wasserturm vorbei und über eine gemauerte Stufe in die Tiefe. Auch heute noch gibt es einen unterirdischen Wasserfall im überdeckten Bachbett zum Höhenausgleich.

Kohlenberg

Am Kohlenberg sind die kleinen Häuslein auf der rechten Seite direkt an die Stadtmauer gebaut worden. Gegenüber war der Steinen- oder Rümelinsbach, ein Gewerbekanal, durch einen kleinen Bogen nicht in, sondern wie der Birsig unter die Stadt geflossen. Basels letztes Erkerklo an einer Hauswand erinnert noch an diese Zeiten. An der Biegung des Kohlenbergs erhebt sich ein mächtiger Eckturm, der schon vor dem Bau der inneren Mauer da gestanden haben muss. Hoch oben erinnern die berüchtigten kleinen Fensterchen daran, dass hier nicht immer die Musik gespielt hat, sondern das Untersuchungsgefängnis drohte. Hinter einer der vergitterten Öffnungen ist noch eine Originalzelle vorzufinden. Daneben schließt sich die Giebelwand der St. Leonhardskirche an.

In den Häusern auf der rechten Seite des Leonhardsgrabens stecken noch Reste der alten Ringmauer. Und auf dem Dach des Teufelhofs begegnet uns eine Figur, die eine waghalsige »Balance auf dem Teufelhof« riskiert. Geschaffen hat sie der Künstler Hubertus von der Goltz – und der zweite Balanceakt ist nicht weit entfernt. Dort, wo wir um die Ecke kommen und der Leonhards- zum Petersgraben wird, stand der Spalenschwibbogen, das wuchtigste Tor der inneren Stadtmauer, von denen leider keines erhalten blieb. Es diente bis 1822 als Untersuchungsgefängnis und letzte Unterkunft für zum Tode Verurteilte. Prominentester Insasse war der Erzbischof Andreas Zamometic von Granea in Albanien. Er hatte im Münster die Fortsetzung des Basler Konzils proklamiert (und zwar mittels Thesenanschlag an der Münstertür), anfangs mit Basler Unterstützung. Dann wurde er auf kaiserliches Dekret hin verhaftet und eingesperrt. Papst Sixtus IV. forderte nachdrücklich (Kreuzzugsbulle gegen Basel!) die Auslieferung. 1484 verstarb der »Kardinal von San Sisto« im streng bewachten Turm – er wurde erhängt aufgefunden. Wochenlang blieb er hängen, bevor er in ein Fass geschlagen und am Käppelijoch in den Rhein geworfen wurde.

Das stimmungsvolle Restaurant Harmonie ist unter Einbeziehung der Stadtmauer gebaut worden, am Neubau daneben hat man die Mauer in ihrer damaligen Höhe in rotem Sandstein abgebildet – bis zum Absatz. Ein »Balancierender« lässt uns nach oben blicken, seinen Kollegen haben wir schon kennengelernt. Durch den Petersplatz, immer schon ein streng geometrisch baumbewachsener städtischer Treffpunkt, konnte man von der inneren Stadtmauer zur äußeren schauen. Auf der rechten Seite begegnen wir einem netten Flankiertürmchen, barock umgebaut, und danach noch einem ordentlichen Brocken aus der alten Stadtmauer. Die Peterskirche war durch das Eselstürlein zu erreichen.

Mit dem Seidenhof haben wir das Ende der inneren Stadtmauer erreicht. An den Seidenhof war der St. Johann-Schwibbogen über den Blumenrain angebaut, die linke Ecke des Seidenhofs ist ein ehemaliger Eckturm der Stadtbefestigung, wie man auf dem Merianplan erkennen kann. Auf der Kleinbasler Seite entdecken wir die Kaserne und den Eingang zum Museum kleines Klingental, unseren Startort.

Wir schreiten direkt auf das St.-Johanns-Tor zu, es liegt so weit außerhalb, weil beim Bau der äußeren Stadtmauer, um 1400 beendet, das Kloster des Johanniterordens mit einbezogen werden musste. Der Turm ist einer von dreien, die die Entfestigung der Stadt überstanden haben. Rechts führt eine Treppe über die Rheinschanze zum Thomasturm, der allerdings nur noch die halbe ursprüngliche Höhe zu bieten hat. Dennoch ist hier ein schöner Aussichtspunkt auf den Park, den Rhein und den Blauen in naher Ferne.

Wo die Vogesenstraße auf den St.-Johanns-Ring stößt, stand einmal das Eisenbahntor für die Züge der Elsässerbahn nach Basel. Die Stadtmauer verlief hier im Zickzack, wir folgen ihr auf der Klingelbergstraße, vorbei am Biozentrum der Universität, für das man viel Beton angerührt hat, bis hin zur Hebelschanze. Sie ist benannt nach der drittletzten Strophe der Basler Stadthymne »Z'Basel an mym Rhy« von Johann Peter Hebel: »Uf de grüene Schanz, in der Sunne Glanz, woni Sinn und Auge ha, lacht's mi nit so lieblig a, bis go Sante Hans.« Die Schanze hieß ursprünglich Wasenbollwerk und umfasste auch noch das Bernoullianum, vom Ringturm an der Ecke konnte das Spalentor und die lange gerade Mauer entlang überwacht werden. Ihr gegenüber ist mit dem Holsteinerhof ein elegantes Rokokoschlösschen zu finden, in dem Peter Ochs einst gewohnt hat.

Die Stadtmauer folgte nur kurz der heutigen Schönbeinstraße und dann der Bernoullistraße zum Petersplatz – sie sparte den Sankt Peters-Gottesacker (heute der botanische Garten der Universität) aus. Hier konnte man von der äußeren Stadtmauer zur inneren sehen. Das Stachelschützenhaus, ursprünglich Übungslokal der Armbrustschützen, war rückseitig mit der Stadtmauer verbunden.

Über den kurzen Spalengraben, dicht vor den pittoresken Fachwerkhäuschen, führte die Mauer an das Spalentor. Der erste Blick auf das imponierendste Stadttor ist immer wieder ein Erlebnis, auch wenn es zunächst nur ein Seitenblick ist, denn wir sehen die bunte Turmspitzenpyramide zuerst hinter dem massiven runden Flankierturm hervorlugen. Die stadtauswärts weisende Seite mit dem Vorwerk beeindruckt am meisten, hier finden wir auch die Spalenmadonna. Sie steht auf zwei Sichelmond-Gesichtern, Eva und Artemis darstellend – einzigartig in dieser Kombination. Für eine Erholungspause empfiehlt sich der botanische Garten der Universität mit seinem Tropenhaus und der Nachbildung des Gewächshauses für eine einzige Pflanze, die Viktoria-Seerose mit ihren großen luftgefüllten Blättern – als typischer Sommergast ist sie im Winter nicht zu bestaunen.

Wir verlassen das Spalentor, das bei aller Größe doch auch recht verloren und funktionslos wirkt ohne die Stadtmauer. Wo sich Schützen-

Spalentor

graben und Schützenmattstraße kreuzen, war 1548 das hufeisenförmige Fröschenbollwerk errichtet worden, eine der wenigen nachträglichen Verbesserungen und Verstärkungen des schon damals kaum noch zeitgemäßen Stadtmauerrings. Am Anfang der Straßenunterführung sind die Bruchsteine der alten Befestigung sichtbar gemacht worden.

Am Holbeinplatz kommt der äußere dem inneren Mauerring am nächsten. Im Steinengraben blieb als Spur der Mauer der Grünstreifen, er führt uns vorbei am diskretesten Kunstmuseum der Stadt (die Helvetia-Versicherung mit einer sehenswerten Sammlung von vor allem modernen Schweizer Kunstwerken) und dem einen originellen architektonischen Blickfang setzenden Hotel ThePassage der Architekten Wyss und Santos. Auf der anderen Straßenseite folgt die Steinenschanze, die im 17. Jahrhundert vor dem Bollwerk »Wag den Hals« angelegt worden war. Ihre Nase ist zu besteigen und eine kleine Parkanlage wurde hier angelegt, von der aus man aus beträchtlicher Höhe in Richtung des durchbrochenen neugotischen Turmes der Elisabethenkirche auf das Viadukt und das Bollwerk »Dorn im Aug« und die Türme und Kuppeln der modernen Stadt sehen kann. Kunstvoll eingerahmt wird der Ausblick seit nunmehr über vierzig Jahren durch die rote dreiteilige Eisenplastik von Paul Suter.

Vor 160 Jahren wäre der Blick von hier noch um einiges imposanter gewesen: Der Birsig ergoss sich etwa auf Höhe des heutigen Hochhauses unter zwei mit Fallgattern gesicherten Rundbogen in die Stadt, und wo heute an der Tramhaltestelle »Heuwaage« Schulklassen aussteigen, um durch das Nachtigallenwäldlein in den Zoo zu gelangen, stand der hohe Steinenturm. Beim fröhlich-bunten Kunstwerk *Lieu dit* des 2014 verstorbenen Michael Grossert steigen wir die Treppe zum Bollwerk »Dorn im Aug« hoch, welches wieder in der ursprünglichen Höhe aufgemauert worden ist. Von dort erreichen wir über die Wallstraße die Elisabethenanlage mit dem frisch renovierten Straßburgerdenkmal.

Von hier führt uns ein Grünstreifen fast direkt bis zum Ende des äußeren Stadtmauerrings. Damit schuf man eine angenehme Promenade entlang ziemlich dicht befahrener Straßenzüge und konnte sich auch noch klammheimlich darüber freuen, dass man für die hier frei gewordenen Flächen der ehemaligen Stadtbefestigung keine Ausgleichszahlungen an die Basellandschäftler leisten musste – laut Trennungsvertrag immerhin zwei Drittel des Erlöses.

Am Aeschenplatz, wo sich heute Basels größter Verkehrsknoten unreguliert entwirrt, stand bis 1866 das Aeschentor – das Tor in die Schweiz. Seine Funktion als markanter Stadteingang hat das Gebäude der Bank für internationalen Zahlungsausgleich von Mario Botta übernommen.

Nach einem Verkehrsinsel-Hopping steht der *Hammering Man* von Jonathan Borofsky unermüdlich auch für die Zerschlagung der Stadtmauer durch die Kraft der Veränderung. Mit der St. Alban-Anlage haben wir wieder sicheren Boden erreicht und können über die hübsch angelegten Weglein flanieren, die letztlich kerzengeradeaus nach fünfhundert Metern zum St. Alban-Tor führen. Auch bei der Original-Stadtmauer war dies der längste wie am Lineal gezogene Abschnitt.

Die letzten Meter gehen wir durch ein Freilichtmuseum, das mit dem St. Alban-Tor beginnt. Nach dem Erdbeben von 1356 beschlossen die Stadthäupter, das älteste Kloster der Stadt aus dem Jahr 1083 mitsamt seinen Mühlen und dem St. Alban-Teich in den Schutz der neuen Stadtmauer zu nehmen. Die Schanze hinter dem Tor hat man abgetragen und zu einem Park umgewandelt, in dem der Verlauf der ehemaligen Stadtmauer zum St. Alban-Teich aber erkennbar geblieben ist. Das schlanke Tor mit dem Erker und dem Pyramidendach ähnelt dem St.-Johanns-Tor. Schon auf dem abschüssigen Treppenweglein erkennen wir den Eckturm des einzigen in Basel noch existierenden zusammenhängenden Stücks des äußeren Stadtmauerrings. Rechts vom Turm blicken wir in den – aufgeschütteten – Mühlegraben bis zum Letziturm am Rhein. Auf der linken Seite kommen wir ins Dalbeloch und können die halbrunden Schalentürme und die lang gezogene Mauer mit dem hölzernen Wehrgang (»Letzigang«) bewundern und uns wirklich ins Mittelalter zeitversetzt fühlen. Zumal wir uns im ehemaligen Papierer- und Mühlenquartier befinden; die Papiererhäuser lassen sich leicht an

Bollwerk »Dorn im Aug«

St. Alban-Tor

den schmalen Dachfenstern erkennen, hinter denen das Papier zum Trocknen aufgehängt war. Butzenscheiben, Fachwerk und ein emsig rotierendes Mühlrad im St. Alban-Teich vervollständigen dieses Erlebnis, aus dem uns die Türme der Neuzeit auf der Kleinbasler Rheinseite schnell zurückholen.

Und wenn sich die abschließende Frage aufdrängt, was man denn beim Abreißen von so vielen Kubikmetern Stadtbefestigung mit dem anfallenden Abraum gemacht hat, so darf man auf den St. Alban-Rheinweg verweisen, der auf Abbruchmaterial gründet und leider kein Weg, sondern eine viel zu breite Straße geworden ist – und er hat aus dem Letziturm ein Letzitürmchen gemacht, denn ursprünglich ragte er vom Rheinufer bis in seine jetzige Höhe.

 Müller 1956, Müller 1973, Meier 1993
→ www.archaeologie.bs.ch, www.altbasel.ch

ROUTE 1

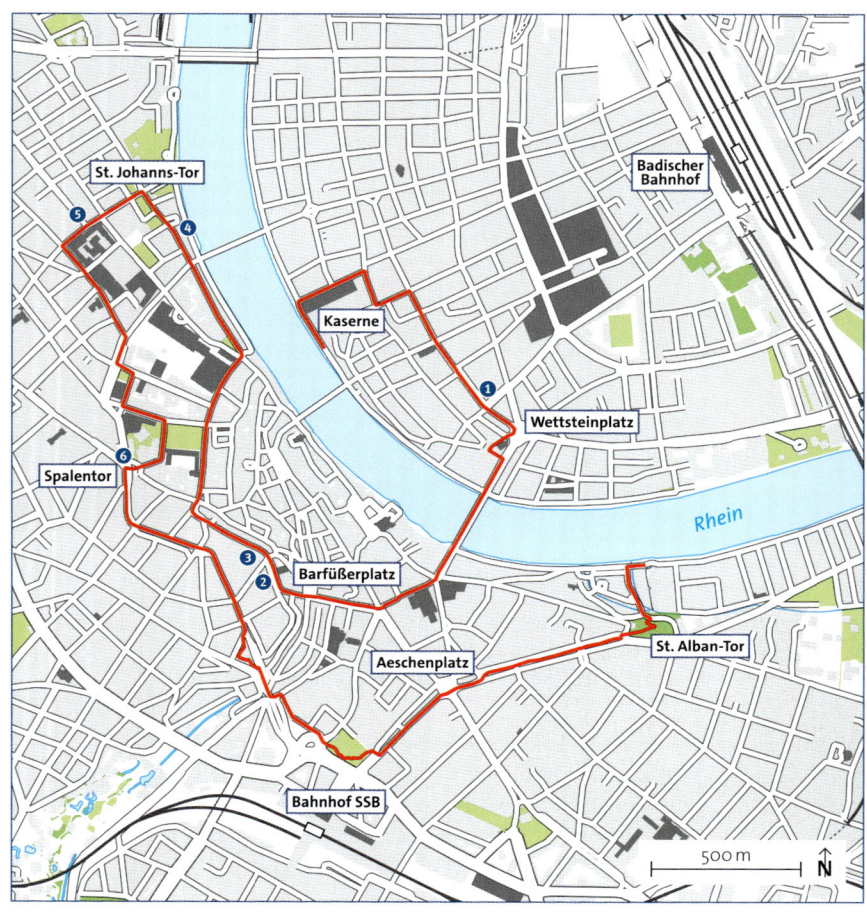

Ausgangspunkt
Kaserne (Tram 2, 6, 8, 14, 16, 17)

Endpunkt
Letziturm, St. Alban-Rheinweg (St. Alban-Fähre)

Zeit
4 h mit Museumsabstechern

Routen-Telegramm

Kaserne – Großbasel innere Mauer: Kaserne – Klingentalgraben – rechts in die Untere Rebgasse – links in die Klingentalstr. – rechts in den Claragraben ❶ (linker Hand), der am Wettsteinplatz endet – Theodorskirchplatz – Wettsteinbrücke

Großbasel innere Mauer – äußere Mauer:
St. Albangraben – am Bankverein den Steinenberg hinab – Kohlenberg ❷ – Leonhardsgraben ❸ – Petersgraben – Seidenhof am Blumenrain 34 – St. Johanns-Vorstadt ❹ – St. Johanns-Tor

Äußere Mauer – Letziturm: St.-Johanns-Ring ❺ – Klingelbergstraße – Hebelschanze – kurz in die Hebelstraße und gleich nach rechts in die Schönbeinstraße und nach links in die Bernoullistraße – Petersplatz – Spalengraben – Spalentor ❻ – Schützengraben – Steinengraben – Bollwerk »Wag den Hals« auf der rechten Seite auf Höhe der Fußgängerbrücke – Treppe hinunter zum Heuwaage-Viadukt – unter dem Viadukt durch und die Treppe hoch zum Bollwerk »Dorn im Auge« – am Ende der Treppe kurz der Wallstraße folgen – Elisabethenanlage – beim Straßburger Denkmal dem Grünanlagenpfad im Aeschengraben und der St. Alban-Anlage folgen – Aeschenplatz in Richtung *Hammering Man* überqueren – St. Alban-Tor – Park – Treppenweg zu den Mauerresten im Dalbeloch – Letziturm am Rhein

Unterwegs
Museum Kleines Klingental:
www.kleines-klingental.ch

Restaurant Torstübli: www.torstuebli.ch

Basel Tourismus am Steinenberg:
www.basel.com/de/tourist-information

Teufelhof: www.teufelhof.com

Restaurant Harmonie am Petersgraben:
www.harmonie-basel.ch

Papiermühle und -museum:
www.papiermuseum.ch

Seitenblicke
❶ Vor dem alten Riehentor:
das Wettsteinhäuslein

❷ Die Kohlenberglemer:
ein eigenes Völklein!

❸ Pinkelpause im Teufelhofkeller?
Sehr zu empfehlen!

❹ Erst König, dann Basler Bürger:
Gustav IV. Adolf von Schweden

❺ Das Eisenbahntor – ein Eigentor?

❻ Das Spalentor – und warum die Basler anders ticken!

Wettsteinbrunnen am Theodorskirchplatz

SEITENBLICKE

Vor dem alten Riehentor: das Wettsteinhäuslein

1 Daran sind Sie schon x-mal achtlos vorbeigefahren oder vorbeigegangen, dabei ist es schon auf dem Merianplan und auch im Stadtmodell im Klingentalmuseum zu sehen: das kleine Fachwerkhäuschen mit seinem hübschen Treppentürmchen. Auf dem Fenstersturz finden wir die Jahreszahl 1571. Angeblich soll das Kleinod, das in früheren Zeiten inmitten von Reben stand, dem Basler Bürgermeister Rudolf Wettstein von der Stadt Basel geschenkt worden sein. Lange Zeit hatte der Künstler Alexander Zschokke hier seine Werkstatt – sein Firmenschild weist heute noch darauf hin. Und zahlreiche Entwürfe sowie Ton- und Gipsmodelle einiger seiner Arbeiten – etwa die großen Brunnen – sind in der Werkstattbaracke noch immer präsent. Schon länger hat der Künstler Joseph Bossart hier sein Atelier, das vor dem Bau der Kunsthalle auch als Künstlerlokal diente.

Die Kohlenberglemer: ein eigenes Völklein!

2 Auf dem Kohlenberg, außerhalb der Stadtmauer, hausten die Kohlenberglemer, wer sonst. Aber sie waren in der Tat ein eigenes Völklein – sogar mit einer eigenen Gerichtsbarkeit. Auch der Scharfrichter wohnte hier, anderswo hätte man ihn nicht geduldet. Dirnen, ihre Zuhälter (nobel »Frauenwirte« genannt), Gaukler, Bettler mit der Kohlenberg-Bettellizenz, Geächtete und Gemiedene lebten hier und existierten von Spezialaufträgen wie Kloakenreinigung, Abdeckerei und Hundejagd. Im Birsigtunnel entfernten sie Verstopfungen, und wenn sie nicht mehr auftauchten, dann waren sie an den Faulgasen erstickt – oder sie spielten bei Kerzenlicht Karten und soffen Fusel. Am 12. September 1768 gab es eine »Landjagd uf fremdes Bettelgesindel«, ihnen drohte Prügelstrafe, Ohrenschlitzen, Haarabschneiden oder ein Brandmal.

Berüchtigt war das Kohlenberggericht mit den wohl seltsamsten Ritualen: Der Richter hatte sein rechtes Bein bis zum Knie in einem großen Kübel voll Wasser stehen,

während die Verhandlung andauerte. Erst wenn er zu einem Richterspruch gelangt war, warf er den Eimer schwungvoll um. Und wozu das alles? Keine Ahnung – befand selbst Basels großer Rechtsgelehrter Andreas Heusler, fügte aber hinzu, dass die Lebensart der Kohlenberglemer ein Fußbad immer gerechtfertigt hätte.

Fischer 1956

Pinkelpause im Teufelhofkeller? Sehr zu empfehlen!

3 Der Teufelhof ein WC – mehr haben wir Banausen nicht zu sagen? Fragen Sie den Geigenbauer im Totengässlein oder die Anwohner des oberen Pfeffergässleins – versteckte Winkel der Altstadt werden allzu oft als öffentliche Klos missbraucht. Dabei gibt es ganz nahe ein sauberes, warmes öffentliches WC jenseits des Nirosta-Automatengrauens: im Untergeschoss des Teufelhofs. Und vor allem: eins mit Programm. Es gehört nämlich zum archäologischen Keller, den die Archäologische Bodenforschung Basel-Stadt hier eingerichtet hat. Also: frisch gewagt die Treppe hinunter und hinein ins unterirdische Erlebnis. Um viele Ecken herum kommt man an Mauer- und Turmresten der ältesten burkhardschen Stadtmauer (ca. 1100 v.u.Z.) und der inneren Stadtmauer vorbei und kann sich an Bildern und Informationstafeln informieren. Vergnügen bereitet die Vitrine mit den schönsten Stücken aus einem Abfallloch, über einige Jahrhunderte hinweg aufbereitet. Kinder lieben besonders eine musikalische Wandinstallation, ein Kunstwerk von Peter Vogel aus dem Jahr 1974, das sich sogar Töne entlocken lässt.

SEITENBLICKE

Erst König, dann Basler Bürger: Gustav IV. Adolf von Schweden

④ Als sein Vater 1792 bei einem Maskenfest ermordet wurde, war er dreizehn Jahre alt, mit vierzehn wurde er zum König proklamiert, mit achtzehn Regent von Schweden. Nach eineinhalb Jahrzehnten wurde er in einer unblutigen Revolution gestürzt und musste abdanken – zu sehr hatte er Napoleon gehasst.

Er musste Schweden verlassen und nannte sich seit 1816 Oberst Gustafsson. Im Jahr 1818 wurde er Basler Bürger, unter Verzicht auf alle Adelsvorrechte, und konnte so in Basel ein Haus kaufen. Zunächst hatte er beim heutigen Singerhaus am offenen Birsig sehr unstandesgemäß gewohnt. Nun wurde er Hausherr in der St.-Johanns-Vorstadt Nr. 72. Glücklich wurde er auch hier nicht. Er klagte bald über den Lärm der »calvinistischen Kinder«, die nebenan im Rhein badeten, und über deren Art zu schreien. Er verließ Basel im Streit, nachdem er sich erfolglos um die Stelle des Zeughausverwalters beworben hatte, da dazu zehn Jahre aktives Bürgerrecht nötig gewesen wären. Vergebens versuchte er, aus dem Bürgerrecht gegen Erstattung der hinterlegten 1500 Franken herauszukommen, der Bürgerbrief ist noch im Staatsarchiv zu finden. Seine Tochter heiratete Leopold von Baden, er war damit Onkel des badischen Großherzogs.

📖 Fischer 1956, Wanner 1964

Das Eisenbahntor – ein Eigentor?

⑤ In Basel waren die Stadttore anno 1400 bereits alle gebaut. Melchior Berri lebte im 19. Jahrhundert, sein bombastischstes Bauwerk, das Museum in der Augustinergasse, war noch nicht im Entstehen begriffen. Da ereilte ihn der Traumauftrag schlechthin: ein Stadttor zu bauen. Und zwar eines, das Basels Stadtfeste mit der Zukunft verbinden sollte: das zinnenbesetzte Eisenbahntor. Am 15. Juni 1844 fuhr der erste Zug mit Reisenden durch die Stadtmauer, der erste Bahnhof wurde erst am 11. Dezember 1845 eröffnet – er war zugleich der erste auf Schweizer Boden. Das Tor musste für jeden der mit 24 Stundenkilometern herandonnernden Züge von Hand geöffnet werden – fünfmal am Tag. Nachts wurde es von zwei Torwächtern verschlossen. Die großen Zinnen waren ein beliebter Aussichtspunkt auf die Züge – das Tor aber war eine teure Fehlkonstruktion. Der Bahnhof blieb nur fünfzehn Jahre an dieser Stelle, das Tor noch kürzere Zeit! Bereits 1854 wurde mit dem Bau des Bahnhofs der Schweizerischen Bundesbahnen und des Badischen Bahnhofs außerhalb der Stadtmauern begonnen. Melchior Berri musste dies alles nicht mehr miterleben, denn er setzte seinem Leben am 12. Mai 1854 im St. Johannspark in einer Lebens- und Schaffenskrise ein Ende. Er hinterließ eine Witwe mit sieben Kindern. Heute gilt er als der bedeutendste Architekt des Klassizismus in der Schweiz.

Das Spalentor – und warum die Basler anders ticken!

Am Spalentor haben sich die Menschen nicht nur erfreut, Anfang der 1960er-Jahre war sogar in der Diskussion, das einzigartige Bauwerk zu schleifen, weil das Tram einen Bogen darum fahren musste und dabei höllischen Lärm produzierte. Dabei galt das Spalentor schon immer als das schönste Stadttor der Schweiz und eines der schönsten in Europa. Im Holztor ist eine kleine Tür mit Guckloch eingelassen. War das Tor verschlossen, konnte man hier gegen Zahlung einer Gebühr noch eingelassen werden; lediglich der Pfarrer und die Hebamme kamen ohne Obolus herein. Da die Basler über Jahrhunderte eine andere Uhrzeit pflegten als die unmittelbaren Nachbarn – ihre Uhr ging eine Stunde vor – standen viele vor dem verschlossenen Tor und fluchten über die Basler, die schon immer anders tickten. Zumindest bis 1780.

Schon *Narrenschiff*-Dichter Sebastian Brant hatte über die Gründe gerätselt, und Karl Josef Simrock (1802–1876) reimte:

Wenn wir die Basler necken
so ist's um ihre Uhr
sie sind in jedem Stücke
wohl 100 Jahr zurücke
und vor ein Stündchen nur'

Aber er liefert auch die Legende:

Man wollt' einst überraschen
die alte Baselstadt
Dem Feinde vor den Toren
War eine Zunft verschworen
die sie verraten hat.
Sobald es zwölfe schlüge vom Turm
um Mitternacht
Da sollte sie von innen
Erstürmen Tor und Zinnen
dazu die hohe Wacht …
So war es abgesprochen
in aller Heimlichkeit
Nur oben auf dem Turme
Erfuhr es vor dem Sturme
der Glöckner noch zurzeit …

Da, wenn es zwölfe schlüge,
das Zeichen war zum Sturm
So schlug es gar nicht zwelfe
Und auch nicht wieder elfe
es schlug gleich eins vom Turm.
Da sahen sich betroffen
die Hochverräter an:
›Verschliefen wir die Stunde?
Kam vor den Rat die Kunde
von dem, was wir getan?‹
Da war der Mut entsunken
sie schlichen still nach Haus
Die vor den Zingeln standen
Und sich betrogen fanden
die lachten selbst sich aus.

→ gutenberg.spiegel.de > Karl Simrock, *Rheinsagen aus dem Munde des Volks und deutscher Dichter*

Mittlere Brücke

2 Gegen den Strom

Basel an mym Rhy

Von Kleinhüningen bis Birsfelden: über alle Brücken, auf (fast) allen Fähren – immer am Rhein entlang.

Michael Koschmieder

Dreiländereck mit Solarfähre

Nachdem das badische Dorf Kleinhüningen, gegenüber von Großhüningen am Rhein gelegen, anno 1640 von den Schweden plattgemacht worden war, hatte Markgraf Friedrich V. genug: Er verscherbelte das Dorf mit Mann und Maus für 3500 Reichstaler an die Basler – ein Schnäppchen. So konnte am 15. Mai 1641 kein Geringerer als der Oberzunftmeister Johann Rudolf Wettstein die männlichen der rund zweihundert Einwohner in Eid und Pflicht nehmen, arme Leute und glücklich, dem Krieg entronnen zu sein. Bei künftigen Kriegen waren sie fortan nur noch Zuschauer, die allenfalls Angst vor Kollateralschäden haben mussten. Es sei denn, sie drängten sich auf: Viele badischstämmige Bewohner Kleinhüningens zogen 1914 in den Ersten Weltkrieg, weil sie nicht fahnenflüchtig werden wollten – ein Beispiel für nicht wirklich geglückte Integration.

Als Ausgangspunkt für unsere Wanderung gibt es seit Sommer 2016 zwei Möglichkeiten. Wir können, auf Weiler Seite startend, die Dreiländerbrücke, Europas längste Fußgänger- und Radfahrbrücke, zur französischen Seite überqueren. Dort beginnt der Dichterweg mit 24 alemannischen Gedichten auf Bronzetafeln – die meisten kommen ziemlich bleischwer daher. Überschreitet man die Grenze zur Schweiz, kann man feststellen, dass 28 Millionen Franken allein noch keine Atmosphäre schaffen. Luxus pur aus hellem Kalkstein, großspurig im Wortsinn: Hier will ein Rheinweg dem Rhein die Schau stehlen. Leitern und Duschen warten auf alle, die lieber schwimmen wollen. Eine nette Idee sind die Guckkästen in die Vergangenheit des Areals.

Wir wählen die zweite Möglichkeit und beginnen unsere Wanderung am Dreiländereck, symbolisiert durch einen raketenförmigen Pylon an der Spitze der künstlichen Halbinsel zwischen dem Fluss und dem Hafenbecken 1. Nicht nur symbolisch, sondern ganz praktisch erlebbar wird der Dreilandgedanke an sonnigen Sonntagen, wenn die Solarfähre hier vom Dreiländereck nach Weil und danach nach Hüningen und wieder zurück fährt, majestätisch geräuschlos und auch noch gratis!

Der Rhein verabschiedet sich breit und träge aus der Schweiz, er ist an dieser Stelle ein Stausee der Staustufe Kembs. Mit dem Bau des Hafenbeckens 1 wurde das alte Dorf Kleinhüningen komplett vom Rhein, seiner natürlichen Lebensader, abgeschnitten. Am Westquai legen die großen Touristenschiffe an, im Hafenbecken 1 auch die hübschen Oldtimer der Basler Rheinschiffahrtsgesellschaft. Unten auf dem alten Treidelpfad ist man am nächsten dran am Wasser – das gilt fast für die ganze Tour. Oben auf der Uferstraße kann man das Verladen von Altglas, Schrott und allerlei Schüttgut erleben, ansonsten prägen vor allem bunte Großcontainer das Bild.

Auf der französischen Rheinseite liegt Hüningen, der zwischen 1684 und 1687 auf Befehl von Louis XIV. abgebrochene Ort, an dessen Stelle Vauban die gleichnamige Festung erstehen ließ. Dieser so gewaltige wie für Basel bedrohliche Bau wurde 1815 nach der Kapitulation Frankreichs geschleift. Heute ist Hüningen wieder hier verortet und zudem

Zwischennutzung Migrol-Areal – mit einem ironischen Gruß an Frank Gehry

durch eine markant schöne Brücke mit dem badischen Friedlingen verbunden, das sich in der irrigen Hoffnung auf friedlichere Zeiten nach dem Dreißigjährigen Krieg diesen so sympathischen Namen gegeben hat.

Die letzte Brücke, die uns über die Wiese führt, stammt aus der Zeit des Baus des Hafenbeckens nach 1919. Uns Wandernde erfreut hier zunächst, dass auf dem folgenden Teilstück weitgehend nicht auf Teer marschiert werden muss. Vom Rhein weht eine frische Brise – der Rest ist Industriegebietsödnis, aufgelockert durch einige Versuche, Altmaterial pittoresk zur Entfaltung zu bringen. Aber die Industriebrachen haben es in sich. Das ehemalige Migrol-Areal wurde durch geduldete Zwischennutzer in einen großen Robinson-Spielplatz verwandelt, und dieses Gesamtkunstwerk kann es mit dem fast gegenüberliegenden Novartis Campus allemal aufnehmen: Ein Aussichtsturm aus Containern liefert uns Blicke in die nahe Ferne. Küche, Werkstätten, offene Werkstätten, eine Bar mit Lounge und Spielplätze sind teilweise von einem Galeriezaun umfasst: toll! Auf der anderen Rheinseite der Gegenentwurf: Novartis Campus, Basels verbotenes Stadtquartier, das nur im Rahmen einer Führung besichtigt werden kann. Novartis stellt das Personal (damit man nichts Verbotenes zu sehen bekommt?) unter dem Veranstalter Basel Tourismus.

Neuer Rheinweg und Bürogebäude von Herzog & de Meuron

Die Dreirosenbrücke beeindruckt schon aus der Ferne: Mit zwei Stockwerken überspannt sie den Rhein. Auf dem unteren rauschen die Fahrzeuge auf der Autobahn in Richtung Frankreich oder Flughafen, oben teilt sich der Innerstadtverkehr die Fahrbahnen für Autos, Trams und Velos. Und für uns zu Fuß Gehende hat man einen zehn Meter breiten Boulevard angelegt, dazu breite, ebenfalls doppelstöckige Panorama-Betonbänke und spektakuläre Blicke auf den Rhein und die Stadt. Das Münster entdecken wir ganz links, als stünde es in Kleinbasel – ja ja, der Rheinbogen! Hier dürfen wir wählen: Hoch über dem Rhein lustwandeln oder gemütlich mit der Ueli-Fähre übergesetzt werden. Wie auch immer – wer Kinder dabeihat, sollte einen Abstecher bei den witzigen Kletterfiguren am Spielplatz beim prächtig grünen St. Johann-Park machen, ein sauberes WC gibt es da auch.

Großbasler Rheinufer

Am Großbasler Brückenkopf der verkehrsreichen Johanninerbrücke wirkt das Nobelrestaurant Chez Donati eher wie eine Eckkneipe. Im Jahr 1916 war hier ein Treffpunkt russischer Emigranten, meist mittellose Menschen, das Casa del Popolo. Hier hielt Wladimir Iltsch Uljanow, besser bekannt als Lenin, einen Vortrag. Am nächsten Tag verweilte er mehr als eine Stunde vor dem Gemälde des liegenden toten Jesus von Hans Holbein, das er aus Dostojewskis *Der Idiot* kannte und unbedingt im Original erleben wollte.

Die Brücke bringt uns, elegant auf nur zwei Pfeilern, wieder nach Kleinbasel. Ein schöner Boulevard mit Alleebäumen, Stufen zum Hinsitzen und einem schönen Blick auf die Rheinseite der St. Johanns-Vorstadt führt an die zinnenbewehrten Ecktürme der Kaserne. Mit der Klingentalfähre (die eigentlich »Vogel Gryff« heißt) wechseln wir wieder die Rheinseite und gleiten fast direkt auf das Geburtshaus von Johann Peter Hebel zu. Es ist rechts vom Seidenhof, dem markanten Bau mit den zwei großen Erkern, das zweite Haus mit der grünen Laubenfront. Vorbei an der Rheinfassade des Hotels Trois Rois blicken wir in ein Tonnengewölbe, aus dem ein Bach fließt: der Birsig. Bei Hochwasser drückt der Rhein auch schon mal den Bach zurück, im Mittelalter war dann der Marktplatz schnell unter Hochwasser gesetzt. Hier an der Schifflände legen auch die Touristikschiffe an und ab. Wir steigen die Treppe hoch, die *Amazone mit Pferd* von Carl Burckhardt begrüßt uns an der Mittleren Brücke. Bislang sind wir übrigens am Oberrhein entlangspaziert, ab jetzt geht es den Hochrhein entlang. Wirklich! Die Mittlere Brücke

Mittlere Rheinbrücke

bildet die Grenze! Am Käppelijoch und Bettina Eichins *Helvetia* vorbei erreichen wir wieder Kleinbasler Boden und flanieren am Rhein entlang. Kunststück: Das schönste Panorama entfaltet sich gegenüber auf der Großbasler Seite.

Die Münsterfähre ist von den Basler Fähren die reizvollste. Sie ist am schönsten gelegen, ihre Fährimänner und die Fährifrau sind die nettesten und haben am meisten zu erzählen. Viel zu schnell ist man am Münsterfelssporn angekommen, den man nun ersteigen muss. Und erstmals überhaupt müssen wir uns ein Stück weit vom Rhein entfernen. An der Münsterpfalz darf, wer will, unter Kastanien rasten oder die Kühle des Kreuzgangs genießen. Von dort aus kann man noch einmal einen wunderbaren Blick auf das Blaugrün des Wassers werfen. Aber natürlich bietet sich auch an, den Rhein als Sinngeber unserer Wanderung von ganz oben zu betrachten – in diesem Fall vom Martinsturm oder Georgsturm des Münsters.

Wir verlassen den Kreuzgang zur Rittergasse und sind nach wenigen Schritten beim Bischofshof angelangt, ehemaliger Sitz des Fürstbischofs als weltliches und geistliches Oberhaupt der Stadt. Gegenüber ein Schulhaus von Melchior Berri, der offenbar häufig der richtige Architekt am falschen Ort war. Im Schulhof weisen sichtbar gemachte archäologische Grabungen darauf hin, dass wir uns an der Keimzelle der Stadt Basel befinden. Gegenüber steht ein Hallenbad im Weg, das gute Chancen hätte, als das am glück- und erbarmungslosesten in seine Umgebung gerammte zu gelten. Danach ragen aber Basler Patrizierhäuser an der Rittergasse und dem kleinen Seitengässchen links, »Millionärsgässlein« geheißen, was eine gewaltige Untertreibung sein dürfte.

Die Wettsteinbrücke ist die einzige am ganzen Rhein, die mit einem durchgehenden Gefälle aufwarten kann, wir wandern also gemächlich, aber spürbar bergab. Jacob Burckhardt nannte sie deswegen eine »ästhetische Infamie«. Die Basler verzichteten dennoch 1990 darauf, den Stararchitekten Santiago Calatrava mit einem Neubau einen städtebaulichen Akzent setzen zu lassen. Auf der gegenüberliegenden Geländerseite grüßt der monumentale Basilisk des Bildhauers Ferdinand Schlöth, einer von vieren, die einst die alte Wettsteinbrücke eskortierten.

Am Kleinbasler Rheinbord haben wir die Wahl: oben bleiben bei Gaslaternen, typischen Basler Parkbänklein und bisweilen schöner Villenarchitektur neben protziger Wohnkapitalanlage, oder unten gehen auf dem Treidelpfad, vorbei an Anglern und über bräunende Körper – und mit einem postkartenwürdigen Blick auf das Münster-Ensemble unter dem mächtigen Eisenbogen der Brücke. Bei Niedrigwasser kann man zudem den Uferkies unter der Wanderschuhen knirschen lassen.

Die St. Alban-Fähre überspringen wir, nach ihr führt der Weg durch die Solitude-Promenade an alten Bäumen und dem Roche-Hochhausriesen vorbei in den herrlichen Solitude-Park. Hier kann wunderbar gevespert werden, es gibt überdachte Sitzgruppen und jede Menge (Kunst-)Schätze zu entdecken. Vor der unverkennbaren Mario-Botta-Fassade des Tinguely-Museums spritzt dessen Schwimmfigur fröhlich in die Luft, Bernhard Luginbühls Kugel hat man weiter in den Park hineingerollt – eigentlich heißt sie *Dickfigur Beteigeuze*. Und dann das Museum: Reingehen! Und wenn es nur für ein Käffeli oder einen WC-Besuch ist (das Automatenklo im Park ist dessen einziger Schwachpunkt ...).

Direkt neben dem Museum führt Basels Nord-Süd-Achse über den Rhein, die Schwarzwald- und die Eisenbahnbrücke mit allem, was sich auf schnellen Rädern bewegt. Auf diesem lautesten Streckenabschnitt schweift der Blick fast automatisch rheinabwärts, wo die Münstertürme inzwischen weit nach rechts gerückt sind; ja, der Rheinbogen!

Wir haben den Stadtteil Breite erreicht und verlassen ihn und den Stadtkanton über eine weitere Brücke, diesmal die fein geschwungene Fußgängerbrücke über die Birs. Basel-Landschaft begrüßt uns mit Birsfeldens »Englischem Garten«, auf dessen schönem Grün am Wochenende um die Wette gegrillt werden kann. Ab 22 Uhr wird hier zur Ruhe gebeten, was allerdings ein frommer Sommerwunsch der Anwohner bleiben dürfte.

Schon taucht vor uns die breite Front des Rheinkraftwerks Birsfelden mit seinen markanten Fullaugenpaaren und den großen Schauglasflächen auf – ein technologisches Gesamtkunstwerk. Es lockt wieder der hier verbotene Weg direkt am Wasser zum Schleusenbecken, auch wenn er mit einer Buße von fünf bis 200 Franken bewehrt ist. Und während man sich noch fragt, wem man seit anno 1957 fünf und wem 200 Franken für ein und dieselbe Übertretung aufbrummen möchte, hat man auch schon die Schleuse erreicht. Davor kann, wer mag, die Fußsohlen auf dem Barfußpfad entspannen.

Bei 40 000 geschleusten Schiffen pro Jahr darf man sicher sein, eine Schleusung mitzuerleben – oder gar zwei, die hier parallel möglich sind. Und mitten auf dem Velo- und Fußgängersteg wartet ein Fernrohr (ohne Geldeinwurf!) darauf, dass man das Münster oder anderes Markantes ins Visier nimmt. Und am Kleinbasler Ufer kann man vielleicht Fische beim Treppensteigen beobachten.

Oben an der Grenzacherstraße glotzt uns ein Kiosk aus seinen Bullaugen an, er gehört noch zum Kraftwerksensemble. Müssen wir jetzt die letzten Meter an der lärmigen Grenzacherstraße entlangmarschieren? Keineswegs, denn immer wieder führen uns kurze und kürzeste Weglein durch Büsche und Bäume näher an den Rhein und zu etwa einem Dutzend Salmenwaagen, an denen der Strom gemächlich grün vorbeizieht. Und Ruhebänklein warten alle paar Schritte darauf, als grüne Oasen in Beschlag genommen zu werden. Hier ist die Zeit fünfzig Jahre stehen geblieben, was man der einen oder anderen Holzbank auch ansieht. Direkt vor der Landesgrenze erfreut das Stritthysli mit seinem hübschen Wandbild – viel mehr gestritten wurde allerdings im Gebäude nebenan, als man noch die Einkaufstaschen durchsuchen und die Grenzkarte abknipsen lassen durfte.

Zurückfahren kann man mit dem Bus Nr. 31 oder 38. Wenn man aber noch nicht genug hat, kann man den Weg fortsetzen, um etwa mit einem Schiff der Basler Personenschifffahrtsflotte ab dem Grenzacher Lindenbänkli in die Stadt zurückzufahren, Schleusung inklusive. Aber Vorsicht: Auf dem vor Jahrzehnten schönen Uferweg ist die Zeit nicht stehen geblieben und hat am Ziel anstelle eines heimeligen Abschlussidylls eine ausgelaugte und vergiftete Industriebrache hinterlassen.

Meier 1993

Roche-Turm mit St. Alban-Fähre

Grenzacher Rheinidyll

Hafen Kleinhüningen–Mittlere Brücke–Zollamt Riehen Grenze

ROUTE 2

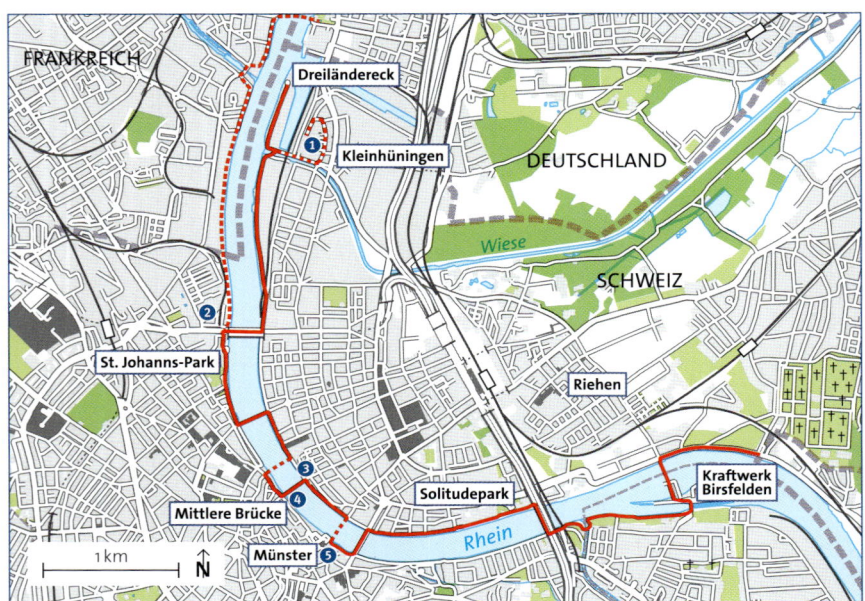

Ausgangspunkt
Dreiländereck-Pylon am Hafen Kleinhüningen
(Tram 8 Kleinhüningeranlage)

Endpunkt
Zollamt Riehen Grenze (Bus 31, 38)

Zeit
3 h 30

Unterwegs
Solarfähre am Dreiländereck:
www.rheinbogen.ch

Restaurant Schiff in Kleinhüningen,
Basels einzige Hafenbeiz

Buvette Dreirosen am unteren Rheinweg:
www.buvettedreirosen.ch

Buvette Flora: www.flora-buvette.ch

Buvette Kaserne an der Klingentalfähre in Kleinbasel

Basler Personenschifffahrt: www.bpg.ch

Routen-Telegramm

Hafen Kleinhüningen – Mittlere Brücke:
Dreiländereck-Pylon – Westquaistraße/Uferweg (Hochbergerstraße – Dorfstraße – Bonergasse ❶) – über die Wiesebrücke zur Uferstraße, mündet in den Unteren Rheinweg – über die Dreirosenbrücke (alternativ: Uelifähre) ❷ – St. Johanns-Parkweg – Park – St Johanns-Rheinweg – unter der Johanniterbrücke durch – rechts die Treppe hoch und über die Brücke, diese auf der linken Seite zum unteren Rheinweg verlassen – mit Klingentalfähre »Leu« übersetzen – am Rhein bleiben – Dreikönigsweglein – Mittlere Brücke ❸, ❹

Mittlere Brücke – Zollamt Riehen Grenze: Oberer Rheinweg – mit der Münsterfähre »Vogel Gryff« übersetzen – Münster ❺ – Rittergasse, an deren Ende links zur Wettsteinbrücke – nach rechts zum Schaffhauser-Rheinweg – Solitude-Promenade – Tinguely-Museum – Schwarzwaldbrücke – Birskopfsteg – Rheinpromenade – Kraftwerk Birsfelden – über den Rhein – Grenzacherstraße/Grenzacher Promenade – Zollamt Grenzacherhorn

Seitenblicke

❶ Kleine Dorfrunde durch Kleinhüningen
❷ Novartis Campus
❸ Bettina Eichin und die Helvetia
❹ Die Mittlere Brücke
❺ Das Rheinknie vom Martinsturm: unser Platz in der Welt!

Variante

Alternativer Ausgangspunkt Dreiländerbrücke, Weiler Seite (Tram 8 Dreiländerbrücke) – französische Rheinseite mit Dichterweg – Grenze zur Schweiz – neuer Rheinweg – Dreirosenbrücke unterschreiten ❷ – ab hier weiter auf der Hauptroute

Restaurant Schiff, Kleinhüningen

SEITENBLICKE

Kleine Dorfrunde durch Kleinhüningen

1 Rechnen Sie eine gute halbe Stunde dafür, es lohnt sich! Wir gehen zunächst die Wiese entlang und passieren den Fahnenmast des Schiffervereins. Daneben erinnert der Gelpke-Brunnen an den Basler Pionier der Rheinschifffahrt. Am Hafenbecken wird beidseitig beladen und gelöscht, immer noch in Betrieb der alte Hafenkran, der hoffentlich noch seinen hundertsten Geburtstag erleben wird.

Um die Ecke in der Dorfstraße 19 wohnte C.G. Jung, der Begründer der analytischen Psychologie, von 1879 bis 1896. Das Dorfzentrum schräg gegenüber hat jede Mittelpunktfunktion verloren, leer stehende Lädeli prägen das Bild. Versteckt und verzaubert wirken die Häuschen in der Schulgasse, hier scheint die Zeit stillzustehen. Am Ende ducken sich Schifferhäuschen mit hübschen Lauben, und wo es früher zum Rhein ging, dräut ein riesiges Silogebäude mit dem Wappen der Kleinhüninger: Hunnenkönig Attila vor einem Kriegszelt. Der Ortsname soll von den Hunnen abstammen, spannender zumindest als keltisch »Hof des Huno«. Der Platz um die Kirche, ehemaliger Kirchhof, ist von Efeu überwachsen. An der einzigen Basler Barockkirche von 1710 sind an der Außenwand Kanonenkugeln eingemauert, Blindgänger aus der Beschießung von Friedlingen. Am Ende der Dorfgasse wartet einladend hinter einem schmiedeeisernen Tor ein Schlösschen. Es ist das ehemalige clavelsche Gut, heute das Restaurant Schifferhaus der Schweizerischen Reederei AG. Der Rhein ist nahe und doch so fern; wir müssen den Weg über die Dorfstraße und die Hochbergerstraße an den Rhein zurückgehen.

Der Novartis Campus

② Jowägerli. Das ist ein öffentliches Buch und will alles öffentlich Erreichbare ins Blickfeld rücken, auch in s Seitenblickfeld. Dass man Prachtbauten von Frank Gehry, Diener & Diener, Herzog & de Meuron vor uns verstecken muss, macht diese natürlich eine Spur exklusiver. Wie in jeder verbotenen Stadt.

Bettina Eichin und die Helvetia

③ Es ist ein Standort, wie geschaffen für ein Kunstwerk: Mittlere Brücke, Kleinbasler Rheinterrasse, Eckpodest. Hier eine Helvetia zu platzieren, mitsamt ihrer Insignien Speer, Schild und Lorbeerkranz, das Ganze durchaus bildhaft – Ende des 20. Jahrhunderts eine fast nicht lösbare Aufgabe. Aber eine für Bettina Eichin, Basels streitbare Bildkünstlerin und Plastikerin, die hier ihre wohl populärste Arbeit im Stadtbild 1980 abliefern konnte.

Kein Standbild. *Helvetia* sitzt und hat allen Symbolballast abgelegt. Sie tut, was der erste Impuls jedes Menschen sein dürfte, der an dieser Stelle angelangt – da möchte man sich hinsetzen, dem gemächlich strömenden Rhein hinterherschauen, nachdenken.

Und wenn sie auch einen Koffer in Basel stehen hat, so recht heimisch scheint sie sich hier nicht zu fühlen.

Dabei entfiele hier ein Grund zum Fremdeln: Immerhin steht hier eine Plastik von Bettina Eichin am zugedachten Ort und muss nicht, wie ihr Marktplatzbrunnen, im Kirchenasyl auf wenn nicht bessere, dann doch weisere Zeiten hoffen.

SEITENBLICKE

Die Mittlere Brücke

Häufig findet sich die Behauptung, die Basler Brücke sei die erste zwischen Bodensee und Meer gewesen und für lange Zeit auch die einzige. Erstaunlich: Selbst wenn man die Brücke der Römer vom benachbarten Augusta Raurica über den Rhein außer Acht lässt (warum eigentlich?), dann müssten einem sofort die Rheinfelder Brücke oder die von Säckingen einfallen, die kurz vorher respektive kurz danach entstanden waren. Wie auch immer, der Bau war eine imposante Leistung und risikoreich dazu. Der Bauherr, Bischof Heinrich II. von Thun, versetzte sogar den Münsterschatz, um das Geld für das Projekt zusammenzubekommen. Da fast zeitgleich der St. Gotthard passierbar gemacht worden war, erschloss eine neue Nord-Süd-Achse dem Handel neue, kürzere Wege und brachte Menschen und Waren in und durch die Stadt. Bis zu ihrem Abriss 1903 hatte die Holzkonstruktion mit steinernen Jochen nur auf der Kleinbasler Seite Bestand: Die Großbasler Holzteile hätten bei Gefahr abgebrannt werden können und der Feind hätte sich in Kleinbasel austoben dürfen ...

Fast in der Mitte der Brücke steht eines der Basler Wahrzeichen, das Käppelijoch. Wenn auch damit eigentlich das Brückenjoch bezeichnet ist, auf dem das Kapellchen seinen Platz hat, ist nichtsdestoweniger im Volksmund das Türmchen vom Ende des 15. Jahrhunderts mit den glasierten Tonziegeln auf dem Zeltdach gemeint. Das Käppelijoch ersetzte nicht nur die immer wieder bei Hochwasser abgängige Statue des Brückenheiligen, es war auch ein statisches Mittelgewicht für die Holzkonstruktion.

Und es war der Ort für obskure Urteilsvollstreckungen. Geschwemmt oder in ein Fass geschlagen und rheinabwärts geschickt wurden beispielsweise Ehebrecherin und Ehebrecher. Bei Gottesurteilen wurde für mutmaßliche Hexen nur die Art der Bestattung entschieden. Soff die an Händen und Füßen Gefesselte jämmerlich ab, winkte immerhin geweihte Erde, denn dann war ihre Unschuld erwiesen. Überlebte die Delinquentin, dann wurde Teufelswerk vermutet und nach dem Wasser drohte das Feuer.

Auf der alten Brücke konnte man noch um das Käppelijoch herumlaufen, dreimal half angeblich gegen Zahnweh. Die Galerie wurde auf der neuen Brücke weggelassen, ein Schlag gegen den Aberglauben? Oder doch auf Betreiben der Basler Zahnärzteschaft, wie wir gerne behaupten würden, wenn auch nur ein Körnchen Wahrheit daran wäre.

Das Rheinknie vom Martinsturm: unser Platz in der Welt!

5 Man nehme eine Europakarte, meinetwegen auch einen Globus, der so groß ist, dass man den Rhein darauf erkennen kann. Und dann suche man das Rheinknie – und man hat Basel gefunden.

So einfach ist das. Am schönsten betrachtet man diese Stelle vom Georgsturm des Münsters. Am Uhrwerk vorbei und an den großen Glocken sieht man den Münsterplatz immer kleiner und bald steht man unter dem durchbrochenen Turmhelm, dem Hans von Nußdorf gerne eine Doppelkreuzblume als Abschluss aufgesetzt hätte, wenn man ihn nur gelassen hätte. So sind die asymmetrischen Türme auch unterschiedlich hoch geworden.

Unten sehen wir nun von Osten nach Westen den Chrischonaturm, das Grenzacherhorn, einige Hochhaustürme, den Blauen mit dem Turm darauf, Ötlingen und Kleinbasel, vom Rhein regelrecht in den Arm genommen: das Rheinknie aus der schönsten Position! Den außergewöhnlichsten Standort hatte Kurt August Hägler, seines Zeichens Basler Verkehrsdirektor und hauptamtlicher Ankurbler des Tourismus. Er stellte sich im Jahr 1962 auf die Spitze des Georgsturms und rauchte dort frei stehend ein Zigarettchen – freilich mit dem Rücken zum Rhein. Und runter kam er auch wieder!

Jenny 1990

Hafen Kleinhüningen–Mittlere Brücke–Zollamt Riehen Grenze

Tinguely-Brunnen

3 Kunst an jeder Ecke

Von Böcklin über Picasso bis zu Tinguely und Serra

Ein Spaziergang durch die Stadt, die immer auch eine Galerie ist.

Michael Koschmieder

Der neue Erweiterungsbau des Kunstmuseums von Christ und Gantenbein

Basel hat als Kunststadt Weltruf, allein sechs Kunstmuseen sind hier zu finden – wenn man nur die größten zählt. Kein Wunder, dass auch viel Kunst im öffentlichen Raum zu finden ist. Es liegt nahe, den Rundgang am berühmten Kunstmuseum beginnen zu lassen, am besten am monumentalen Brunnen *Die drei Lebensalter* von Alexander Zschokke, der durch den Neubau der Architekten Christ und Gantenbein eine Standortaufwertung erfahren hat. Im Innenhof des Hauptbaus, wie der Palazzo von 1936 nunmehr heißt, sind einige bedeutende Skulpturen zu sehen; hier starten wir unsere Kunstwanderung.

Die farbig fluoreszierenden Neonröhren in den vier Ecken des Hofs gehören nicht zum Inventar des Bistros, vielmehr sind sie ein eigenständiges Kunstwerk des Amerikaners Dan Flavin, *Untitled, in the memory of Urs Graf*, das schon 1972 konzipiert und 1975 umgesetzt worden war. August Rodins *Bürger von Calais*, Alexander Calders *Die große Spinne* und Eduardo Chillidas *Rund um die Leere IV* setzen weitere Akzente. Der kleine Trinkbrunnen mit dem Wasser führenden Fabeltier ist das einzige Überbleibsel aus dem Württembergerhof, Vorgängerbau des Kunstmuseums.

Man kann den Innenhof übrigens auch über den Eingang des Neubaus erreichen, wenn man das Treppensteigen nicht scheut. Der unterirdische Verbindungsgang führt an einem gewaltigen Werk von Frank Stella vorbei, *Damascus Gate*, das wegen seiner Größe bislang noch nicht zu sehen war, des weiteren an zwei Stahlplastiken von Bruce Nauman. Zwei Arbeiten von Stella und Donald Judd sowie eine großflächige

Wandzeichnung nach Sol Judd runden den Gang durch den Kunsttunnel ab. Eine Eintrittskarte braucht man dafür nicht.

Zwischen Neu- und Hauptbau gelangen wir zum Hintereingang des Museums am Picassoplatz. An der Fassade sind Bronzeabgüsse von Reliefs mit Amazonendarstellungen von Carl Burckhardt installiert, seine Amazone an der Mittleren Brücke ist ein bekannter Blickfang. In einer kleinen Grünfläche erwartet uns ein Mann mit ausgebreiteten Armen: *Homme aux bras écartés*, eine Skulptur nach Pablo Picasso aus dem Jahr 2008. Sie ersetzt einen Vorgänger von 1991, der über acht Meter hoch und doch exakt dem Original aus Papier von 1961 nachgebildet war, das übrigens ganze dreizehn Zentimeter Höhe maß und dem Kunstmuseum von der Erben Picassos geschenkt worden war. Direkt am Hintereingang bilden die zwei Säulenträger *Katze* und *Mann* der Brüder Franz und Paul Wilde ein heiteres Duo.

Grasbild von Bruno Gasser

Nur wenige Schritte weiter, in der Lautengartenstraße, entdecken wir den *Giardino all' Italia* des italienischen Arte-povera-Mitbegründers Luciano Fabro (1936–2007), besonders in der Dämmerung oder nachts eine wirkungsvolle Großinstallation aus sechzig Stelen und 202 Beleuchtungskörpern auf schwarzem und weißem Granit, vor gut zwanzig Jahren als Spiegelung des Sternenhimmels der südlichen Hemisphäre entstanden, aus welcher der Baloise-Versicherungsneubau der Architekten Diener&Diener emporragt.

Der Aeschenplatz ist vor allem ein gordischer Verkehrsknoten, aus dem vierzehn Tramlinien sowie Autos kreuz und quer herausquellen. Und doch erfreut auch einiges das Auge das hübsche Jugendstilstationsgebäude des Basler Stadtbaumeisters Heinrich Reese aus dem Jahr 1908 etwa oder der seit über 25 Jahren stetig und doch recht behäbig vor sich hin malochende *Hammering Man* von Jonathan Borofsky, ein über dreizehn Meter hoher Riese aus Stahl und Aluminium. Hinter ihm wirkt das Turmhaus, das erste Beton-Hochhaus der Stadt aus dem Jahr 1930, geradezu putzig.

Den Platz beherrscht aber eindeutig das Gebäude der Bank für Internationalen Zahlungsausgleich, ein typischer Mario-Botta-Bau mit reizvoll durchbrochener Fassade, welches der Tessiner Stararchitekt ursprüng-

Hammering Man von Jonathan Borofsky

lich für die UBS gebaut hat. Auf der Traminsel davor steht der älteste erhaltene Oberleitungsmast der Stadt noch aus dem 19. Jahrhundert und gegenüber auf der Litfasssäule der Basler Plakatgesellschaft das meines Wissens einzige Denkmal für einen Plakatkleber, gestaltet von Paul Wilde. Ehrensache in einer Stadt, die sich rühmt, die größte Plakatsammlung mit immerhin 60 000 Plakaten zu beherbergen. An einer Hauswand in Richtung Aeschenplatz hängt noch eines der typischen Grasbilder von Bruno Gasser, ein freundliches Relikt aus der Basler Stadtgalerie im Freien zum Stadtjubiläum im Jahr 2001.

Zwischen Botta und Turmhaus wenden wir uns dem St. Jakobsdenkmal zu, das uns am Ende der St. Jakobsstraße fast zuwinkt. Auf der linken Seite treffen wir eine alte Bekannte – aber woher kennen wir sie gleich wieder? Genau: Es ist eine Balustradenmuse des alten Theaters am Steinenberg, jetzt Standort des Tinguely-Brunnens. In diesem

Skulptur von Alexander Zschokke

spritzt diese Zinne als »Theaterkopf« aus Araldit fröhlich aus den Augen. Hinter dem Denkmal steht bunt vollgesprayt das Sommercasino, seit mehr als fünfzig Jahren das Basler Jugend- und Kulturzentrum, ein klassizistischer Bau mit repräsentativer Säulenhalle. Dahinter öffnet sich der Merian Park, in dem zwei filigrane Skulpturen des in Basel vielfach präsenten Künstlers Alexander Zschokke von 1968 zu finden sind. Jenseits der Münchensteinerstraße betreten wir gleich den nächsten Park, den Rosenfeldpark. Inmitten alten Baumbestandes streckt sich *L'aube* von Louis Weber. Unter dem raffiniert geschlossenen Blätterdach der jungen Kastanienbäume lässt es sich auch bei Regenwetter schön picknicken.

Die große Spinne von Alexander Calder

In Basel sieht man die Alpen allenfalls von der Chrischona aus, auf einer fotomontierten Kitschpostkarte – oder in der Eingangshalle des Bahnhofs der Schweizerischen Bundesbahn. Der *Vierwaldstättersee* von Ernst Hodel ist vielleicht das großflächigste Ölbild der Stadt. Hier sollte dereinst mit einem zeittypischen Bilderzyklus vermittelt werden, dass man

Bahnhof SBB

in der Schweiz angekommen war oder sich noch in derselben befand. Jungfraujoch, Gstaad und der Silsersee über der elfbogigen Schalterfront und das Matterhorn von Ekkehard Kohlund runden das romantisierende Ensemble ab. Im fensterlosen Wartesaal des Elsässerbahnhofs mit noblem Oberlicht und einem stimmungsvollen Buffet wird weder gewartet noch gewirtet, auch hier finden wir heile Bergwelt in zwei Bildern von Franz Gehri, in der man Heidi und den Geißenpeter unschwer wiederfinden wird. Ansonsten ist es hier zumeist menschenleer.

Die Bahnhofsgalerie schlechthin findet man aber in der Brasserie, dem ehemaligen Buffet der 2. Klasse. Beim Eintreten schon staunen wir über die Kunstwerke im XXL-Format. Auf der rechten Seite ein *Tryptichon* von Pierre Haubensak, dessen allzu grelle Ausleuchtung den Augen Mühe bereitet. Gegenüber *La mer est belle* von Alfred »Hofi« Hofkunst, das mit seinen Dimensionen sofort Lust aufs Meer hervorruft, flankiert vom *Rheinhafen,* einem Ölgemälde von Burkhard Mangold aus dem Jahr 1934.

Das originellste Werk hängt über dem Eingang: das *Allerweltsbild*. Emil Warthmann, Pächter des Bahnhofbuffets und Kunstmäzen, hielt die Künstler Dieter Roth, Björn Roth, André Thomkins und Dominik Steiger großzügig mit Speis und Trank frei und ließ sie sich ansonsten künstlerisch austoben. Das taten sie, hungrig und durstig wie sie waren, angeblich über zwei Jahre, bis das Werk seinen Platz einnehmen konnte. Die Lämpchen, die immer wieder mal in dem Gesamtkunstwerk auf-

Intersection von Richard Serra, *Himmelsleiter* von Rene Küng

blinken, erinnern ein wenig an die Zeiten, als Tinguelys *Luminator* der Schalterhalle Spaß und Leben einhauchte.

Durch den Haupteingang des Bahnhofs hinaus geht man schnurstracks auf ein Denkmal zu, das ebenso gut ein Dankmal ist. Es wurde geschaffen von jenem Frédéric-Auguste Bartholdi, von dem auch die weltberühmte Freiheitsstatue in New York stammt – und ist wie diese ein Geschenk. Frisch renoviert leuchtet sie besonders nachts strahlend weiß, am Tag sieht sie fast nach einer Gipskopie aus.

Apropos Seitenblick: Vor der Spiegelfront des Verwaltungsgebäudes der Basler Versicherung am Anfang des Aeschengrabens können wir die bis über fünf Meter hohe *Skulpturengruppe* aus Baveno-Granit von René Küng unschwer erkennen – der Künstler wird uns noch in sehr fragiler Kunstform wieder begegnen!

Wir wählen den Weg nach unten über das Bollwerk »Dorn im Aug«, ein schöner Picknickplatz übrigens. Von hier aus kann man das Gebiet überblicken, wo der Birsig schnurgerade der Stadt entgegenkanalisiert, um dann unter die Munimattbrücke zu fließen, aber auf der anderen Seite nicht mehr herauszukommen. Und man erkennt auch etwa auf Augenhöhe die rote Stadtmarkierung durch die dreiteilige Eisenplastik von Paul Suter, 1971 bis 1974 entstanden und inzwischen farblich aufgefrischt.

Treppab taucht unübersehbar eine bunte Skulpur auf, um die oder in der gerne Kinder herumturnen. Es ist mit *Lieu dit* des 2014 verstorbenen Michael Grossert ein seinerzeit sehr umstrittenes und übel behandeltes Kunstwerk, das 1976 seiner Zeit um einiges voraus war. Kunterbunt geht es auch weiter, durch die *Bunterführung* des Basler Spraykünstlers Taruk Abu Hageb.

Die Steinenvorstadt empfängt uns mit touristischem Trubel, und Küchlins Varieté-Theater erinnert an große Zeiten des Zirkus, des Kinos und der Revues. Die Fassade von Max Laeuger bildet heute eine Kulisse, sie strebt als einziger überlebender Rest des alten Theaters siebensäulig in die Höhe. Daneben ragt nicht unoriginell der Arbau mit einem monumentalen Betonbühnenvorhang.

Rechts durch das Theatergässlein erreichen wir den Straßenzug, der poetisch Birsigparkplatz heißt. Seine einzigartige Attraktion hat er verloren – die berühmte Drehscheibe für Autos, die auf ihr wie von Geisterhand um 180 Grad gedreht wurden, weil man in dem Gassenschlauch nicht wenden konnte. Vom Birsig aus, der direkt unter diesem Basler Kuriosum durchfloss, war die Scheibe beim Rotieren von unten zu bestaunen. Die rundbogige Theaterpassage birgt ein weiteres Kuriosum: Seit über zwanzig Jahren hängt dort die Plakatwerbung baselitzisch kopfüber. Also verkehrt herum. Der Künstler Marc Covo nennt diese Installation *luege – lose – laufe*. Wir laufen also über die Theaterstraße und die Stufen zum Stadttheater hoch und würden direkt über die *Intersection* von Richard Serra stolpern, wenn die dafür nicht viel zu groß wäre. Viel zu groß und viel zu rostig, oft angefeindet und angepinkelt – die vier monumentalen Stahlelemente schaffen mitunter diese nicht wirklich erwünschte

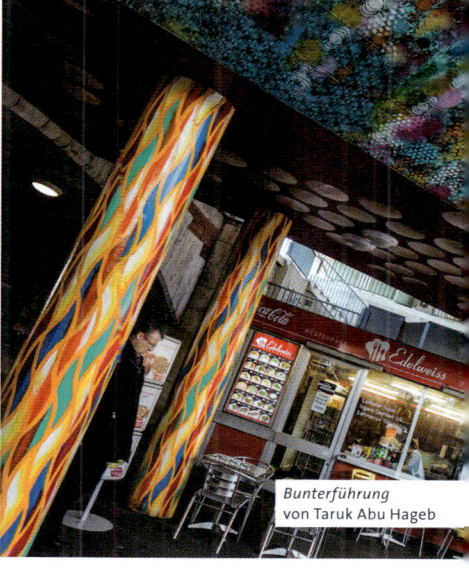

Bunterführung von Taruk Abu Hageb

Intimität. Kunst am falschen Ort? Nun, wer es in Basel auf eine Fasnachtsplakette schafft (1994), liegt eigentlich immer richtig. Hinter dem Trumm aus Metall ragt die *Himmelsleiter* von Rene Küng wie ins Blau gezeichnet himmelwärts.

An den alten Theaterkandelabern vorbei erreichen wir treppauf die Elisabethenkirche, an der Rückwand zur Kunsthalle sind temporäre Kunstwerke zu bewundern. Und dann geht man direkt auf ihn zu, den Fasnachts-Brunnen von Jean Tinguely. Niemand in Basel nennt ihn so, obwohl der Name die so ziemlich einzige Vorgabe des Auftraggebers

Kunstmuseum–Bahnhof SBB–Kunstmuseum | **51**

Migros war, deren Basler Genossenschaft dieser Glücksgriff 1975 zum fünfzigjährigen Bestehen gelungen war. Und es ist fast selbstverständlich, dass der wunderbare Querkopf die Sponsoren ordentlich gegen den Strich bürstete, indem er präzis am Standort der ehemaligen Theaterbühne diese wiedererstehen ließ. Und da wird jetzt das ganze Jahr Theater gespielt.

Im Garten der Kunsthalle kann man die grazile Bronzeskulptur *Le fruit* von Antoine Bourdelle aus dem Jahr 1907 finden. Und wenn man schon am Suchen ist, entdeckt man eine von sechs Fratzen von Arnold Böcklin, nämlich ganz hinten um die Ecke an der Fassade. Zu den fünf Kollegen kann man nur im nobelsten »weißen« Teil des Restaurants Kunsthalle nach oben blicken, im Sommer auch vom Garten aus. Alle sind nur Kopien. Die Originale hängen gerade mal ein paar Schritte um die Ecke entfernt im Eingangsbereich über der Kasse der Kunsthalle und glotzen ins Leere.

Die Kunsthalle ist das Ausstellungshaus des Basler Kunstvereins, in seinen nur von außen alten Mauern wird vor allem die zeitgenössische Kunst mit Ausstellungen gepflegt. Im Grundstein des Gebäudes sind auch Märkli der Basler Fähre zu finden. Der Erlös der ersten Fähre in Basel über den Harzgraben (heutiger Standort der Wettsteinbrücke) bildete das Grundkapital für den Bau. Wer genau hinschaut, kann im Fries über dem Eingang auch eine Fähre erkennen, deren Fährimaa einen schönen Batzen an die »Architectura« abliefert.

Von hier sind es nur einige Schritte zurück zum Kunstmuseum. Der Bankverein genannte Bankenplatz ist ein erstaunlich kunstferner Raum, im Rückblick über die Schulter können wir noch ein eigenartiges Türmchen entdecken, das uns noch nie aufgefallen war. Kunststück: Es existiert gar nicht, sondern erweist sich als Spiegelung des Schilthofs in der Glaswand eines Bankgebäudes.

Wem das nicht fürs Erste genug an Kunst war, der kann den Weg gerne über die Wettsteinbrücke in Richtung Tinguely-Museum fortsetzen, wie wir das bereits in Tour 2 beschrieben haben. Kinder können dort auch das *Schlauchboot* von Jean-Marc Gaillard entdecken, der im Museum der wichtigste Mann ist, nämlich der Monteur, dem zu jedem Problem eine Lösung einfällt. Vieles hat er noch beim Meister Jeannot persönlich lernen und abgucken können.

Bankverein

Bank für Internationalen Zahlungsausgleich von Mario Botta

Kunstmuseum–Bahnhof SEB–Kunstmuseum | 53

ROUTE 3

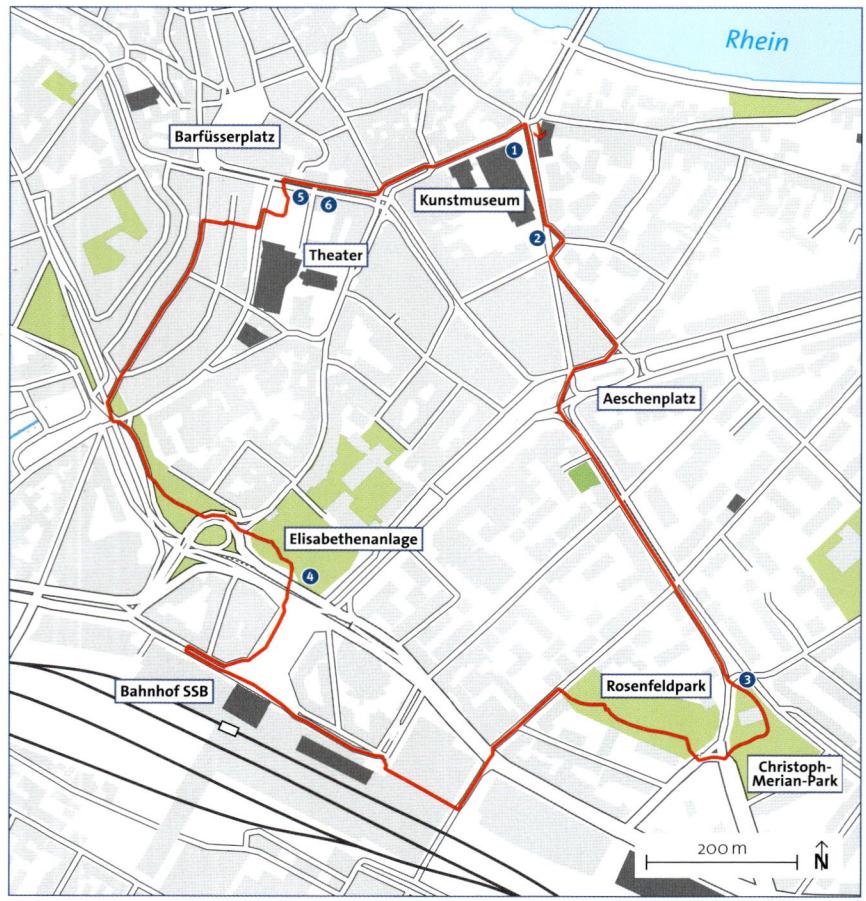

Ausgangspunkt
Kunstmuseum (Tram 2 und 15)

Endpunkt
Kunstmuseum (Tram 2 und 15)

Zeit
2 h

Unterwegs
Kunstmuseum: www.kunstmuseumbasel.ch
Sommercasino: www.sommercasino.ch
Brasserie Bahnhof SBB: www.brasserie-basel.ch
Restaurant Kunsthalle:
www.restaurant-kunsthalle.ch

Routen-Telegramm
Kunstmuseum – Bahnhof SBB ❶: Dufourstraße – Picassoplatz ❷ – Brunngässlein – Aeschenplatz – beim Botta-Haus in die St. Jakobsstraße – St. Jakobsdenkmal ❸ – Christoph-Merian-Park – über die Münchensteinerstraße – Rosenfeldpark, diesen nach links zur Peter Merian

Straße verlassen – Peter Merian Brücke – rechts durch die Postpassage und die Centralbahnstraße – Bahnhof SBB

Bahnhof SBB – Kunstmuseum: Elisabethenanlage ❹ – Elisabethenstraße überqueren – kurz der Wallstraße folgen – links zum Bollwerk und zur Treppe zum Heuwaage-Viadukt hinunter (Bollwerkpromenade) – rechts in die Steinenvorstadt – rechts ins Theatergässlein – Birsigparkplatz queren und durch die Passage – Theater-Tinguely-Brunnen ❺ – um die Kunsthalle ❻ den Steinenberg hinauf – St. Alban-Graben – Kunstmuseum

Seitenblicke
❶ Was? Das ist Kunst?
❷ Picasso und Basel
❸ Denkmal I: Für heldenhafte Verlierer
❹ Denkmal II: Für die Menschlichkeit
❺ Jean Tinguely und der Theaterbrunnen
❻ Arnold Böcklin – ein unschuldiger Mörder?

Plakatkleber von Paul Wilde

Oberleitungsmast aus dem 19. Jahrhundert, Aeschenplatz

Lieu dit von Michael Grossert

SEITENBLICKE

Was? Das ist Kunst?

1 Wenn jeder ein Künstler ist, wie Josef Beuys meinte, ist dann auch alles Kunst? Auch Sperrmüll? Mit dieser Frage beschäf-

tigten sich immerhin dreiundzwanzig Cliquen an der Fasnacht 1978. Unter einer »Rauminstallation« als Kunstform konnte man sich außerhalb der Kunstszene noch nichts Kunstvolles vorstellen. Die *Feuerstätte* von Beuys war eine solche, bestehend aus einem Holzwägelchen und einigen Kupfer- und Eisenstäben, ums Eck in einem weißen Raum gruppiert. Darüber, knapp unter der Decke, hingen drei Schieferplatten. Angekauft hatte das weitgehend auf öffentliches Unverständnis stoßende Werk das Basler Kunstmuseum — für damals stattliche 300 000 Franken (und nicht für ein paar Millionen, wie ebenfalls kolportiert wurde). Ein Fressen für die Fasnächtler! Die »Alti Richtig« trat in Beuys-typischen grauen Filzzügen an und führte als Requisiten Metallstangen mit. Und den Künstler persönlich, der die Stangen mit den Filzkostümen kunstvoll zu einer *Feuerstätte II* drapierte — hier, im Hof des Kunstmuseums. Beuys schenkte diese dem Museum, und dieses stellte beide Feuerstätten gemeinsam aus. Eine Fasnachtsaktion, die sich mit Spott und Ironie am Kunstgeschehen gerieben hatte, führte zu dessen verschärfter Wahrnehmung. Beuys und Basel rückten näher zusammen.

Picasso und Basel

2 Was wäre Basel ohne Picasso? In jedem Fall um eine schöne Geschichte ärmer. Und was wäre Picasso ohne Basel? Auch um eine schöne Geschichte ärmer — und um einige Strahlen seiner Aura. In Basel wurde Picasso schon vor dem Zweiten Weltkrieg eifrig gesammelt und ausgestellt. Alle Schaffensphasen waren vertreten — und dann schlug 1967 das Schicksal zu. Der Dauerleihgeber Peter Staechelin, durch den Absturz einer unterversicherten Globair-Maschine pleite, bot also der Stadt zwei Picassos zum Vorzugspreis von 8,4 Millionen Franken an. Der Große Rat sicherte mit großer Mehrheit 6 Millionen zu und hoffte auf Spenden für den Restbetrag. Ein »Bettlerfest« wurde organisiert und das Referendum wurde ergriffen, wie es sich in einer direkten Demokratie gehört. Das Fest brachte ganz Basel auf die Gassen und so viel Geld in die Kassen, dass der nötige Betrag sogar übertroffen wurde. Und die Abstimmung brachte eine Mehrheit von fast fünftausend Stimmen für die Picassobilder.

Natürlich blieb Pablo Picasso nicht unbeeindruckt von diesem Schulterschluss einer ganzen Stadt, um zwei seiner Bilder zu erhalten. Mitten in die Feierlichkeiten erreichte Franz Meyer, Direktor des Basler Kunstmuseums, der Anruf von Jacqueline Picasso. Sie kündigte eine Einladung mit Überraschung an. Und tatsächlich: Der Meister schenkte dem Museumschef, der mit seiner Frau angereist war, ein Werk nach Wahl. Und weil die beiden unterschiedliche Favoriten hatten, schenkte er ihnen beide — samt einem dazugehörigen Entwurf.

→ www.tageswoche.ch/de/2013_03/kultur/500352/

Denkmal I: Für heldenhafte Verlierer

Ein monumentales Denkmal für jene Eidgenossen, die sich 1444 gegen ein übermächtiges Heer von Armagnaken unter Anführung des französischen Dauphins in die Schlacht warfen, das war wohl der Mythenbildung geschuldet. Das St.Jakobsdenkmal ist ein Denkmal für eine Niederlage, die gerne verklärt wird: Man habe nicht verloren, sondern sei vom Siegen ermüdet gewesen. Ob das alles eher tapfer oder ziemlich dumm war, darüber wird noch immer gestritten. Dass die Basler sich hier gleich mitfeiern, mag besonders erstaunen. Noch gehörten sie nicht zur Eidgenossenschaft, hatten den Dauphin aber von der Stadtmauer aus unnötig beschossen und dann im Rathaus lange beraten, ob sie wohl den bedrängten Eidgenossen zu Hilfe eilen sollten. Nachdem das Problem fast ausgesessen war, soll ein Metzgermeister unter auf dem Marktplatz mit dem Ausruf »Hernach, wer ein Basler syge!« das Zunftbanner an und das Volk mit sich gerissen haben, welches nun durch das Aeschentor in die Schlacht zog. Oder besser: gezogen wäre, hätte man nicht auf der Höhe des heutigen Denkmals schon mitbekommen, dass es hier nur noch ums Mitverlieren ging. Schnellstens zog man sich zurück, was sicher klug war – aber nicht unbedingt ein Sujet für ein vor Heldentum strotzendes Denkmal wie das 1872 von Ferdinand Schlöth erschaffene. Über einem liegenden Schweizer Kreuz ragt die Helvetia mit einem Siegerkranz, darunter kauern vier Helden. Zwei davon sind alte Krieger, einer ist tot, der andere verletzt. Zwei jüngere Kämpfer vervollständigen das Quartett auf den Achsen des Schweizer Kreuzes. Der Armbrustschütze zerrt an einem Pfeil in seinem Unterleib; der jugendliche Steinwerfer illustriert die populäre Geschichte, nach der der Ritter Burkhard Mürch von Landskron von den Armagnaken als Dolmetscher herbeigeholt worden sei, um die Eidgenossen zur Aufgabe aufzufordern. Inmitten der sterbenden und toten Eidgenossen soll dieser spöttisch ausgerufen haben: »Ich sehe in einen Rosengarten, den meine Vorfahren vor hundert Jahren begehrt haben.« Da der Rosengarten eine poetische Umschreibung für einen Friedhof war, griff ein junger Held zu einem Stein und warf ihn mit dem Aufschrei »Da friss eine der Rosen!« genau ins Gesicht des Spötters, der drei Tage später verstorben sein soll. In der *Basler Heimatgeschichte* des Basler Lehrmittelverlags liest sich das wie eine Livereportage. Und es vermittelt, man habe nicht nur den letzten Treffer per Steinwurf erzielt, sondern das letzte Wort, ja, die letzte Pointe behalten.

📖 Geiser 1994, Basler Heimatgeschichte 1974

SEITENBLICKE

Denkmal II: Für die Menschlichkeit

④ Es gibt in Basel keinen Triumphbogen und keine Siegessäule. Denkmäler mit kriegerischem Hintergrund sind eher militärischen Niederlagen gewidmet. Das ist ungewöhnlich. Siegeslorbeer verwelkt rasch und oft genug ist er auf moralisch fragwürdigem Grund gewachsen. Dankbarkeit als Motiv für ein Denkmal ist dagegen zeitlos. Der Schöpfer der Freiheitsstatue in New York, Auguste-Frédéric Bartholdi, hat am Centralbahnplatz der aktiven Mitmenschlichkeit und dem Einmischen in fremde Angelegenheiten, wenn Hilfe wichtiger ist als alle Diplomatie, ein so großes wie würdiges Denkmal geschaffen.

Als im Krieg des Norddeutschen Bundes gegen Frankreich 1870 die Stadt Straßburg erbarmungslos beschossen und belagert worden war, machten sich Politiker aus Basel, Bern und Zürich auf den Weg vor die Mauern der bedrängten Stadt, um den freien Abzug von Kranken, Frauen und Kindern auszuhandeln. Dies war der traditionellen alten Freundschaft und Verbundenheit der Schweizer Städte mit der Elsassmetropole geschuldet und war weit mehr als eine symbolische Geste. In Basel und der übrigen Schweiz wurden die Geretteten gepflegt und versorgt.

Das Denkmal zeigt eine Straßburg symbolisierende Allegoriegestalt, die von ihrem eidgenössischen Pendant, der Helvetia, aus den starken Armen eines Schutzengels entgegengenommen wird. In ihrem Rücken sind vier Kinder zu erblicken, die dem Unheil entronnen sind, am Gewand der Helvetia weint ein weiteres. Aus jeder Perspektive ein bewegtes und bewegendes Bild. Zwei Reliefs auf dem Sockel illustrieren die Szenen: die Begrüßung der Delegation durch Straßburgs Bürgermeister vor den Mauern der Stadt, flankiert von Soldaten. Und auf der Rückseite wird eine alte Legende beschworen: Die Zürcher bringen anno 1576 einen noch dampfenden Topf mit Hirsebrei nach Straßburg – Zeichen für die niemals abkühlende treue Verbundenheit der beiden Städte.

📖 Wanner 1975

Jean Tinguely und der Theaterbrunnen

5 Basels populärster Brunnen begeistert seit 1977 Jung und Alt mit seinen bewegten Metallplastiken. Der Brunnen ist eine Reminiszenz an das alte Stadttheater, in jeder der Figuren sind Teile von Stadttheaterschrott verarbeitet, eine besteht sogar ganz daraus, dr Wäädel. Eine Balustradenmuse wird durch den alten Theaterlift angetrieben, sich gravitätisch zu verneigen und dabei aus den Augen zu spritzen. Es ist eine Nachbildung aus Araldit, dr Theaterkopf.

Spinne, Waggler, Fontääne, Spritzer, Suuser, Schuufler und Seechter heißen die anderen sieben Schauspieler der ersten Stunde. Die zehnte Figur erschien sechs Jahre später, und man fragt sich, wie es dazu kam. Hat die Auftraggeberin Migros vielleicht doch noch darauf bestanden, es müsse irgendetwas Fasnächtliches dazu? Dafür spräche, dass der Cuerpfyffer tatsächlich die einzige Verbindung zur Fasnacht herstellt – und dabei doch das Thema Theaterbühne mit einem Souffleurkasten an der Stelle, wo der echte einmal war, am allerdeutlichsten verkörpert. Und eigentlich ist es ein »Quersaicher« (Jean Tinguely), der lausbubenhaft aus seiner Deckung herausspritzt.

📖 Monteil 1980, Huber-Greub/Andreae 1989

Arnold Böcklin – ein unschuldiger Mörder?

6 Bevor es Proteste hagelt: Er hat es selbst zugegeben, quasi ein Geständnis abgelegt. Mildernde Umstände darf er eigentlich nur beanspruchen, weil er ein, sagen wir mal, allenfalls lediglich guter Bildhauer war. Als er die Kunsthallen-Fratzen bearbeitete, gab öfters das Material die Richtung vor: Mal splitterte hier etwas ab, mal da. Der Zufall leitete mehr als gewünscht den Entstehungsprozess der Visagen. Bei dem Gesicht mit der Kartoffelknollennase traute Böcklin sich nicht, den Meißel weiter anzusetzen, weil er fürchtete, sie könnte komplett getilgt werden. Also ließ er sie so, wie sie war.

Und was hat das alles mit Mord und Totschlag zu tun? Hier kommt das Opfer ins Spiel: ein braver, unbescholtener Mann, jedoch mit einem buchstäblichen Mordszinken ausgestattet, und auch sonst hätte er fast das Modell für den Künstler abgeben können. Der Ärmste musste nun die Häme seiner Umwelt doppelt ertragen, weil das Kunstwerk ihn zusätzlich öffentlichem Spott auslieferte. Der Leidensdruck des armen Mannes nahm so überhand, dass er sich die Nase operieren ließ, vermutlich eine der ersten Schönheitsoperationen in der Stadt. Die Operation soll geglückt sein – der Patient starb erst an ihren Folgen. Arnold Böcklin hat sich das sehr zu Herzen genommen; er nannte sich den »unschuldigen Mörder eines braven Mannes«.

Rathaus

4 Altstadt anders

In 25 Fragen um den Marktplatz

Fragwürdigkeiten überall! Hier kommen die Antworten. Denn man sieht nur, was man weiß!

Michael Koschmieder

Marktplatz

Diese Tour entlang von Kostbarkeiten und Kuriositäten ist die kürzeste – hoffentlich auch entsprechend kurzweilig. Wir beginnen im Innenhof des Rathauses und nehmen die Treppe rechts vorbei am Augusta-Raurica-Gründer Munatius Plancus. Die erste mögliche Frage – »Welche Unterwäsche trug ein römischer Entscheidungsträger circa zu Beginn unserer Zeitrechnung?« – ersparen wir uns; die Antwort des Bildhauers Hans Michel erkennen Sie fast zwangsläufig en passant. Stattdessen diese Frage:

❶ *Wer grüßt uns da so nett mit der Kappe in der Linken und einem Brief in der Rechten, in schwarz-weißer Dienstkleidung – und warum hat er ein Päckchen Zigaretten in der Brusttasche?*

Dieser vorzügliche Basler Staatsbeamte war ein Stadtläufer, der über weite Strecken amtliche Schriftstücke zu überbringen hatte. Das Päckchen Zigaretten war natürlich keines, sondern eine kleine Dose, die praktisch auch sein Passierschein war. Als Raucher wäre er vermutlich irgendwann stressbedingt tot umgefallen. Gut, das war er auch als Nichtraucher – aber nachdem er angeblich ohne Pause innert vierundzwanzig Stunden nach Straßburg und wieder zurück gelaufen war. Ein Staatsbeamter, wie er sein soll: hohe Leistungsbereitschaft, aber keine Pensionsforderungen! Die schwarz-weiße Diensttracht gab die Basler Stadtfarben wieder.

❷ *Beim Herabsteigen achten wir diesmal auf den Helm des Römers. Was ist da Lustiges obendrauf?*

Ein kleiner, goldener Basilisk! Womit Hans Michel einen Römer mit dem Basler Urviech kombiniert hat – schließlich galt Munatius Plancus lange genug als Gründer der Stadt Basel. Auf dem Kopf war der Basilisk übrigens genial postiert, denn sein Blick konnte töten, und der Todesstrahl folgte so immer der Blickrichtung des Römers!

❸ *Im Rathaushof sind am Treppenabgang zwei vergitterte Arrestzellen zu finden. Darüber sind zwei Knastbrüder abgebildet – wie die da wohl hingekommen sind?*

Narrenfreiheit hatte er schon, Burkhard Mangold, als er 1931 die beiden Häftlingsporträts von Wilhelm Balmer restaurieren sollte, die dieser erst sechzehn Jahre vorher hier aufgepinselt hatte. Nur erlaubte er sich einen kleinen Scherz, indem er seinen Künstlerkollegen Otto Plattner und sich selbst aus den Zellenfensterchen starren ließ. Burkhard Mangold ist der mit dem typischen Bärtchen.

❹ *Ein Rathaus ist ein Rathaus, ein Profangebäude. Und warum hat es dann ein Kirchtürmchen auf dem Dach?*

Burkhard Mangold im Knast

Und zwar ein sehr hübsches, vergoldetes aus Tannenholz. Wo ein Kirchturm drauf ist, ist meistens auch eine Kirche drin. Oder, bei einem Dachreiter wie hier, eher eine Kapelle. Und siehe da: Im Regierungsratssaal darunter gibt es tatsächlich eine kleine Kapelle, vermutlich Basels verstecktestes!

❺ *In die hintere Halle gelangt man wieder unter drei Spitzbogen durch. An der Wand hängen drei Stadtoriginale – worin besteht ihre Originalität?*

Zunächst einmal darin, dass es tatsächlich Originale sind. Ihre Kopien hängen an der Rathausfassade und sind dort Wind und Wetter ausgesetzt. Es handelt sich um Kaiser Heinrich II., Basler Stadtheiliger, der sich auf jeder Darstellung mit einem Münstermodell abschleppt (dem im großen Erdbeben eingestürzten übrigens). Seine ebenfalls heiliggesprochene Ehefrau Kunigunde trägt etwas, das einem Schweizer Kreuz entfernt ähnlich sieht – nur in Basel gibt es diese Darstellung. Ein Hinweis darauf, dass Basel Jahrhunderte später just am Heinrichstag das Heilige Römische Reich Deutscher Nation verlassen und in die Eidgenossenschaft eintreten sollte?

Noch rätselhafter ist die Justitia mit Krone und Waage – hier wurde eine Maria schlichtweg umfunktioniert; die Reformation wirkt manchmal noch nach. Der am Boden stehende Bannerträger Hans Bär ist auch ein Original, seine Kopie hält die Fahn' in schwindelerregender Höhe an den Rathauszinnen als heldenhaft Unterlegener bei der Schlacht von Marignano anno 1515.

Noch ein Blick auf das zauberhafte Renaissanceportal mit zwei Löwen als Wappenträger, die wiederum von zwei gertenschlanken Basilisken eingerahmt werden, und dann marschieren wir schnurstracks unter den Spitzbogen der vorderen Halle durch auf den Marktplatz, drehen uns um und bewundern die Fassade des Rathauses. Zu der gäbe es noch so viel zu sagen – aber auch schon viel zu lesen. Deswegen nur eine Frage:

❻ *Über der Nische für die Schildwache spinnt eine Frau. Wer ist sie und warum spinnt sie?*

»Die spinnen, die Basler«, dachten womöglich die Festdelegationen aus der ganzen Eidgenossenschaft, die zu Basels feierlicher Schweizwerdung ans Rheinknie geeilt waren. Denn an den Stadttoren wurden sie nicht etwa von bewaffneten Torwächtern, sondern von spinnenden Jungfrauen empfangen – Zeichen der besonderen Friedfertigkeit der Basler und 1501 eine durchaus kühne Symbolik. Das Modell zu der Frauenfigur war Ida Huber-Petzold, die Sängerin und Ehefrau des Basler Komponisten Hans Huber. Gemalt hat sie im Jahr 1901 der unglücklich verliebte Künstler Wilhelm Balmer.

Das Rathaus ist ein architektonischer Glücksfall, es entstand in drei Stilepochen in vier Jahrhunderten. Beginnend mit der sich schon allmählich in die Renaissance wandelnden Spätgotik und endend beim Jugendstil – und dort, wirklich Dusel, nicht bei der Vorlage des Architekten Eduard Vischer. Dass dieses Gebäude eine Einheit bildet, grenzt an ein Wunder; dass man den Turm nicht ständig besteigen kann, wundert einen.

❼ *Nur ein paar Schritte in Richtung Freie Straße bewundern wir ein rötlich- bis schokoladebraunes Gebäude mit einer leicht gestörten Symmetrie: das Geltenzunfthaus. Aber was ist eine Gelte?*

Rathaus

Der große Bär am Rathausturm

Das schmucke Renaissancehaus beantwortet die Frage in den Kartuschen über dem linken Torbogen: Dieses gießkannenähnliche Gefäß ist eine Gelte. Ein Weingefäß also, wollen wir doch hoffen, und keine Panschkanne. Die noble Zunft der Weinleute hatte hier ihren Sitz.

❽ *Sie drehen sich ja noch immer nach dem Rathaus um! Ach so, Sie wollen wissen, wer dieser überdimensionale Herr auf der Turmseite ist!*

Zunächst einmal sicher der größte Basler. Und, Wappen und Text lassen es wissen, noch einmal der Held der Schlacht bei Marignano: »Hans Bär, der rettet Basels Fahn', und starb als Held bei Marignan'«. Die Gesichtszüge sowie der feuerrote Bart weisen aber eindeutig auf den Architekten Eduard Vischer hin, den Wilhelm Balmer an diese große Wandfläche gemalt hatte. Kurios dabei: Wäre der ursprünglich von Vischer geplante Turmbau realisiert worden, dann hätte seine monumentale Gestalt nie und nimmer darauf Platz gehabt. Eine kleine, Quatsch: eine riesige Entschädigung dafür, dass ein kecker Jungarchitekt namens Heinrich Jennen mit seinen 26 Jahren Vischers Pläne einfach umgezeichnet und danach auch noch durchgesetzt hatte? Aber nicht alles ist so monumental und offensichtlich:

❾ *Wo ist ein spätgotisches Portal mit reizvoller Stabornamentik versteckt?*

Man kann jahrelang daran vorbeilaufen, vielleicht von Straßenmusik abgelenkt. Und in dem neugotischen Ungetüm auf der rechten Seite, der Hauptpost, möchte man eh nichts Gescheites oder Schönes vermuten. Doppelter Irrtum! Etwas zurückversetzt von der Straße steht es noch, ein Relikt des alten Rindermarkts, und lässt die Autos durch, die hier was abzuliefern haben. Und im Postgebäude wartet das architektonische Kontrastprogramm!

Papst Felix V.

Die »Quersaicher«

Wir haben inzwischen ein weiteres Zunfthaus erreicht, das der Kaufleute. Und ersparen uns die Frage, warum da ein Schlüssel herunterhängt – bei der Schlüsselzunft musste man damit rechnen. Wir verlassen hier die Freie Straße und wundern uns über eine Kette, die bedeutungsschwer an der Wand hängt. Sie und eine Schießscharte oben am Haus zum Fälklein sind ein Hinweis darauf, welch strategische Bedeutung diese Krawallecke einmal hatte, ein Schildchen klärt darüber auf.

🔟 *Im Stehen zu pinkeln ist verpönt. Aber warum ist ein Basler Stehpinkler mit Elsässer Narrenwurzeln so beliebt, dass er gleich mehrfach gestohlen wurde?*

Einmal, weil er von Niklaus Stöcklin stammt, und das ist nicht irgendein Künstler, sondern einer, der den Baslern besonders ans Herz gewachsen ist. Zum andern hat er der noblen Schlüsselzunft, die der Schriftzug »Pissoir« genierte, mit seinem »Quersaicher« (J. Tinguely) eine vergleichbar bodenständige Bildbotschaft geliefert. Und der Waggis ist bekanntlich Symbolfigur des durstigen Elsässer Weinbauern.

Ein paar Schritte weiter das »Haus zum Venedig« mit einem wunderschönen spätgotischen Exemplar des Stadtwappens der Lagunenstadt. Es wird vermutet, dass hier eine venezianische Handelsniederlassung zur Zeit des Konzils bestanden hat.

⓫ *Was spricht außerdem für die regelmäßige Anwesenheit von Venezianern in diesem Haus?*

Eine Kleinigkeit. Die Venezianer waren klein gewachsen, aber sie wussten sich zu helfen. Die kleine Wandtreppe zum Besteigen der Reitpferde ist nur an diesem Haus zu finden.

⓬ *Wussten Sie eigentlich, dass es ein Denkmal für einen Basler Zooelefanten gibt?*

Wenn nicht, dann schauen Sie mal nach oben! Es handelt sich dabei um eine Elefantendame namens Miss Kumbuk, die bereits 1886 die erste ihrer Art im Zoli war und dort über dreißig Jahre lebte! Natürlich war sie ein Star und die Begründerin der besonderen Elefantentradition im Zoo.

Das Haus zur Mücke weist ein prächtiges Portal mit einem Oberlichtgitter auf, in dem ein goldener Baselstab zu finden ist.

⓭ *Welcher Papst ist mit diesem Gebäude (bzw. seinem Vorgängerbau) verbunden?*

Es ist Papst Felix V., denn er wurde hier gewählt. In Basel hat tatsächlich ein richtiges Konklave stattgefunden, im Rahmen des Konzils im Oktober 1439. Das Konklave hatte zuvor Papst Eugen IV. für abgesetzt erklärt. Amadeus von Savoyen wurde gewählt, er war ein Gegenpapst, der letzte übrigens. Der Basler Papst traf erst Monate nach seiner Wahl in Basel ein, um auf dem Münsterplatz gekrönt zu werden. Er hatte wenig Fortune und trat später zurück. Der Konzilsschreiber Enea Silvio Piccolomini wurde später Papst Pius II. und belohnte Basel mit einer Universität.

Vier Straßen führen auf den Münsterplatz, und wenn man auf der Mitte steht, sieht man keine der Zufahrten. Am schönsten ist es hier, wenn man das Glück hat, dass wirklich kein Auto auf dem Platz und kein Gerüst am Münster steht.

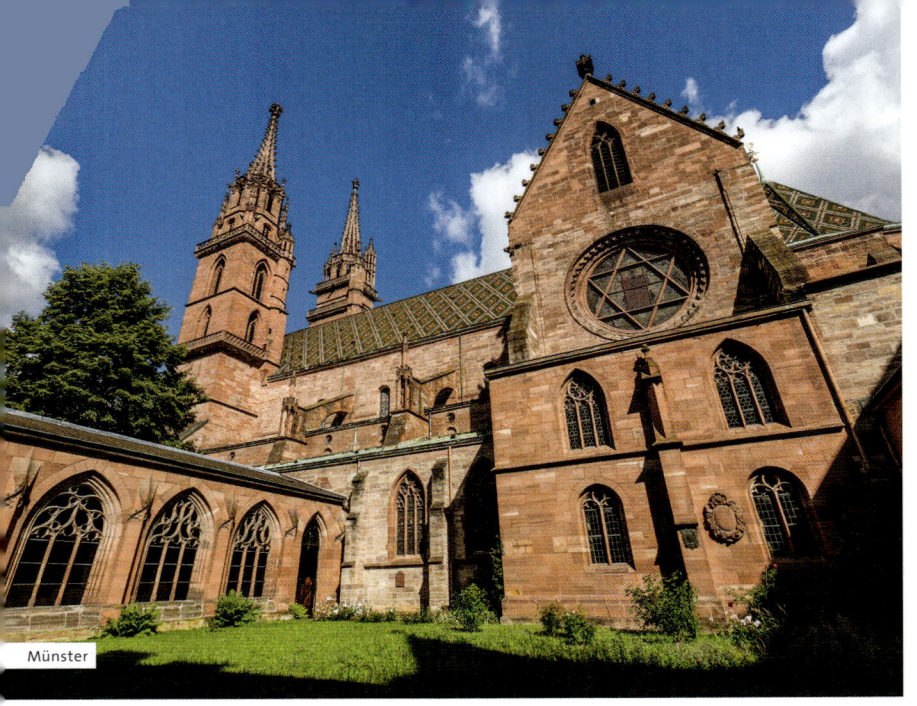

Münster

⓮ *Das Café Isaak ist nach Isaak Iselin benannt, dem Gründer der Gesellschaft zur Beförderung des Guten und Gemeinnützigen in Basel. Stimmt es eigentlich, dass er sich auch mit Hämorrhoiden beschäftigt hat?*

Hat er nicht. Auch wenn ein Zeitgenosse es behauptete, der hier gleich nebenan zur Schule gegangen war: Johann Peter Hebel. Der meinte nämlich, dass der Ratsschreiber Iselin im Rathaus keineswegs immer fleißig die Reden protokolliere, sondern sich mit seinen »Hämorrhoiden der Menschheit« beschäftige. Gemeint und verballhornt waren die »Ephemeriden der Menschheit«, eine Zeitschrift des Basler Gutmenschen, den Hebel nicht mit seinem Spott verschonte. Iselin hat es trotzdem zu gleich zwei Denkmälern in der Stadt gebracht. Unter einem stehen wir gerade. Das andere beeindruckt überlebensgroß im Schmiedenhof.

Vor der Münsterfassade stellen sich die Fragen fast von alleine:

⓯ *Für wen schneidet der heilige St. Martin seinen Mantel durch – etwa für den Baumstumpf zu seinen Füßen? Und warum fällt sein Pferd nicht um?*

Weil es gegen die Wand lehnt? Denn umfallen müsste ein Pferd wohl oder übel, wenn das rechte Vorder- und Hinterbein gleichzeitig angehoben werden. Oder war Sankt Martin ein Dressurreiter?

Die nächste Frage wird Schulkinder bewegen:

⓰ *Schreibt man im Himmel eigentlich auch Klassenarbeiten?*

Die Antwort findet sich im Bogenfries über dem Hauptportal. Die Engel sind in Klassenstärke angetreten und haben ihr Testblatt noch in der Hand. Und während sich einige recht eitel und streberhaft als Klassenbeste aufführen, staunen andere über ihre Noten, wenn sie nicht gar ihr Blatt zerrissen haben oder um eine bessere Beurteilung flehen. Erstaunlich, wie eine veränderte Perspektive eine komische Fallhöhe erzeugen kann.

Der Kreuzgang verbindet das Münster mit dem Bischofshof. Und er war eine begehrte Begräbnisstätte für betuchte Basler mit Namen, die auch heute noch den Daig verkörpern.

⓱ *Wird die »Sonne der Aufklärung« mit einer schwedischen Stromsparleuchte betrieben?*

Oekolampad! Mit eigentlichem Namen Johannes Heussgen oder auch Hausschein. Die »Sonne der Aufklärung« leuchtet bildhaft über der letzten Ruhestätte des Basler Reformators, dessen Popularität durch den Bildersturm gelitten hat. Einige wenige Schritte weiter erkennt man am Uttenheim-Altar, wie die Bilderstürmer gewütet haben!

⓲ *Warum hört man aus dem Grabmal des großen Basler Mathematikers Jakob Bernoulli an der Säule im Kreuzgang oft ein seltsames Geräusch?*

Weil er sich öfter im Grab umdrehen muss, da man die logarithmische Spirale auf seinem Epitaph so grottenfalsch abgebildet hat. Bernoulli schätzte dieses Gebilde sehr und nannte es »wundersame Spirale« – auch hat er sich ein Abbild davon auf seinem Grab gewünscht. Dumm gelaufen!

Wer wissen möchte, wie es Bettina Eichins Marktplatzbrunnen in den Kreuzgang verschlagen hat, kann es an Ort und Stelle nachlesen. Und auch den dunklen Text »Vergänglichkeit« von Johann Peter Hebel. Das passt hierher, gehört aber nicht da hin. Trotzdem schön, dass diejenigen, die die Geister riefen, wenigstens einen nicht mehr loswerden.

Wir verlassen den Kreuzgang und der Blick wird frei auf Kleinbasel und seine Turmbauten von Kirche, Kommerz, Kultur und Life Sciences. Die nächste Frage passt in diesen Kontext:

⓳ *Was bekommt man eigentlich, wenn man einen Elefanten und einen Staubsauger miteinander kreuzt?*

Man werfe einen Blick auf die reizenden Kreaturen oberhalb der romanischen Blendbogen, die auf ihrem Rücken Säulen stützen. Prachtexemplare, deren Erschaffer zwar noch nie einen Elefanten gesehen, aber sicher jemanden kannte, der schon von solchen gehört hatte.

❷⓿ *Warum muss Basels kleinstes Denkmal auf sich herumtrampeln lassen?*

Weil zwischen Harald und Gabriele die Liebe auf dem Münsterplatz zu blühen begann und das Liebespaar dieses erfreuliche Ereignis stilvoll und nachhaltig mitteilen wollte. Bei der behutsamen Umgestaltung des denkmalgeschützten Bodenbelags hat man den Bronzestein erhalten. Bleibt somit die wichtigste Frage: Blüht sie noch, die Liebe?

Die Augustinergasse verlassen wir beim schönen Brunnen mit dem Basilisken nach links und betreten danach die Martinsgasse.

❷❶ *Die gewaltigen Schornsteine auf dem Weißen und Blauen Haus, auch Reichensteiner und Wendelstörfer Hof genannt, können schon beeindrucken. Zumindest einer davon ist gar keiner. Aber was ist er dann?*

Ein Aussichtstürmchen! Die Bauherren Jakob und Lukas Sarasin hätten ja gerne etwas Rechtes zum Runterschauen auf das Dach gesetzt. Aber die Stadt nutzte die Gelegenheit, den beiden auch einmal eine Grenze aufzuzeigen, und untersagte das Vorhaben. Daher wurde kurzerhand ein Schornstein zweckentfremdet und mit einer Wendeltreppe versehen. Auch heute noch kann man hier einen der exklusivsten Aussichtspunkte der Stadt genießen!

An der Martinskirche stellt sich die Frage, warum von ihren vielen Kirchentüren so gut wie immer alle verschlossen sind …

❷❷ *Klären lässt aber sich die Frage, wie denn das Elftausendjungferngässlein zu seinem langen Namen kam.*

In Kurzfassung, denn die Geschichte beginnt im mittelalterlichen England: Ein heidnischer König verliebte sich in eine englische Königstochter namens Ursula. Eine Heirat war an zwei Bedingungen geknüpft: Christ werden und nach Rom wallfahren. Als Begleitung kamen elftausend Jungfrauen mit, was, wenn die Zahl stimmen würde, die damalige Basler Einwohnerzahl übertroffen hätte. Auf dem Rückweg von Rom wurde die ganze Gesellschaft in Köln von den Ungarn niedergemetzelt, von Ursula kehrte nur eine Reliquie nach Basel

Basels kleinstes Denkmal

zurück. Diese erhielt einen kostbaren goldenen Reliquiar, der zum Münsterschatz gehört und im Museum für Geschichte bewundert werden kann. Nur aus Blech ist das Gassenschild, das aber schon öfter geklaut wurde und deshalb so hoch oben hängt.

Das Tanzgässlein ist dagegen so kurz, dass so ein langes Schild vielleicht gar keinen Platz hätte. Auf der reichlich schiefen Ebene wurde nicht getanzt; der Name stammt vielmehr vom Haus zum Tanz, das eine von Hans Holbein dem Jüngeren bemalte Fassade vorweisen konnte.

Den Fischmarkt nannte Hans U. Christen vor gut fünfzig Jahren »den verschandeltsten Platz Europas«. So streng möchte man das heute nicht mehr sehen, der gebändigte Jugendstil der Börse und des roten Gebäudes, hinter dessen opulentem Dachfenster Hans Arp sein Atelier hatte, sind doch recht ansehnlich. Auch der Durchblick nach oben zur Peterskirche gefällt. Die bunte Kopie des Fischmarktbrunnens hätte allerdings mehr Stille verdient, denn man sollte wenigstens einmal um sie herumgehen und in aller Ruhe die vielen Details betrachten.

Münsterelefant

Das Gifthüttli verdankt seinen Namen einem Leserbriefschreiber. Er bezichtigte den Wirt, der als Erster Bier vom Fass, das nicht im eigenen Haus gebraut worden war, zu verkaufen wagte, »reines Gift« auszuschenken, da Bier nicht haltbar sei. Über den Andreasplatz mit dem Affenbrunnen und dem Grundriss der Andreaskirche im Bodenpflaster erreichen wir das Imbergässlein mit dem Hosensackmuseum, Basels kleinstes Museum.

Am Ende der Treppe, pardon, Fußgängerzone, wenden wir uns nach links und drehen uns nicht noch einmal um: Eine von Basels schönsten Stadtansichten wurde geopfert. Auf der linken Gassenseite des Spalenbergs begegnet uns Burkhard Mangold schon wieder. Die Sgraffiti-Fassade mit dem »Steppenwolf« ganz oben ist vielleicht sein bekanntester Blickfang. Und, wer weiß, vielleicht hat der dürre Bursche wirklich Hermann Hesse zu seinem Romantitel inspiriert. Ein paar Schritte aufwärts, und wir sind am Gemsbrunnen.

㉓ *Das Trillengässlein ist im Sommer manchmal ganz schön zugewachsen. Aber wer oder was ist eine Trille?*

Eine Trille hat nichts mit der Trillerpfeife zu tun. Eigentlich war die Trille eine Art vertikales Hamsterrad, geschaffen für erwischte Obstdiebe. Unten auf dem Marktplatz durften sich die Delinquenten darin begaffen lassen, nicht gerade angenehm. Aber dann war irgendwann die

Schule aus und die bösen Buben freuten sich, wenn »öpper in der Drülli« war, und drehten den Käfig nach Kräften. Der Ärmste gab dann das Obst freiwillig wieder heraus.

Das Trillengässlein geht es unspektakulär hinab, der Fassadenkletterer links weist darauf hin, dass früher nicht nur in Bayern gefensterlt wurde. Ein paar Schritte durch die Hutgasse, noch einmal an einem Zunfthaus vorbei, diesmal das der Schuhmacher (wer hats angemalt? Burkhard Mangold!), und schon haben wir das Rathaus wieder vor uns. Aber diesmal sehen Sie es mit Expertenaugen.

㉔ *Den Säulen tragenden Löwen am Erker auf der linken Gebäudeseite sind Sie heute schon mal begegnet, aber wo?*

Das war beim Chor des Münsters auf der Münsterpfalz, quasi als Leidensgenossen der kuriosen Elefanten – ein witziges architektonisches Zitat aus dem reichen Bildschatz des Münsters.

㉕ *Und wer hat zwischen den gotischen Portalsäulen auf der Tafel den Mond in die Waagschale gelegt?*

Hier haben wir eine alte Hochwassermarke vor uns. Der Birsig, den wir gerade überschritten haben – eine der Dohlen auf dem Marktplatz führt direkt in den Fluss –, konnte die Innenstadt vor seiner Tieferlegung in Klein-Venedig verwandeln. Beweis? Der Text lautet: »Anno domini 1529 auf den 8. Tag des Brachmonats (Juni) ist der Birsig unversehentlicher Wassergüsse halber so groß geworden, dass er bis hierher unten an diese Tafel geflossen ist, davon einer Stadt Basel und der Bürgerschaft großer Schaden entstand.«

Was bleibt, sind Fragen. Wo gehen wir jetzt was trinken? Gegenüber ins Café Schiesser oder in die Globus-Kantine im 5. Stock des Kaufhauses? Bei aller Unterschiedlichkeit haben sie eins gemeinsam: Sie bieten interessante Ausblicke!

📖 Christen 1964, Brönnimann 1973, Staatskanzlei Basel (Hg.) 1983

Augustinergasse

Rheinsprung

Rathaus–Martinskirchplatz–Marktplatz

ROUTE 4

Ausgangspunkt und Endpunkt
Rathaus Basel (Haltestelle Marktplatz, Tram 6, 8, 14, 15, 16)

Zeit
2 h bis 2 h 30

Unterwegs
Café Isaak am Münster: www.zum-isaak.ch

Museumsbistro Rollerhof am Münsterplatz: www.mkb.ch/de/museumsbistro.html

Löwenzorn am Gemsberg: www.loewenzorn.ch

Gifthüttli: www.gifthuettli.ch

Holzofenbäckerei Bio Andreas: www.bio-andreas.ch

Restaurant Schnabel am Rümelinsplatz: www.restaurant-schnabel.ch

Cafe Confiserie Schiesser: www.confiserie-schiesser.ch

Routen-Telegramm

Rathaus – Martinskirchplatz: Rathaus – Marktplatz – Freie Straße – Schlüsselberg (❿ gleich links, ⓬ oben am Haus gegenüber dem Wilden Mann, ⓭ um die Kurve) – über den Münsterplatz – Kreuzgang rechts vom Münster (⓱ gleich rechts oben) – Münsterpfalz – den Münsterplatz zur Augustinergasse verlassen – am Basiliskenbrunnen links und gleich wieder rechts in die Martinsgasse – Martinskirchplatz

Martinskirchplatz – Marktplatz: um die Martinskirche zum Elftausendjungferngässlein – links Rheinsprung – Eisengasse – gegenüber vom »Globus«-Eingang ins Tanzgässlein – rechts vom Fischmarktbrunnen in die Stadthausgasse – Schneidergasse – Andreasplatz überqueren – nach rechts ins Imbergässli – links Nadelberg – Spalenberg hinab – Gemsberg hinauf – Trillengässlein hinab – Rümelinsplatz – nach links durch die Münzgasse – rechts Hutgasse – Marktplatz

Stadtläufer im Rathaus

Staatsarchiv Basel

Rathaus–Martinskirchplatz–Marktplatz

Wolfgottesacker

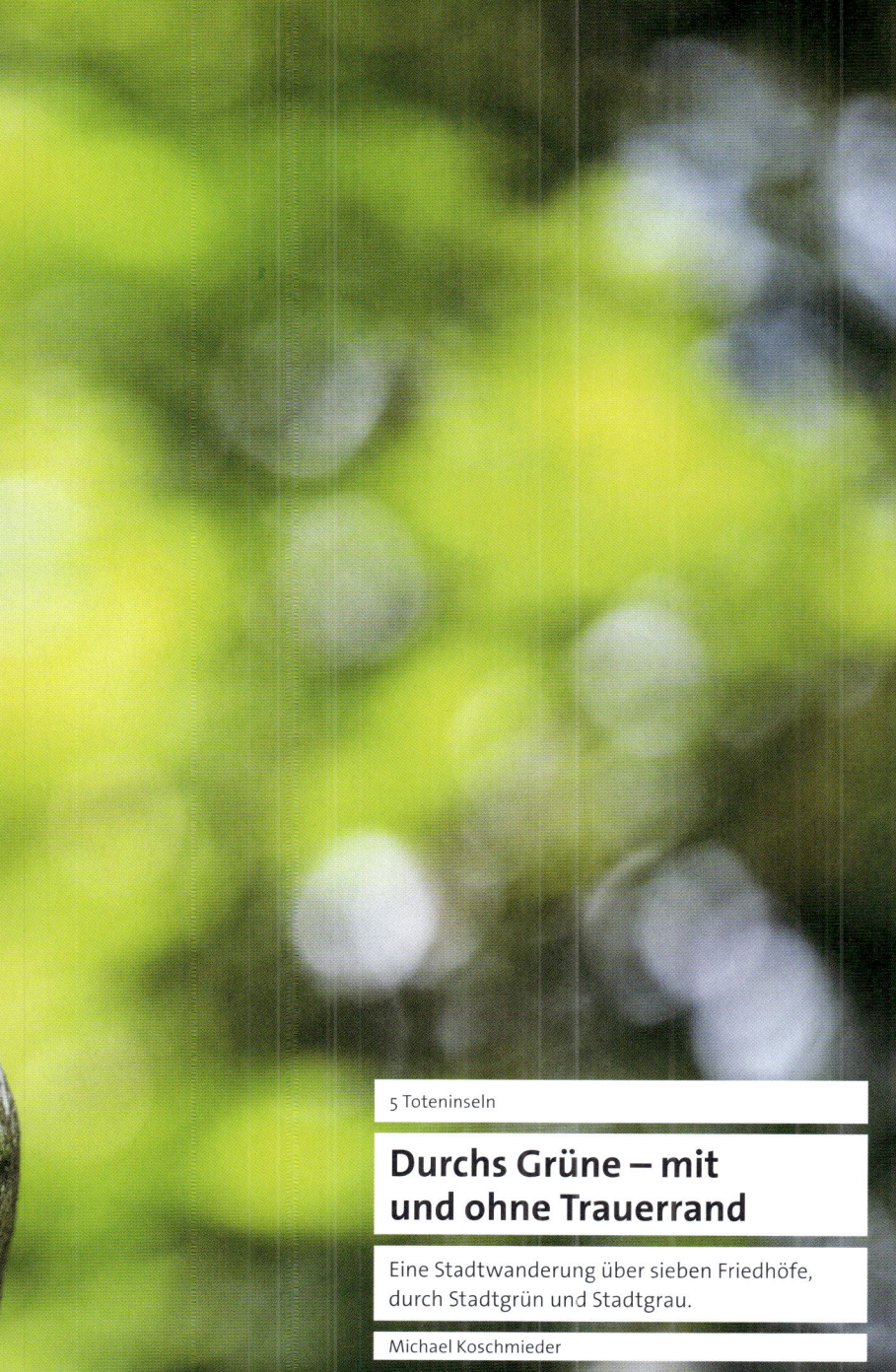

5 Toteninseln

Durchs Grüne – mit und ohne Trauerrand

Eine Stadtwanderung über sieben Friedhöfe, durch Stadtgrün und Stadtgrau.

Michael Koschmieder

Trotz des düsteren Titels: Dies ist vor allem eine hübsche – wenngleich lange – Tour für Kinder. Man könnte sie auch »Von Park zu Park« nennen und Kindern die Mitnahme eines Tretrollers empfehlen sowie, bei Sommerwetter, Badezeug und Handtuch. Wir starten an einer Friedhofskapelle, die kaum noch jemand (als solche) wahrnimmt. Dabei liegt sie mitten auf einem Friedhof – einem stillgelegten. Zwischen 1832 und 1890 wurde hier auf dem Friedhof St. Theodor beerdigt, und das mehr schlecht als recht. Die hübsche und frisch renovierte Kuppelkapelle des Basler Architekten Melchior Berri erinnert allein noch daran.

Ehemalige Friedhofskapelle

An der Herbstmesse locken Achterbahn, Autoscooter und, immer seltener, eine Geisterbahn auf den ehemaligen Friedhofsgrund, der auch der Basler Traditionsboden für die großen Zirkusunternehmen ist. Geradezu eingekreist ist er von Messegebäuden und flankiert vom Wolkenkratzer des Hotels Ramada Plaza. Im Jahr 1890 wurde der Rosentalfriedhof aufgehoben, fortan hat man die Verstorbenen auf dem neuen Horburg-Gottesacker bestattet, den wir als Nächstes aufsuchen wollen.

Zunächst unterqueren wir Basels größtes Loch – doch, in Basel geht so etwas! – und wenden uns nach rechts zum Riehenring, ein wunderlicher Name für eine ziemlich kerzengerade Straße. Ursprünglich hieß sie Bahnhofsstraße, weil auf Höhe des Musical Theaters der alte Badische Bahnhof seinen Standort hatte. Für Stadtwanderer dürfte das kleine Tante-Elsa-Lädeli interessanter sein, hier gibt es an sieben Tagen in der Woche bis 22 Uhr kühle Getränke und mehr.

Der Horburgpark umfasst heute die westliche Hälfte des ehemaligen Friedhofs von anno 1890, an den noch zahlreiche alte Bäume wie Eiben, Buchsbüsche und Scheinzypressen erinnern. Nach zweiundvierzig Jahren wurde der Friedhof mitsamt dem ersten Krematorium geschlossen. Heute ist er ein Tummelplatz für Kinder und Jugendliche mit einem großen Planschbecken, einem Parcours für BMX-Velos (neudeutsch Dirtjump genannt) und vielen Spiel- und Bolzmöglichkeiten. Viel Grün, viel Platz, viel Vergnügen – hier wollen nicht nur die Kinder länger bleiben. Die Grabmale hier waren einmal erste Indikatoren der Umweltverschmutzung durch die immer näher herangerückte und gnadenlos um sich pestende chemische Industrie. Bestattet wurde aber nunmehr auf dem neuen Hörnlifriedhof, welcher unsere Tour abschließen wird und der erstmals Groß- und Kleinbasler im Tod vereinte – und das auf Riehener Boden.

In hohem Bogen und auf zwei Stockwerken führt uns die Dreirosenbrücke über den Rhein. Neben Tram, Autos und Fahrradfahrern werden auf der oberen Etage auch Fußgänger auf einem breiten Boulevard sicher über den Strom gelotst. Die Aussicht ist beeindruckend, nicht nur auf Industrietürme, sondern auch auf das Münster und die meisten Kirchen. Rechter Hand Basels »Stadt in der Stadt«, der Novartis Campus. Wir werfen auf Seite 41 einen Seitenblick hinein.

Loch zum Messehimmel

Der hundert Meter hohe Kamin der IWB am Voltaplatz ist zugleich Projektionsfläche eines der großflächigsten Kunstwerke in der Stadt. Der Künstler Hannes Vogel hat die rot-weiße Markierung, die aufgrund der Nähe zum Flughafen nötig war, schräg und so spielerisch auftragen lassen, als ob hier ein Riese tätig geworden wäre. Dem Riesen werden wir noch begegnen; ein paar Riesen ließ auch der Kunstkredit Basel für das Kunstwerk springen, das Lob und Spott gleichermaßen hervorrief. Vogel hatte übrigens Wanderwegmarkierungen im Sinn, der Schlot ist also geradezu ein Wahrzeichen für dieses Buch!

Der Spielplatz am Voltaplatz war einer der ersten Robinson-Spielplätze in Europa und ist es auch im Zuge der Umgestaltung des Platzes geblieben. Von hier aus kann man das bunte Glasfassadenhaus von Diener&Diener und das fantastisch-kubistische Gebäude von Frank Gehry bestaunen. An eher modern-monotoner Neubebauung vorbei gelangen wir an das hübsche Bahnhöfchen St. Johann, hier halten die Züge von und nach Mulhouse. Der Bahnhofsplatz wurde neu gestaltet, die Überführung in Richtung Flughafen hat einen schwungvoll-markanten Treppenaufgang bekommen. Die Platzmöblierung mit weißen Betonfelsen erinnert an das alte Eisbärengehege im Zoo, dessen Ödnis man irgendwann den Eisbären nicht mehr zumuten wollte.

Wir überqueren die Flughafenstraße und freuen uns beim Betreten des gegenüberliegenden Parks: Endlich mal kein Teer unter den Füßen. Vorbei geht es an der Friedmatt, die, auch wenn der Name es scheinbar nahelegt, kein ehemaliger Friedhof war, sondern eine eingefriedete Matte. Heute heißt so die Psychiatrische Universitätsklinik Basel. Auf dem Friedmattweglein geht es wieder geteert weiter, vorbei an der Gärtnerei, viel Grün und sogar einigen Schafen.

Von der Endstation der Tramlinie 3, die mittelfristig bis nach St. Louis verlängert werden soll, führt die Waldighoferstraße an den Israelitischen Friedhof und damit an die letzte Ruhestätte für die Verstorbenen der jüdischen Gemeinde. Seit 1903 können deren Mitglieder wieder auf Basler Boden bestattet werden, vorher geschah dies in Hegenheim. Auf der rechten Seite sind die älteren Grabstätten angelegt, auf deren Grabsteinen mal mehr, mal weniger Besuchersteine zu finden sind. Dafür fehlt Blumenschmuck; Kieselsteinchen, oft weiße mit schwarzen gemischt, bedecken das Grabfeld. Auf der Rückseite einiger Grabsteine findet man einen oder mehrere Hinweise auf deportierte und in Gurs, Auschwitz oder anderswo von den Nazis ermordete Familienmitglieder. Jüdische Friedhöfe sind für die Ewigkeit gedacht, es gibt keine Begrenzung der Ruhezeit. Für die Gebeine aus der ältesten Grabstätte am Petersplatz wurde daher ein Gemeinschaftsgrab angelegt.

Novartis Campus

Besuchersteine

Vorbei an der imposanten Fassade des Felix Platter Spitals erreichen wir den Kannenfeldpark. Dieser gibt sich fast nur noch am Haupteingang als ehemaliger Friedhof zu erkennen. Moses, Daniel (der aus der Löwengrube), Johannes der Täufer und Paulus blicken aus ziemlicher Höhe auf die Besucher hinab, fast unpassend fröhlich plätschert es daneben aus einem Basiliskenbrünnlein. Mit Kindern marschiert man am besten geradeaus, sie werden schnell entdecken, was ihnen am meisten Spaß bereitet.

Kannenfeldpark

Wenig später finden wir den liebenswerten Koloss, der von Markus Böhmer im Jahr 1990 hinter den Baum gestellt wurde und für den es seit 1992 einen Internationaler Verein für die Erhaltung des Riesen gibt. Und den braucht er auch, denn völlig unumstritten war er nie, was an seiner unkorrekten Bekleidung liegt – die meisten öffentlichen Kunstwerke in Basel kommen indes weitgehend nackig daher. Ein monumentales Ehrenmal erinnert an die in Basel beheimateten französischen Gefallenen der Kriege seit 1871, hier werden noch immer alljährlich im November Kränze niedergelegt.

Wir verlassen den Park durch den Seitenausgang zum Kannenfeldplatz und wählen, weil wir einmal durch eine Allee spazieren wollen, die Kannenfeldstraße – die Straßburgerallee nebenan ist nämlich keine. Mitten in der Häuserzeile überragt die Antoniuskirche, die erste Vollbetonkirche der Schweiz aus dem Jahr 1926, alles andere. Auch innen ist so gut wie alles aus Beton, etwa die Empore oder die Skulpturen. Bei sonnigem Wetter ist die Wirkung der riesigen bunten Glasfenster überwältigend. Nächstes Ziel ist der Schützenmattpark, schon dem Namen nach kein Friedhofsgrund, sondern ein weiterer echter Volkspark. Gegenüber steht das Schützenhaus mit seinen berühmten Glasfenstern im Obergeschoss.

Dem Steinenring folgend erreichen wir die leicht erhöht angelegte Pauluskirche (»ein byzantinisch-romanischer Bau, in dem die Hagia Sofia in Istanbul, San Marco in Venedig, die Kathedrale von Marseille, die Basilika Notre-Dame-du-puy, ein Kaffeewärmer und ein Hochzeitskuchen fröhlich Urständ feiern«, spottete Hans U. Christen). Kaum zu glauben, dass der Architekt dieses Bauwerks derselbe ist, der die moderne Antoniuskirche gebaut hatte. Dennoch empfiehlt sich ein Rundgang um die Kirche, oben am Turm hat sich der Architekt Carl Moser na-

Wolfgottesacker

mentlich verewigt, was er bereut haben wird. Er nannte die Paulus-kirche nämlich später eine »Jugendsünde«. Die wunderbaren Jugendstilfenster von Max Laeuger im Inneren der Kirche sind sehenswert.

Vom Viadukt aus blicken wir links in das Nachtigallenwäldlein zwischen dem Rialto-Hallenbad und der weißen Kuppel in anheimelnd verjästem Umfeld, dazwischen rauscht der Birsig kerzengerade seiner mehr als einen Kilometer langen Grabkammer zu. In die Skyline pfuscht der Ramada Plaza Turm, der sich zwischen den Münstertürmen breitmacht. Rechts drängeln sich die Autos vor dem Zolli-Eingang – bis vor zweihundert Jahren drängelten sich hier die Zuschauermassen bei öffentlichen Hinrichtungen auf dem Kopfabhaini, wie der Platz (und nicht der Henker) genannt wurde.

Die Elisabethenanlage ist wieder mal ein ehemaliger Gottesacker (bis 1872), von dem nur noch die Leichenhalle an ihre einstige Bestimmung erinnert – und auch das nicht so recht, weil heutzutage das Cafe »zum Kuss« darin zu finden ist.

Vorbei an der Bank für Internationalen Zahlungsausgleich geht es durch die SBB-Passage und das Peter Merian Haus sowie das Jacob Burckhardt Haus – zwei imposante Neubauten, die ein erstes architektonisches Highlight bei der Einfahrt in den Bahnhof SBB bilden. Über eine kleine Passerelle gelangt man zur Hochstraße. Dieser kleine Überweg über die Bahngeleise hatte 1981 Stadtgeschichte geschrieben: Eine Demonstration von Jugendlichen mit dem angeblichen Ziel, das in der

Nähe gelegene und von der Basler Freizeitaktion betriebene Jugend- und Kulturzentrum Sommercasino besetzen zu wollen, bewegte sich urplötzlich von der Nauenstraße über diesen schmalen Steg, und das im Laufschritt. Kein Polizeiauto konnte folgen, und ehe die Staatsgewalt den Braten gerochen hatte, war das AJZ, das autonome Jugendzentrum, in einem bis anhin leer stehenden Postgebäude im Handstreich besetzt. Heute empfiehlt es sich, einen Platz auf der Terrasse des so schönen wie gemütlichen Restaurants Bundesbahn zu besetzen. Wir folgen der Hochstraße in Richtung der Coop Zentrale und entdecken einen kleinen Spielplatz mit einer Hausruine, der zunächst eher an einen Truppenübungsplatz für den Häusernahkampf erinnert. An der BLT-Tramhaltestelle beginnt das Bauhinweglein, das bis zum Wolfgottesacker führt.

In diesem verwunschenen Friedhof scheint die Zeit stehen geblieben zu sein, und hier sind die schönsten Engel (im Abschnitt 36 und – der allerschönste von Isidoro Pellegrini – im Abschnitt 43) zu finden, die, durch die Patina der Jahrzehnte veredelt, noch hinreißender Trauer und Leid verkörpern. Auf den Grabmalen findet man noble Namen des Basler Daigs, aber sie können sich auch in Buchstabensalat verwandeln. Hier erzählen Gräber noch Geschichten, wenn etwa ein Kleinkind von zwei Engeln aus seinem noblen La-Roche-Kinderbettchen herausgeholt wird (Abschnitt 2), wenn ein Verstorbener lebensgroß und plastisch aus einer Wolke herausblickt oder aus dem Gras und Efeu des Bodengrundes.

Hier bewegt man sich durch ein Stück Basler Kultur- und Stadtgeschichte. Am Eingang mit den drei Torbogen ist ein Plan mit den Grabstätten prominenter Toter wie auch von Künstlern zu finden, deren Arbeiten hier das besondere Ambiente schaffen. Und nirgendwo sonst gibt es so viel Jugendstil zu sehen. Im Hintergrund dräut das Stellwerk von Herzog & de Meuron und verdeutlicht den Wandel der Umgebung: Aus »vor der Stadt« ist Vorstadt geworden.

Vom Wolfgottesacker wandern wir zunächst weitgehend durch Basler Kleingärtnerseligkeit. Nach einem kurzen Stück auf der viel befahrenen Brüglingerstraße erreichen wir mit dem St. Alban-Teich (Dalbedych) bald auch das Brunnwerk St. Jakob, das einen interessanten Einblick in die Wasserversorgung vergangener Tage bietet. Die Christoph Merian Stiftung hat diese Anlage, die einst ihrem Namenspatron gehörte, 2006 wieder in Betrieb genommen und sehr liebevoll und kindgerecht als Ausstellung eingerichtet.

Die breite St. Jakob-Straße überqueren wir – bitte! – auf dem Zebrastreifen, denn hier wurde schon genug und auch noch en gros gestorben.

Rosentalanlage–Israelitscher Friedhof–Wolfgottesacker–Friedhof am Hörnli | **83**

Der Boden im Bereich der St. Jakob-Kapelle und des ehemaligen Siechenhauses war 1444 mit Blut getränkt worden, als die verbliebenen und tapfer sich wehrenden Eidgenossen von den Armagnaken zusammengeschossen wurden (s. auch Seitenblick 1 in Tour 4). Rechter Hand der St. Jakob-Park, der den Namen zwar nicht verdient – zu wenig grün – aber doch erfreulicherweise nicht den Namen einer Versicherung oder eines Pharmariesen trägt. Und man sieht schon, dass man sich hier nicht in der Fußballprovinz, sondern mehr in der Champions-League bewegt.

Ein langer Fußgänger- und Velotunnel führt uns zum St. Alban-Teich. Birsfelden erreichen wir über die Birsbrücke. Wir überqueren den Rhein auf dem vielleicht spektakulärsten Brückenbauwerk, dem Stauwehr mit dem Kraftwerk Birsfelden – und erst noch ziemlich exklusiv. Denn nur Fußgängerinnen und Fußgängern sowie Velofahrenden steht der Weg an den Turbinen vorbei zur Verfügung.

Noch einmal an gepflegten Familiengärten entlang gelangt man an die Mauer des Friedhofs am Hörnli, dessen Haupteingang wie auch der ganze Friedhof streng symmetrisch angelegt wurde. Wer hier nicht mehr laufen kann, darf auf die Dienste der einzigen Basler Gratisbuslinie zurückgreifen! Der Hörnlifriedhof ist eine Totenstadt, die in manchem an die alte Stadt Basel erinnert. Umschlossen wird sie von einer Mauer mit einem Haupttor und einigen Nebeneingängen; es gibt ein verwirrendes Netz von Haupt- und Nebenstraßen und Plätzen, eine Verwaltung, eine Kapelle, öffentliche Brunnen und eine Buslinie, mehrere Parkplätze – und wie in Basel steigt der nördlichste Teil an und bietet mitten im Wald die schönste Aussicht. Es gibt ein Villenviertel (Sektor XI rechte Seite), Plattenbausiedlungen und sogar eine Transitstraße, die an die Zollfreie erinnert, die man leider nicht begraben hat. Der Friedhofsplan erweist sich stellenweise als ähnlich unpraktisch wie der zentrale Besuchercomputer, der recht vage Angaben über gesuchte Grabstätten macht. Und den Ehrenhof kann man lange suchen, er wurde im Plan schlicht vergessen – er befindet sich hinter dem linken Kapellentrakt.

Beim Gang vom Haupteingang über die großen Freitreppen hat man das flaue Gefühl, sich inmitten pompöser Parteitagsarchitektur unseligen Gedenkens zu bewegen. Es lohnt sich aber, den Weg nach oben zum »finsteren Boden« auf sich zu nehmen, die Aussicht zu genießen und dann abwärts zu spazieren. Die Prominentengräber der Luxusklasse beginnen mit dem Regierungs- und Nationalrat Fritz Hauser im Gräberfeld 11, Maja Sacher und Paul Sacher sind jeweils in ihren Familiengräbern unweit voneinander bestattet. Es folgen weitere monu-

Friedhof Hörnli, Aufbewahrungshalle

mentale Grabstätten und es fällt schwer, von der Größe, aber auch von der demonstrativen Ungleichheit auch nach dem Tod nicht beeindruckt und berührt zu sein. Ernst und Hildy Beyeler ruhen nahe bei Karl Barth in weitaus bescheidenerer Lage.

Das Grab von Alfred Rasser, dem unvergesslichen Kabarettisten und unser aller Theophil Läppli (siehe auch S. 156), ist ein wenig abseits im Ehrenhof zu finden – oder eher nicht. Seine Grabplatte ist kaum noch zu entziffern: Alfred Rasser 1907–1977 / »Überquere nun den Strom der Qual, du Tor; nicht ist es an der Zeit zu schlafen.« Jacob Burckhardt war, entgegen seinem Wunsch, vom Wolfgottesacker hierher verlegt worden. Erstaunlich, dass man ihn gefragt hat. Hinter dem rechten Kapellentrakt befindet sich die Sammlung Friedhof Hörnli, die auf die Initiative eines einzelnen Mannes zurückgeht: Peter Galler. Sich von ihm durch dieses hochinteressante Museum führen zu lassen, wäre der ideale Abschluss für diese Tour (jeden 1. und 3. Samstag im Monat).

Eggmann / Steiner 1997
→ www.altbasel.ch

ROUTE 5

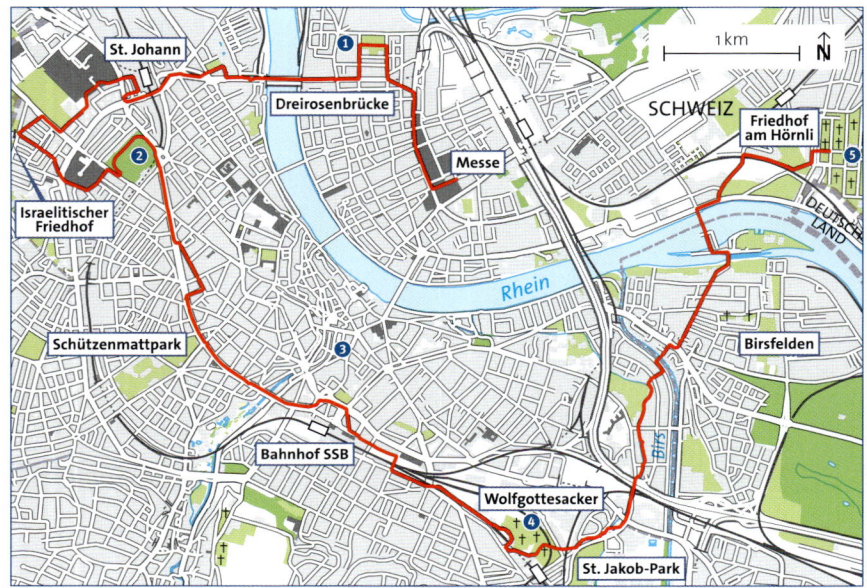

Ausgangspunkt
Rosentalanlage (Tram 2, 6)

Endpunkt
Friedhof am Hörnli (Bus 31)

Zeit
4 h

Unterwegs
Antoniuskirche: www.antoniuskirche.ch
Café Kuss: www.zumkuss.ch
Restaurant Bundesbahn: www.bundesbaehnli.ch
Museum Hörnli: www.sammlunghoernli.ch

Routen-Telegramm

Rosentalanlage – Israelitischer Friedhof:
Berri-Kapelle – vom Messeplatz nach rechts in den Riehenring – schräg links Brombacherstraße – Horburgstraße überqueren – Wiesenschanzweg – Horburgpark ❶ – diesen über die Müllheimerstraße verlassen – der Dreirosenstraße folgen – über die Brücke – Voltapark – von dort über die Voltastraße zum Bahnhof St. Johann – über die Überführung – an ihrem Ende zurück in das kleine Wasensträßchen, das (Flughafenstraße überqueren) in einen Fußweg führt – vorbei an der Friedmatt dem Friedmattweglein folgen – wo sich der Weg teilt, nach rechts und gleich wieder rechts in die Bungestraße – rechts der Burgfelderstraße kurz folgen – an der Tramhaltestelle der Waldighoferstraße folgen – Israelitischer Friedhof

Israelitischer Friedhof – Wolfgottesacker:
Michelbacherstraße – Sundgauerstraße – Luzernerring queren – über den Promenadenweg entlang Hegenheimer- und Ensisheimerstraße jenseits der Burgfelderstraße zum Kannenfeldpark ❷ – durch die Nische (Parkplan) zum Kannenfeldplatz – Kannenfeldstraße – Burgfelderplatz – Spalenring – linker Hand über Nonnenweg und

Heinrichsgasse zurück zum Spalenring – Schützenmattpark – Steinenring – Viaduktstraße – Elisabethenanlage ❸ – durch die Heumattstraße (BIZ-Turm) zur SBB-Passage – über die Gundeli-Passerelle – links in die Hochstraße – Münchensteinerstraße überqueren – Tramhaltestelle 10/11 – Bauhinweglein – Wolfgottesacker ❹

Wolfgottesacker – Friedhof am Hörnli: Ausgangs Wolfgottesacker links, das Bauhinweglein mündet in das Lachenalweglein durch die Kleingärtensiedlung – über die Bahnlinien-Fußgänger-Überführung – Lachenalweglein – Brüglingerstraße, diese nach ein paar Schritten verlassen, um dem Weglein links des St. Alban-Teichs zu den Merian-Gärten zu folgen – Brunnwerk St. Jakob – St. Jakob-Straße überqueren – links am St. Jakob-Park (FCB-Stadion) vorbei – durch die Velo-/Fußgänger-unterführung – dem St. Alban-Teich folgen, an der ersten Abzweigung rechts durch den Kastanienweg – Forellenweg – Birs überqueren – Birsstegweg – Ortsmitte von Birsfelden – Schulstraße – Hofstraße – Rhein – über die Stauwehrbrücke – Grenzacherstraße überqueren – Landauerstraße – unter der Bahnunterführung durch – rechts das Hörnliweglein entlang – Friedhof am Hörnli ❺

Seitenblicke
❶ Die erste Kremation in Basel
❷ Wohin mit Tausenden von Grabsteinen?
❸ Basels kleinster Friedhof?
❹ Drei Namen im Wolfgottesacker
❺ Ein Mann, eine Idee, ein Museum: Peter Galler!

Wolfgottesacker

SEITENBLICKE

Die erste Kremation in Basel

1 Die erste Kremation in Basel fand 1898 statt, nach knapper Volksabstimmung und gegen vielerlei Proteste. Die Probeverbrennung eines toten Häftlings hatte nicht wie gewünscht funktioniert, den Heizer hätte beinahe eine Kohlendioxidvergiftung hinweggerafft. Die Urne mit den sehr überschaubaren Überresten kann noch heute in der Sammlung Friedhof Hörnli in Augenschein genommen werden. Man hatte sie aufbewahrt, um für diese sauberere Art der Leichenbestattung zu werben. Die verwendeten dreihundert Kilogramm Koks erzeugten dabei alleine schon über eine Tonne dieses heute verpönten Rauchgases. Seit 1932 wird im Hörnli kremiert, und kürzlich wurde eine neue Ofenanlage installiert, dabei hatte schon das Vorgängermodell nicht mehr den berüchtigten »Rahmdääfeliduft« (Peter Galler) über die Grabfelder verblasen.

Heutzutage wird eine große Mehrheit der Verstorbenen kremiert, wobei die Anzahl der Fremdkremationen von Verstorbenen aus anderen Kantonen oder aus der badischen Nachbarschaft sogar noch größer ist als die der Einheimischen. Nicht alle, die im Leichenwagen ins Hörnli gefahren werden, haben »Hörnli aifach« gebucht.

Wohin mit Tausenden von Grabsteinen?

2 Vor diesem Problem stand man in Basel anno 1952, nachdem der seit 1932 ungenutzte Kannenfeld-Friedhof zum Park werden sollte. Nun mussten 46 000 Gräber entweder verschwinden oder umziehen (neue Adresse: Hörnlifriedhof oder Wolfgottesacker). Dem vorausgegangen war ein Kulturkampf: Die einen wollten ein Schwimmbad oder eine Volksbühne, die anderen die Totenruhe gewahrt wissen und den Friedhof langsam in einen stillen Park übergehen lassen. 18 000 Grabsteine wurden schließlich nicht abgeholt oder umgesiedelt. Viele davon wurden geschreddert oder zusammen mit dem Zement, der von gesprengten Familiengrabkammern übrig blieb, als Bodenbefestigung des Parkplatzes am neuen St. Jakob-Stadion gebraucht. Ein Großteil wurde im Rheinhafen verbaut, und auch in der Uferbefestigung der Wiese im Bereich der Langen Erlen fanden einige Verwendung. Hier dürfte bei der Renaturierung der Wiese der eine oder andere wieder aufgetaucht sein.

Heute kann man übrigens seinen Grabstein in Buntsandstein errichten lassen und ihn dann der Münsterbauhütte vermachen. Irgendwie eine schöne Idee.

Eggmann / Steiner 1997

Basels kleinster Friedhof?

3 Angelegt wurde er 1859, als man in Basel eigentlich nicht mehr in einer Kirche beigesetzt werden durfte. Platz bietet er für zwei Personen, diesen allerdings in gewaltigen Sarkophagen aus schwarzem Marmor auf jeweils sechs Löwenfüßen. In den Wänden aus hellem Marmor sind zwei Nischen eingelassen, aus denen Christoph Merian und Marghareta Merian-Burckhardt in Gestalt von zwei Büsten über ihre Gräber ins Leere blicken. Über der Grabkammer erhebt sich die Elisabethenkirche. In der Gruft ruht ihr Stifterpaar – unvorstellbar, dass dieser riesige neugotische Kirchenbau quasi aus der Privatschatulle eines Geschäftsmannes finanziert werden konnte (und danach noch genügend Geld für die bis heute vielfach gemeinnützig subventionierend in Erscheinung tretende Christoph Merian Stiftung übrig geblieben war).

Besonders Mutige können übrigens von der Turmspitze des Elisabethenkirchturms hinunterspringen. Der Turm ist über siebzig Meter hoch und damit höher als die Münstertürme. Der Autor hat den Sprung auch schon riskiert und unverletzt überstanden. Gut, die Sprungtiefe beträgt eher 70 Zentimeter, denn die Originalturmspitze liegt nebenan im Pfarrhausgarten. Mut gehörte trotzdem dazu, denn der Hausherr hats nicht gern gesehen…

SEITENBLICKE

Drei Namen im Wolfgottesacker

④ Dr. h.c. Friedrich Klingelfuß betrieb 1900 in der Petersgasse ein Elektroinstallations- und Feinmechanikergeschäft. Er war Erfinder von Röntgentechnik, in der er Weltruf genoss, aber auch von Schädelfräsen und Elektromagneten für die Augenheilkunde. Getrieben vom Forscherdrang, unterschätzte er die Gefahren der Strahlung. So erlitt er schwere Verletzungen durch ungeschützte Experimente mit Röntgenstrahlen, er verlor erst die Finger, dann die ganze Hand, dann Arm und Zehen.

Dr. Wilhelm Schmidlin war ein Förderer der Eisenbahn und ist unweit der Bahngeleise zur ab und an durch Zuglärm unterbrochenen letzten Ruhe gebettet worden. Er war Gründer und Rektor der Gewerbeschule, Gründer des Kreditvereins, Mitbegründer der Schweizerischen Centralbahngesellschaft und Mitglied der Direktion sowie Gründer des Gotthardkomitees. Dieser umtriebige Entscheidungsträger, Präsident des Konservativen Bürgervereins, Großrat, Dr. phil. der Uni Basel sowie Gründer und erster Präsident der Wasserversorgungsgesellschaft, der sich zeitlebens mit so vielen Fragen beschäftigt hatte, ließ nach seinem Tod eine Frage offen: In welchem seiner gleich zwei Gräber ist er beigesetzt? Richtig gelesen: Er hat zwei Grabstätten nebeneinander, mit je einem Grabstein, der nicht nur Namen und Lebensdaten – 24.6.1810–11.1.1872 – sondern auch sein Konterfei mit dem unverwechselbaren Backenbart enthält.

Gustav von Bunge, Professor, Arzt und Chemiker, war ein Pionier der Antialkoholbewegung. Sein Buch *Die Alkoholfrage* wurde ein Bestseller, die Antwort hatte der gesellige und fröhliche Mediziner auch parat: Süßmost. Durch ihn kam überdies der Irrtum in die Welt, Spinat sei besonders eisenhaltig. Dabei wurden seine Ergebnisse später nur falsch interpretiert. Seine Messung wurde mit getrocknetem Spinat gemacht, frischer Spinat enthält neunzig Prozent Wasser und somit nur ein Zehntel der Eisenmenge – weniger als z.B. Schokolade …

📖 Lussy 2001
→ www.personenlexikon.bl.ch/Wilhelm_Schmidlin

Ein Mann, eine Idee, ein Museum: Peter Galler!

5 Wie soll man sich einen Mann vorstellen, der fast sein ganzes Leben auf einem Friedhof zugebracht hat und dort auch noch wohnt? Ganz sicher nicht wie Peter Galler! Freundlich, humorvoll, geduldig und putzmunter führt er durch die Sammlung, nein, durch seine Sammlung von Dingen, die man braucht oder gebraucht hat, um Menschen stilvoll und würdig unter die Erde zu bringen. Über jeden Gegenstand weiß er eine Geschichte zu erzählen. Kunststück: Fast alle hat er selbst gesammelt, eingetauscht oder geschenkt bekommen.

Es begann alles damit, dass der junge Peter Galler einen Knüppel in die Hand gedrückt bekam, um Urnen zu Scherben zu zertrümmern. Bei einigen brachte er es nicht übers Herz: Er verstaute sie im alten Krematorium. Bald sprach es sich herum, dass er schöne Exemplare aufbewahrte. Nicht nur seine Kollegen, sondern auch viele Menschen, die eine Leiche im Keller hatten – sprich, eine fast schon vergessene Urne –, fanden im umtriebigen Grabmacher einen dankbaren Abnehmer. Zum Glück war Platz da und die Sammlung konnte wachsen. Neben Urnen und Grabkreuzen gelangten alte Leichentransportwagen und Kutschen ins Untergeschoss des Krematoriums, aber auch viele Kuriosa. Das beste Stück der Sammlung ist aber Peter Galler selbst, eine Museumsführung mit ihm ist einzigartig! Jeder ersten und dritten Sonntag im Monat ist die immer noch wachsende Sammlung geöffnet, die die Stadt Basel zu einer der wenigen Städte machte, die ein Museum zur Bestattungskultur haben.

→ www.sammlunghoernli.ch/downloads/peter-galler.pdf

Schwarzwaldverein Basel

Westweg Basel ◆ Pforzheim

Basel Bad. Bahnhof 260 m ü. M.

Westl. Gabelung:
- Tüllingen — 4,5 km
- Hochblauen — 33,0 km – Kandern 22,5 km
- Feldberggipfel — 68,5 km – Belchen 48,0 km

Abgang: Tierpark Lange Erlen

Östl. Gabelung:
- St. Chrischona — 5,0 km
- Hohe Möhr — 36,5 km – Hohe Flum 16,5 km
- Feldbergerhof — 71,5 km – Hochkopfhaus 52,5 km

Abgang: Grenzacher Zoll

Abgangsstellen sind mit Linienbussen zu erreichen

Badischer Bahnhof

6 Badisches in Basel

Die Pforzheim-Basel-Schlussetappe

Vom Badischen Bahnhof, dem offiziellen Schlusspunkt des Schwarzwald-Westwegs, zur Münsterpfalz.

Michael Koschmieder

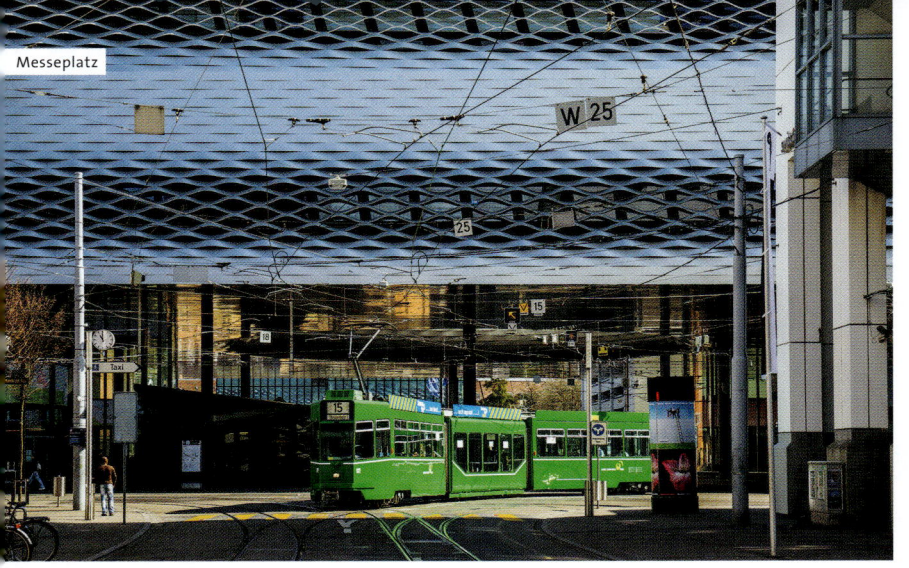

Messeplatz

Ist der Badische Bahnhof in Basel, einziger deutscher Bahnhof auf ausländischem Boden, ein würdiger Endpunkt für den mit 290 Kilometern längsten und ältesten Wanderweg des Schwarzwaldvereins? Aber ja, meint der badische Schwarzwaldverein: zum einen weil der Schwarzwald hier *fini* ist, zum anderen weil man von hier direkt nach Pforzheim zurückfahren kann, wenn auch nicht ohne Umsteigen. Aber nein, meinen wir. Wer so weit gewandert ist, hat Anspruch auf eine Schlussetappe in dieser schönen Stadt, in der ein badischer Markgraf sich einen Palast bauen ließ, Badisches und Berge nicht zu kurz kommen und an dessen Ende ein oder mehrere blitzsaubere Blicke auf – genau! – den Schwarzwald stehen.

Beim lang gestreckten Gebäude in verhaltenem Jugendstil kontrastiert die schiere Größe mit erstaunlicher Praxisuntauglichkeit: lange Laufwege, viele Treppen und ein Turm, der die extra für den Bahnhof gebaute Clarastraße pompös abschließt. Man kann ihn nur nicht besteigen. Es lohnt ein Blick in den »Gare du Nord«, gastronomischer Lichtblick in einem bedeutenden Bahnhof, dessen Kundschaft jahrelang mit einem schäbigen Bistro auf Gleis 5 auszukommen hatte.

Wir über- oder unterqueren die Schwarzwaldallee und biegen in die Riehenstraße ein, nachdem wir zuvor mit dem Cedernweg das womöglich hässlichste Gässlein der ganzen Stadt passiert haben. Nach etwa zweihundert Metern entdecken wir auf der linken Seite die Sandgrube. Was nach der Rohstoffquelle der Basler Sandleute klingt, erweist sich als Bijou von einem Barockschlösschen des Basler Baumeisters Johann Jacob Fechter.

Auf der Rosentalanlage befinden wir uns auf altem Friedhofsboden mit einer klassizistischen Friedhofskapelle, erkennbar an der Halbkugelkuppel. Unübersehbar ragt dahinter der Turm des Ramada Plaza Hotels in den Himmel und sorgt für eine abschreckende Skyline aus jeder Himmelsrichtung. Ein wenig entschädigt der Blick von der Bar Rouge in 105 Meter Höhe. Wie zwei Riesentrommeln wirken die Ein- und Ausfahrtspiralen des Messeparkhauses: Kaum hat man sich an sie gewöhnt, sollen sie auch schon wieder verschwinden, sicher wird sich eine noch protzigere Ausführung finden lassen. Apropos verschwinden: Auf der Straßenseite direkt gegenüber führt ein einziger schmaler Durchgang zu einer der legendärsten Sportstätten der Stadt, dem Landhof.

Die neue Herzog & de Meuron-Prächtigkeit der Messeneubauten wird kaum jemanden unbeeindruckt lassen. Subtiler, aber nicht minder beeindruckend: das größte Zifferblatt der Schweiz an der Fensterfront des alten Messebaus; der Sekundenzeiger bewegt sich an der Spitze mit 1,43 Stundenkilometern und legt pro Jahr 12 526 Kilometer zurück! Zurück auf der Riehenstraße erblicken wir in der Ferne einen gotischen Turm mit durchbrochenem Maßwerk im Helm. Das ist die Elisabethenkirche, ein neugotisches Gotteshaus des 19. Jahrhunderts, das gerne mit dem Münster verwechselt wird. Dieses hat aber zwei Türme und ist wenig später zu erblicken.

Das Riehentor, das der jenseits des Claragrabens folgenden Straße den Namen gab, war ein großes und imposantes Stadttor mit vier Eckt ürmchen, das die Entfestigung der Stadt leider nicht überlebt hat. Mit dem Hattstätterhof einige Schritte weiter, dem ältesten erhaltenen Adelssitz aus dem 16. Jahrhundert, hat wenigstens ein Palais mit vier Eckt ürmchen die Zeitläufte gut überstanden. Unauffällig ist die Rückseite des Männerheims der Heilsarmee, betrachtet man dagegen die Rheinfront (um die Ecke beim »Haus zum kleinen Sündenfall«), dann ist man dankbar, dass sich diese famose Einrichtung so ein Premium-Panorama nie hat abschwatzen lassen und den Münsterblick ihrem prekären Publikum vorbehält. Chapeau!

In der Fischerstube wird das Ueli-Bier gebraut, die Bierspezialitäten kann man inzwischen auch in Großbasel bekommen. In die kupferglänzende Sudpfanne lässt sich aber nur von der gemütlichen Gaststube aus blicken. In der Linde nebenan darf man das Ueli-Bier sogar selber zapfen!

Jenseits der Greifengasse geht die Rhygass als Untere Rheingasse weiter. Die »alte Schmitti« war das erste Objekt, das Matthäus Merian, vielleicht der bedeutendste gebürtige Basler, in Kupfer gestochen hatte, mehr als zweitausend Stadtansichten des 17. Jahrhunderts sollten folgen. Statt einem Gemälde von Lenin über dem Stammtisch hing auch schon eine rote Laterne am Eingang und kündete den Rotlichtbezirk an. Ecke Teichgässlein hat Merians Geburtshaus gestanden, die meriansche Sägerei. Gegenüber sind an der Hauswand die klingentalsche Klosterkirche und ein Auszug aus dem dortigen Totentanz abgebildet, wenige Schritte dahinter ist auf einem Torbogen das Klingeli im Wappen des Klosters zu sehen. Im Innenhof ist das Bychtigerhuus mit seiner schönen Rosettentür zu entdecken, aber auch ein Mühlstein, eine wunderschöne Dachlandschaft und der zugeschüttete Rychedych (Riehenteich). Ausgangs ein imposantes Portal, das gar nicht so recht an ein Kloster passen will mit seinen Kanonen und Fahnen. Was Wunder, es wurde vom alten gotischen Zeughaus am Petersplatz hierher verpflanzt.

Entlang des prächtigen Refektoriumsbaus geht es an den Rhein, wir biegen links ab und erklimmen die Treppen zur Mittleren Rheinbrücke. Von oben begrüßt uns die *Helvetia auf Reisen* von Bettina Eichin, ein wunderbar platziertes Kunstwerk, wie wir aus jeder Richtung feststellen dürfen. Auf der Großbasler Seite werden wir von einer weiteren Frauengestalt begrüßt, der *Amazone mit Pferd* von Carl Burckhardt.

Das Hotel Trois Rois – wir sind im frankophilen Großbasel – hieß nicht immer so. In der Zeit der Helvetik musste es, dem Zeitgeist und

Helvetia schaut auf den Rhein

Markgräflerhof, Hebelstraße

Druck aus Paris folgend, Drei Mohren heißen – und der Original-Lällekeenig am Rheintor hatte zu verschwinden; Könige halt, und die waren nicht angesagt. Das noble Gebäude, 1844 von Amadeus Merian entworfen, strahlt wieder die Grandezza der Belle Époque aus, für uns Normalsterbliche womöglich auch eine gewisse Unnahbarkeit.

Der Seidenhof, prächtiger Abschluss des Blumenrains, weiß mit einer Sonntags- und einer Werktagstüre zu gefallen. Durch das Fenster links der Tür kann man im Innenhof eine Figur des Königs Rudolf von Habsburg sehen, der vor bald 750 Jahren hier am direkt angebauten St. Johann-Schwibbogen angeklopft hatte. Hinter ihm stand eine bis an die Zähne bewaffnete Armee, die gerade die St. Johanns-Vorstadt niedergebrannt hatte. Zum Glück für die Basler wurde er durch dringende Dienstgeschäfte – er wurde gerade rechtzeitig zum deutschen König gewählt – aus Basel abberufen, ehe er noch weitere Untaten begehen konnte.

Im Totentanz 2 (nur am Totentanz sind gerade und ungerade Hausnummern auf ein und derselben Straßenseite) kam Johann Peter Hebel auf die Welt. Öfter kann man lesen, dass der große Jacob Burckhardt und kein anderer den Text der Tafel über dem Eingang des schmalen Häuschens verfasst habe: »Johann Peter Hebel / hier geboren / 10. Mai 1760«. Echt Burckhardt, wenn auch nicht eines seiner Hauptwerke …

Um die Predigerkirche mit ihren schmalen, filigranen und sehr hohen gotischen Chorfenstern war der berühmteste Totentanz der Stadt auf die Innenmauer des Friedhofs gemalt.

Nun geht es leicht bergan den Petersgraben hinauf. An das Kantonsspital schließt sich der Markgräfler Hof an, trotz des bescheiden klingenden Namens das einzige Schloss eines ausländischen Regenten auf Schweizer Boden.

Petersgasse

Durch die schmale Herbergsgasse gelangen wir in die Petersgasse, deren unterer Teil und mit ihm der Petersberg dem Abrissbagger zum Opfer gefallen waren, um seinerzeit modernsten Gebäuden Platz zu machen. Dem schon erwähnten Rudolf Riggenbach gelang es, wenigstens die obere Gassenhälfte zu retten und damit ein Stück vom schönsten alten Basel. Mit dem Nadelberg erreichen wir eine erstaunlich breite Altstadtgasse, hier kamen zwei Kutschen aneinander vorbei, und das sollten sie auch. Der Name der Gasse hat nichts mit der nahen Schneidergasse zu tun, man hat dem ursprünglichen Gassennamen lediglich ein N vorangestellt, und so wurde aus Understatement aus einem Adelein Nadelberg. So wie man in Basel früher gerne teuren Buntsandstein mit blauer Farbe übermalt hat: Man hat, aber man zeigts nicht.

Wir steigen das Totengässlein hinab, durch das in früheren Zeiten die Toten der Talstadt zum Spalengottesacker getragen wurden. Hier im »Haus zum Sessel« logierte übrigens Erasmus von Rotterdam als Gast von Johannes Froben, und er kam nicht nur aus Begeisterung über den hohen Rang von Frobens Druckerkunst, sondern um diesen am Schlafittchen zu packen und ihm Raubdrucke seiner Arbeiten energisch zu verbieten. Auch Paracelsus ging hier später aus und ein, verließ Basel aber im Streit. Am Stadthaus, ehemalig erstes Postamt der Stadt, erinnern ein Berri-Briefkasten mit dem schönen Baslerdybli-Motiv sowie die Remise der Postkutsche an gute alte Zeiten.

Durch das Imbergässlein betritt man die Altbasler Gässli-Seligkeit. Das nach dem Gewürz Ingwer benannte Gässlein hat sogar eine Kreuzung zu bieten; nach rechts kann man auf den lauschigen Andreasplatz hinabblicken. Nach links biegt man ins Pfeffergässlein ein, in dem ein alter Cliquenkeller und das seltsame Konsulat von Lepmuria (rückwärts lesen!), Basels engste Straßenstelle mit 1,11 Meter Breite und auch noch die älteste Rosettentür uns staunen lassen. Das Gässlein endet abrupt, der hintere Teil ist nur über den Nadelberg zugänglich.

Der Basler Rathausturm ist trotz seiner beträchtlichen Höhe im Stadtbild nicht sehr häufig zu sehen, denn er steht an einer der tiefsten Stellen der Stadt. Am pittoresksten erschien er immer vom Nadelberg aus, wenn man das Imbergässlein hinabblickte – das vielleicht baslerischste aller Fotomotive. Jedenfalls bis vor Kurzem. Jetzt macht der Turmbau zu Roche aus einer Augenweide einen Schlag ins Kontor.

Vom Nadelberg aus wenden wir uns nach rechts den Spalenberg hoch. Dass hier Modeboutiquen auf- und verblühen, können wir verkraften, solange uns die Antiquariate und Spezialitäterlädeli erhalten bleiben.

Am Heuberg fällt links das schönste Renaissancehaus der Stadt ins Auge, der Spießhof. Hier spukts, also Achtung! Wenige Schritte später, über die höchste Stelle der Altstadt hinweg, öffnet sich auf der linken Gassenseite ein zauberhaftes gotisches Plätzlein am Gemsberg. Am Teufelhof vorbei erreichen wir den Leonhards-Kirchplatz. Die kleine Leonhardspfalz gönnt uns einen besonders schönen Blick auf die beiden ungleich hohen und auch sonst asymmetrischen Basler Münstertürme.

Münsterplatz

Ein Rundbogen führt in den ehemaligen Lohnhof, wo ganz früher die Tagelöhner ihren Lohn abholten und später Untersuchungshäftlinge ihre Haft absaßen. Wir steigen die Treppe hinab und überschreiten den Barfüßerplatz, wobei wir quasi über Leichen gehen. Denn rund um diese Klosterkirche mit dem höchsten Chor am Rhein (wenn man vom Kölner Dom absieht) waren die Barfüßermönche bestattet. Reiche Basler Sünder ließen sich, für Geld und gute Worte, gerne hier beerdigen. Grund: Die Sackbrüder galten als die Frömmsten der Frommen, und man hoffte, dass der Weltenrichter am Jüngsten Tag hier tabula rasa machen und den ganzen Franziskanerfriedhof en bloc ab in den Himmel schicken würde. Ansonsten weiß der »Seibi« (Schweinemarkt), wie der Barfüßerplatz auch genannt wird, mit einem Rundumpanorama zu gefallen.

Durch die Streitgasse kommen wir direkt an den Münsterberg. Ein letzter kurzer Anstieg, dann steht vor uns das Münster mit seiner gotischen Giebelseite mit dem Georgsturm links und dem Martinsturm rechts. Über das Kopfsteinpflaster, gelegt für das Konzil anno 1431, erreichen wir das Figurenportal. Wir lassen die Magie des Münsterplatzes auf uns wirken, schließlich stehen wir auf einem der lauschigsten Plätze Europas. Wir gehen links am Gotteshaus vorbei und bleiben kurz vor der Galluspforte stehen, dem vielleicht schönsten Bilderportal aus romanischer Zeit nördlich der Alpen. Ganze Bücher sind darüber geschrieben worden, über den Weltenrichter Jesus auf seinem Richterklappstuhl; die Evangelisten versteckt hinter den Säulen; die aus dem Todesschlaf erweckten Menschlein, die sich hastig und unkoordiniert ankleiden.

Dann schweift der Blick von der Münsterpfalz in die Ferne: Der Blauen grüßt aus der Verblauung am Horizont, der Chrischonaturm aus der eisernen Hand und das Hörnli von den letzten Metern des Westwegs Pforzheim – Basel auf badischem Boden.

Seien wir ehrlich: Das wars doch wert! Hinter uns zeigt das Münster nun seine romanische Rückfront mit den Löwen und Elefanten als Säulenträger und den Kugelfriesen, die wir auch im Freiburger Münster und an der Kanderner Friedhofskapelle finden können. Schönes kannte schon vor tausend Jahren keine Grenzen!

Barfüßerplatz

Restaurant Hasenburg

ROUTE 6

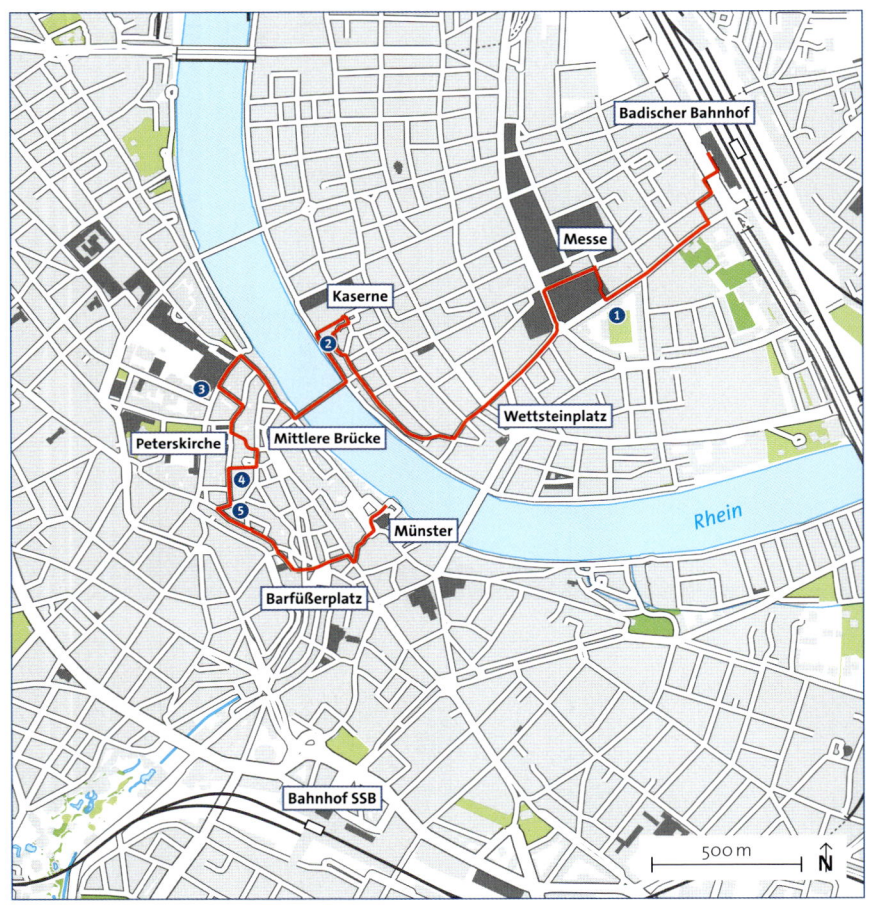

Ausgangspunkt
Badischer Bahnhof (Tram 2, 6, Bus 55, S6)

Endpunkt
Münsterpfalz (Münsterfähre)

Zeit
2 h 30

Unterwegs
Restaurant Torstübli: www.torstuebli.ch

Hirscheneck: Kult-Genossenschaftsbeiz, www.hirscheneck.ch

Riehentorbegg (seit 1726 wird hier gebacken!): www.riehentorbegg.ch

Restaurant Fischerstube: www.restaurant-fischerstube.ch

Restaurant Linde: www.ueli-bier.ch

Restaurant Hasenburg: www.chateaulapin.ch/de/

Gifthüttli: www.gifthuettli.ch

Routen-Telegramm

Badischer Bahnhof – Mittlere Brücke: unter / über der Schwarzwaldallee durch – kurz in die Rosentalstraße – Cedernweg – Riehenstraße – über Rosentalanlage ❶ und Messeplatz – nach links in den Riehenring – weiter der Riehenstraße folgen (die jenseits des Claragrabens Riehentorstraße heißt) – Lindenberg – Rheingasse – über die Greifengasse (Tram) in die untere Rebgasse – unter dem Torbogen durch ins Klingental ❷ – nach links wenden und durch das Klingentalweglein an den Rhein – Unterer Rheinweg – Mittlere Brücke überqueren

Mittlere Brücke – Münster: nach rechts in den Blumenrain – Predigerkirche – links den Petersgraben hoch ❸ – Herbergsgasse – rechts in die Petersgasse – nach der Peterskirche das Totengässlein hinab – Schneidergasse – Imbergässlein ❹ – Nadelberg – rechts den Spalenberg hinauf – links in den Heuberg ❺ – Leonardskirchplatz – Treppe hinunter zum Barfüßerplatz – links an der Kirche vorbei durch die Streitgasse – jenseits der Freien Straße den Münsterberg hinauf – Münster

Seitenblicke

❶ Der Landhof: Gut versteckt mitten in der Stadt
❷ Nonnenbeichten und Künstlerfrauen, die nicht ins Messer liefen ...
❸ Der Markgraf von Baden: Basler Schlossherr und Basler Bürger!
❹ Basels kleinstes Museum
❺ Wenns irgendwo tatsächlich spukt, dann im Spießhof!

SEITENBLICKE

Der Landhof: Gut versteckt mitten in der Stadt

① Auf diesem Platz fand im Jahr 1908 das erste Länderspiel einer deutschen Fußballnationalmannschaft statt, und hier gewann die Schweiz ihr erstes Länderspiel gegen die »Schwobe« (und überhaupt) mit 5:3 Toren vor 4000 Zuschauern. Mit der später dazugebauten Tribüne fasste der Landhof stattliche 35 000 Besucher – zu wenig aber für die WM 1954, und so wurde das Joggeli (St. Jakob-Stadion) gebaut, das ja nun auch schon wieder Fußballgeschichte ist. Von geschlossenen Wohnblöcken umgeben hat der Sportplatz heute eine verwunschene Aura; die Stehplatzränge sind mit Birken und wilden Rosen überwuchert und die gute, alte Stadionuhr mit Anzeigetafel ist ein reizvolles Suchobjekt. Die Buchstaben des Kiosks verabschieden sich peu à peu, aber der Rasen ist noch immer wettkampftauglich und die Tore schreien nach Rundem, das ins Eckige soll. Es ist einfach wunderbar, dass dieser Ort so lange erhalten blieb – in einem Umfeld, wo jeder Quadratmeter heiß umkämpft ist. Dennoch scheinen die Tage des Landhofs gezählt. Dabei sollte die Koinzidenz der Ereignisse zu denken geben: Nach zuletzt über fünfzig Jahren ohne Sieg gegen die deutschen Kicker endete das letzte Treffen 2010 in Basel erneut mit 5:3 für die Schweiz – da gehören doch beide Arenen unter die Fittiche des Denkmalschutzes!

Nonnenbeichten und Künstlerfrauen, die nicht ins Messer liefen ...

② Fassen wir uns kurz: Im Bychtigerhof beichteten die Nonnen bei einem Dominikanermönch. Offenbar hatten sie allen Grund dazu, denn sie galten als wenig sittenstreng. So badeten sie angeblich in aller Öffentlichkeit im Rhein, sie waren letztlich dem Bischof in Konstanz unterstellt, und der war weit weg. In diesem schönen Haus mit der Basler Rosettentür wohnen seit Langem und noch immer Nachfahren der Familie Wenger. Hier schrieb die Malerin und Märchenschriftstellerin Lisa Wenger, noch heute hat jeder Kinderbuchladen ihren Klassiker *Joggeli söll ga Birli schüttle* aus dem Jahr 1908 im Regal. Ihre Tochter Ruth heiratete Hermann Hesse und war die zweite Baslerin, die mit dem Dichter nicht glücklich wurde. Ihre Enkelin, Meret Oppenheim, die berühmte Surrealistin, in Steinen im Wiesental geboren, war oft hier zu Besuch und erbte das Haus später. Theo Wenger, Ehemann von Lisa Wenger, war Direktor und Namensgeber der Wenger-Taschenmesser, deren Siegeszug als Ausrüstungsteil für die Armee begonnen hatte, dann jedoch mit dem 11. September 2001 ziemlich abrupt endete, da die Duty-free-Shops keine Messer mehr verkaufen durften und der Markt einbrach. Konkurrent Victorinox hatte den längeren Atem und übernahm die Wenger Messerschmiede und lässt den Namen Wenger auslaufen.

Der Markgraf von Bader : Basler Schlossherr und Basler Bürger!

③ Die gutnachbarliche Verbundenheit mit dem badischen Herrscherhaus wurde in Basel immer gern betont, und das, obwohl die Basler seit der Reformation kein gekröntes Haupt über sich duldeten. Umso erstaunlicher, dass der von Kriegen bedrängte Markgraf Friedrich VI. Magnus von Baden (-Durlach), ein absolutistisch regierender Fürst, hier einen Palast errichten lassen durfte. Der Markgräfler Hof war das erste große Barockhaus in Basel. Erbaut wurde es von 1698 bis 1705, die Bausteine stammten zum Teil von der zuvor geschleiften Festung Hüningen. Basels Uni stand damals kurz vor dem 250-jährigen Jubiläum, das weitaus größere Großherzogtum Baden hatte seinerzeit noch keine Hochschule – man baut halt, was man für wichtig hält.

Der Sohn Carl Wilhelm erweiterte die Anlage 1735, in den Exiljahren des Fürsten wurde hier Hof gehalten und regiert. Der Palast umfasste 34 000 Quadratmeter Fläche, fünfzig Gemächer, eine Hofkirche, drei große Sommerhäuser und acht Gewölbekeller, in denen etwa 4000 Saum Wein in riesigen Fässern gelagert wurden, was stolzen 600 000 Litern entspricht und auch der Tatsache geschuldet war, dass badische Beamte ihren Sold zum Teil in Wein ausbezahlt bekamen. Ach ja, der Markgraf war Basler Bürger. Richtig gelesen: Ein ausländisches souveränes Staatsoberhaupt war gleichzeitig Bürger der Stadt Basel. Sonst hätte er hier ja auch nicht bauen dürfen!

SEITENBLICKE

Basels kleinstes Museum

4 Im Imbergässlein 31 finden wir das spätgotische Haus zum Christoffel, das womöglich einzige der Stadt, das einen Eindruck der zeitgenössischen Bemalung vermittelt. Die Ecken zeigen sich bewehrt von vorgetäuschten Quadern, verziert von einfassenden Kugelfriesen und kalligrafischen Blattbüscheln. Und von oben grüßt das Hauszeichen, das Christophorusgemälde, von der Hauswand. In der Türfüllung erfreut das witzige Hosensackmuseum seit einigen Jahren die Herauf- und Herabsteigenden. Hier kann alles präsentiert werden, was in einem Hosensack Platz hat – es darf auch ein bisschen mehr sein. An Weihnachten wird schon einmal das Format gesprengt und das anliegende Fenster mit einbezogen, in das aber auch sonst hineinzuschauen nicht warm genug empfohlen werden kann. Den Baslern wird Originalität nachgesagt, wenn auch meistens in Bezug auf die Fasnacht. Das Hosensackmuseum ist ein weiterer handfester Beleg dafür.

→ www.hoosesaggmuseum.ch

Wenns irgendwo tatsächlich spukt, dann im Spießhof!

5 Zunächst einmal ist der Spießhof eins von zwei großen Renaissancegebäuden in Basel, das aber schmächtiger daherkommt, als die massive schokoladenbraune Fassade vermuten ließe. Bauherr des nichtsdestotrotz prachtvollen Stadthauses war ein gewisser David Joris, ein reicher Niederländer, der eigentlich Johann van Bruck (Brügge) hieß. Unter diesem Namen war er aber ein gesuchter Anführer der Wiedertäufersekte, die im religionsstrengen Basel des 16. Jahrhunderts strikt verboten war. Zum Glück für ihn kam sein Doppelleben erst nach seinem Tod ans Tageslicht, so konnte er als angesehener Bürger die Winter mit seiner Familie im Spießhof und die Sommerzeit im Binninger Schloss zubringen.

Nach seinem Tod aber wurde ihm der Ketzerprozess gemacht, seine Leiche wurde exhumiert und mit seinen Schriften verbrannt. Die Seele des Holländers fand nach solchen Schmähungen keine Ruhe, und so wurde er mehrfach im Spießhof gehört und gesichtet, wie er als weiße Gestalt, manchmal in Begleitung seiner zwei Doggen und mit Ketten rasselnd, durch Räume und Wände ging. Die Dienstmädchen kündigten meistens bald trotz bester Bezahlung, so tief saß die Angst im Nacken. Und ein Bewohner des Hauses stand eines Tages im amerbachschen Kunstkabinett, schlotternd und mit zu Berge stehenden Haaren, vor einem Gemälde und brachte mühsam hervor: «Das ist der Mann, der mir nachts im Spießhof begegnet!» Das Ölbild von Jan Scorel ist noch heute im Kunstmuseum zu bestaunen, es zeigt David Joris mit knallrotem Haar.

Schon seit 1853 ist das Haus im Besitz der Schweizerischen Bundesbahnen SBB, denen wir zwar nicht Geistferne unterstellen wollen, wo es aber meistens ganz besonders rational und planvoll zugehen dürfte. David Joris hat ausgespukt – aber war da nicht der 17. Juni 2005? Blieben da nicht alle Züge der SBB mit einem Schlag stehen, Ursache unbekannt, Schaden drei Millionen Franken, zweihunderttausend gestrandete Fahrgäste? Alles Hokuspokus? Die SBB haben jedenfalls bald danach nach über hundertfünfzig Jahren im Spießhof diesen Standort aufgegeben…

Renaturierte Birs

7 Die Birs entlang

Sterben und Leben am anderen Basler Fluss

Sie gibt dem Menschen Energie und Trinkwasser – und mittlerweile gibt sie Pflanzen und Tieren, unter anderen dem Biber, auch wieder Leben.

Freddy Widmer

Dornach, Nepomukbrücke

Es war ein schrecklicher Tag, jener 13. Juli 1813, ein Dienstag. 37 Personen ertranken in der Birs, nachdem Teile der Dornacher Nepomukbrücke eingestürzt waren. Fast alle Familien des Dorfs waren betroffen.

Ein schrecklicher Tag auch jener 14. Juni 1891, ein Sonntag. Ein Zug aus Basel in Richtung Delsberg war im Begriff, die Münchensteiner Eisenbahnbrücke zu überqueren, als diese einstürzte. 73 Menschen starben einen qualvollen Tod, in den Trümmern der Wagen, in den Trümmern der Brücke, im Wasser der Birs. Es war das schwerste Unglück, von dem je eine Schweizer Bahn betroffen war.

Ein sonderbarer Tag war jener 9. August 2007, ein Donnerstag, als rund 900 000 Liter Wasser in die Autoeinstellhalle der Würth AG in Arlesheim, nicht weit weg vom rechten Birsufer, strömten. Bei Niedrigwasser fließen in der Birs weniger als zehn Kubikmeter Wasser pro Sekunde Richtung Rhein, an jenem Tag waren es 350 oder mehr Kubikmeter. Niemand kam zu Schaden. Niemand vermisst, niemand verletzt, kaum Sachschaden, ganz im Gegenteil: Der Bau blieb intakt, nicht obwohl, sondern gerade weil er unter Wasser gesetzt worden war. Die Flutung war absichtlich eingeleitet worden, um dem Wasserdruck der Birs mit Gegendruck von innen zu begegnen.

Drei unterschiedliche Ereignisse, ein gemeinsamer falscher Eindruck: nämlich der, die Birs sei ein Katastrophenfluss im schlimmeren, ein großes Ärgernis im harmloseren Fall. Mag sein, dass die Birs in ihrem Lauf und im Lauf der letzten Jahrhunderte ein paar krumme Dinger gedreht hat, ein viel krummeres Ding aber hat der Mensch mit der Birs gedreht: Er hat sie nämlich begradigt.

Heute macht uns die Birs vor allem viel Freude; von der Stiftung für Landschaftsschutz ist der Abschnitt, den wir begehen, im Jahr 2012 als Landschaft des Jahres ausgezeichnet worden. Und da man nur sieht, was man weiß, suchen wir uns einen mitwandernden Fachmann, der die Birs seit vielen Jahren als Naturschützer und Wissenschaftler begleitet. Urs Leugger-Eggimann ist Zentralsekretär bei Pro Natura Schweiz, er kennt jeden Stein, jeden Wirbel, jeden Bewuchs, scheint fast ein wenig verliebt zu sein in »seinen« Fluss und bezeichnet einen Teil der Strecke, die wir sehen, als »einen für Baselbieter Verhältnisse sensationellen Flussabschnitt«. Was er nicht sagt: dass er selber einiges dazu beigetragen hat, dass die Birs heute so fließt, wie sie fließt, und dass sie heute deutlich belebter und bei Mensch und Tier beliebter ist als in den Jahrzehnten zuvor. Im Jahr 2000 war Urs Leugger einer der Initianten der Pro-Natura-Aktion »Hallo Biber!«. Die Aktion hatte sich zum Ziel gesetzt, den Biber wieder in der Nordwestschweiz heimisch zu machen. Dabei wollte man nicht den billigeren Weg gehen und schlicht ein paar Biber in der Birs aussetzen, sondern man wollte Bedingungen schaffen, die die Einwanderung vom Hochrhein und vom Aargau her ermöglichten. Zunächst galt es, Hindernisse im Fluss abzubauen oder umgehbar zu machen; zweitens musste Lebensraum geschaffen werden, in dem Biber sich niederlassen und wohlfühlen können; drittens musste die Öffentlichkeit für das Projekt begeistert werden. Dies war vielleicht der einfachere Teil des Projekts, der Biber galt rasch als sogenanntes Flaggschiff-Tier für Flussrenaturierungen. Im Jahr 2007 weitete sich »Hallo Biber!« von einem nordwestschweizerischen zu einem nationalen Projekt von Pro Natura aus. Zu Beginn des 19. Jahrhunderts wurde der letzte Biber der Schweiz – ausgerechnet – an

Biberfamilie

der Birs geschossen, zweihundert Jahre lang galt er hier als ausgerottet. Es mag sich unglaublich anhören, aber genau nach den als Ziel gesetzten zehn Jahren, als er im Jahr 2010 mit seiner Familie die Birs entlangspazierte, entdeckte Urs Leugger die erste Biberspur: eine angenagte Weide oberhalb der Nepomukbrücke. Der Biber ist wieder da.

Die Birs hat nicht nur in ihrem jetzigen Zustand Anziehungskraft, sie hatte diese Anziehungskraft auch Mitte Juli 1813 – und wurde damit vielen Menschen zum Verhängnis. Es waren Tage, in denen es im Birstal nicht regnete, sondern schüttete, goss und strätzte, vom 10. bis zum 13. Juli. Zwischen Aesch und Münchenstein floss die Birs sozusagen uferlos, war eher ein See denn ein Fluss. Die Dorfbevölkerung wollte sich das Hochwasserspektakel nicht entgehen lassen, von der Nepomukbrücke aus war die Sicht optimal. Um 14 Uhr am 13. Juli aber brach das Joch auf der Dornacher Seite, auch der am Brückenkopf angebaute Gefängnisturm stürzte ein, rund fünfzig Menschen wurden mitgerissen, etwa ein Dutzend konnte lebend geborgen werden; auch ein Priester kam ums Leben und ein junger Mann, der im Gefängnisturm eingesessen hatte. Einer allerdings überstand das Desaster. Ausgerechnet der,

Holzbrücke bei Münchenstein

der es hätte verhindern sollen: Der Brückenheilige Johannes Nepomuk versah seinen Dienst seit 1735 als Statue auf der Dornacher Brücke. Im »richtigen Leben« war er ein böhmischer Priester gewesen, 1350 geboren, im Anschluss an eine vermutlich kirchenpolitische Auseinandersetzung mit dem König Wenzel VI. verhaftet, gefoltert und 1393 von der Karlsbrücke aus in der Moldau ertränkt. 1729 wurde er von Papst Benedikt XIII. heiliggesprochen. Der originale Dornacher Nepomuk durfte 1939 als Rentner ins Dornacher Heimatmuseum, seine Arbeit an Ort und Stelle versieht seither eine Kopie, die der Solothurner Bildhauer Jean Hutter angefertigt hat.

Münchenstein, 14. Juni 1891

Kurz nach der Nepomukbrücke und wenig unterhalb des Dornacher Stauwehrs passieren wir einen kleinen Canyon, eine der verblüffendsten Passagen unseres Birswegs: rechtsufrig so etwas wie ein Industriedenkmal, der alte Schappekanal, und danach linksufrig eine Aue, wie sie sich jeder Fluss nur wünschen kann. Bei oberflächlicher Wahrnehmung wandern wir hier an Brennnesseln und Brombeeren und Brombeeren und Brennnesseln, später noch einmal an Brennnesseln und Brombeeren vorbei, aber die Verhältnisse zwischen Hoch- und Niedrigwasser, zwischen Nass und Trocken, auch zwischen Hell und Dunkel schaffen Lebensraum und Lebensbedingungen für viel, viel mehr: etwa für Silberweide und Esche, darunter als sogenannte Strauch-

Renaturierte Birs bei Reinach

schicht Purpurweide und Hopfen sowie als Krautschicht Pestwurz, Gelbes Windröschen und Rohrschwingel. Für den Laien am auffallendsten ist ein typischer Auenbaum, eine Schwarzpappel von imponierender Dimension: Einen Stammumfang von gut fünf Meter haben wir in Bodennähe gemessen. In der Nähe der Reinacher Heide bestätigen uns die gefiederten Birsbewohner, dass sie sich in der »neuen« Birs wohlfühlen. Innerhalb von zwei Minuten sehen wir beim sogenannten Heidebrüggli eine achtköpfige Entenfamilie, einen Bussard und einen Schwarzmilan, einen aufsteigenden Graureiher, eine Wasseramsel – den einzigen tauchfähigen Singvogel – sowie eine Bergstelze mit Jungvogel. Als ob es noch einer Bestätigung für Urs Leuggers Aussagen bedurft hätte: »Die Bergstelze ist, wie auch die Wasseramsel, eine Indikator-Art für saubere, ungestörte und natürliche Fließgewässer«, schreibt die Vogelwarte Sempach in *Vögel der Schweiz*.

Für ebenso große Verblüffung wie der Blick aufs Wasser und in die Luft sorgt beim Heidebrüggli der gerade Blick nach links. Hier breitet sich, auf den ersten Blick unspektakulär, eine nur 39 Hektar kleine Fläche mit scheinbar karger Vegetation aus, die Reinacher Heide. Aber gerade in ihrer Unscheinbarkeit liegt das Sensationelle. Und dass es dieses eigen- und einzigartige Stück Natur überhaupt gibt, ist ausgerechnet jenen Maßnahmen zu verdanken, die wir in diesem Text als nicht besonders sinnvoll beschreiben: die Begradigung der Birs. Schwer vorstellbar, dass diese Ebene eigentlich selbst ein Stück Birsgebiet darstellt, schwer vorstellbar, dass die Birs sich noch bis ins Jahr 1840 bis hierher hat ausbreiten können. Gebiete, die bis dahin regelmäßig überschwemmt worden waren, wurden durch die Begradigung trockengelegt, zurückgeblieben ist eine humusarme, wasserdurchlässige Schotterfläche. »Mit Birsaue und Heide prallen auf wenigen Schritten lebens-

Reinacher Heide

räumliche Kontraste aufeinander, die ausgeprägter nicht sein können«, schreibt Roland Lüthi in seinem Exkursionsführer. Seit 1934 ist die Reinacher Heide Grundwasser-Schutzzone; bis zum Beginn des Zweiten Weltkriegs wurde sie noch für den Ackerbau und als Schafweide genutzt, später als Campingplatz und Naherholungsgebiet. 1974 wurde die Reinacher Heide unter Schutz gestellt, 1994 vom Bund gar als Naturschutzgebiet von nationaler Bedeutung ausgezeichnet.

Kurz nach der Reinacher Heide ist Urs Leugger nicht mehr unser einziger Begleiter. Linker Hand läuft der neue Begleiter mit, und mit der Birs hat er nur eine Eigenschaft gemein: Beide rauschen. Er heißt wahlweise A 18 oder H 18 und ist eine kantonale Autobahn. Sie verläuft von Basel aus Richtung Grellingen und ist seit 1982 in Betrieb – ein heftiger Eingriff in die Flusslandschaft, am klarsten sichtbar unterhalb der Münchensteiner Brücke. Zwei Pfeiler sind hier ins Flussbett gerammt; das tut dem Wasser nicht weh, aber dem Auge des Spaziergängers. Selbstverständlich ist der Bau der Straße damals nicht nur auf Begeisterung gestoßen. Und ein Protest-Slogan hat sich bis heute im Bewusstsein gehalten: »Hallo Bauer hinter der Mauer« hatte einer an eine Betonwand beim Rütihard-Bauernhof gesprayt. Ein Spruch, der in seiner genialen Einfachheit vor allem eines ausdrückt: Resignation.

Rund 550 Personen saßen im Regionalzug 174, der am Centralbahnhof in Basel um 14.20 Uhr mit fünfminütiger Verspätung in Richtung Delémont losdampfte. Es soll ein strahlend schöner Sonntag gewesen sein, jener 14. Juni 1891, und es war gerade Bezirksgesangfest in Münchenstein, was wohl diese hohe Passagierzahl begründete. Deshalb wurden noch zwei Passagierwagen angehängt und eine zweite schwere Lok vorgespannt. Um 14.30 näherte sich der 324 Tonnen schwere Zug dem Bahnhof Münchenstein; 650 Meter vor der Birsbrücke senkten die Lokführer das Tempo auf 40 km/h. Als die erste Lokomotive das Widerlager an der Münchensteiner Seite der Birs erreichte, spürten die Zugführer eine leichte Neigung nach rechts, der ein gewaltiges Bersten und Krachen folgte: Zwischen beiden Lokomotiven war die Brücke gebrochen. Die Loks und die geborstene Brücke stürzten in den Fluss, Eilgut-, Post- und vier Personenwagen wurden mitgerissen, die letzten fünf Wagen blieben unversehrt auf dem Geleise stehen. Die Behörden nannten Tage später die erschütternden Zahlen: 73 Menschen kamen ums Leben, 171 wurden verletzt. Es ist das schwerste Unglück, von dem je eine Schweizer Bahn betroffen war. Ironischerweise verbindet sich das Münchensteiner Unglück mit einem Mann, der zur Weltausstellung in Paris 1889 ein Bauwerk schaffen sollte, das zur weltweiten Berühmtheit wurde und auch den Erbauer zu einer solchen machte: Gustave Eiffel (1832–1923) hatte den Auftrag erhalten, die Münchensteiner Brücke zu entwerfen und zu bauen; 1875 – sechzehn Jahre vor dem Unglück – war sie in Betrieb genommen worden. An Ort und Stelle wird über die Katastrophe nicht aufgeklärt, keine Erinnerungstafel, kein Erinnerungsstein. Erst ein paar Gehminuten weiter oben, auf dem Friedhof im Dorf, steht ein schlichter Stein mit der ebenso schlichten Inschrift »Münchenstein, 14. Juni 1891«.

A 18, Autobahn über die Birs

Das in der Region bekannteste Opfer des Unfalls war der damals 41-jährige Architekt Wilhelm Bubeck. Im Basler Stadtbild ist Wilhelm Bubeck bis heute präsent, denn 1884 nahm er an einem Wettbewerb teil, den die Stadt zur Gestaltung neuer öffentlicher Trottoirbrunnen ausgeschrieben hatte. Bubecks Entwurf eines Gussbrunnens mit einem Basilisken, der das Basler Wappen hält, wurde angenommen. Sein Werk hat er allerdings nie mehr funktionieren sehen, denn erst 1896 wurde am Totentanz der erste Basiliskenbrunnen aufgestellt. Gegen fünfzig solcher Brunnen waren angefertigt worden, etwa zwei Dutzend tun noch immer ihren Dienst, sowohl in ihrem ursprünglichen Sinne als auch als Fotomotiv.

Es sind in der Regel eher kleine Eingriffe, die Leben in und an die Birs zurückgebracht haben. An einigen Stellen wurde der Blockwurf aufgehoben: Mit großen Steinquadern hatte man einst die Birs in ein Bett gezwängt, um Land zu gewinnen und um Sicherheit vor Hochwassern zu erreichen; Wasser wollte man möglichst schnell abführen. Noch in den Siebzigerjahren des 20. Jahrhunderts wurden diese Baumaßnahmen erneuert. Heute wird Hochwasserschutz eher dadurch geschaffen, dass man dem Wasser Raum und Zeit gibt. Ab 1997 sind Naturschützer, Politik und Behörden übereingekommen, den Blockwurf Stück um Stück wieder abzubauen; man hat ein paar Steinhaufen aufgeschüttet, hat ein paar Buhnen errichtet und auf diese Weise ganz unterschiedliche Wasserverhältnisse geschaffen – tieferes und weniger tiefes, rasches und langsames Wasser – und damit auch vielfältige Lebensbedingungen für ganz unterschiedliche Lebewesen.

Surfer im Birs-Hochwasser

Birskopf

Urs Leugger weiß, dass die Birs nicht der perfekte Fluss geworden ist; da und dort täte dem Wasser etwas mehr Auslauf gut, da und dort wäre noch aufzuheben, was an Infrastruktur angelegt worden ist und der Birs einen Charakter gegeben hat, den Urs Leugger als »Wasser-Autobahn« bezeichnet. Was er damit meint, sehen wir gleich nach der Holzbrücke Neuewelt bis hinunter zum Reiterstadion Schänzli: Blöcke links und rechts, eine einzige einfältige Gerade, kein Fluss mehr, viel eher ein Kanal. Aber: Hier passiert einiges, und es kann sein, dass der Birswanderer sich demnächst verwundert die Augen reibt ob einiger vermeintlicher Grobheiten, die man dem Birsufer antut. Denn seit Herbst 2014 wird hier gearbeitet. Auch dieser Abschnitt, auf dessen rechter Seite das Schutzgebiet »Vogelhölzli« liegt, wird revitalisiert; Ziel ist es, eine Auenlandschaft mit großer Habitat-Vielfalt und unterschiedlicher Gewässerdynamik zu schaffen. Gearbeitet wird nur in der vegetationsschwachen Zeit zwischen Oktober und März, um Fauna und Flora zu schonen. Ob die Arbeiten wie erhofft bereits 2019 abgeschlossen sind? Die Birs mit ihrer eigenen Dynamik wird sich zu diesem Zeitplan auch noch äußern.

Mit den Maßnahmen zur Revitalisierung wird ein Teil jener Ideen und Arbeiten wieder beseitigt, die ums Jahr 1800 in der Wasserbautechnik, im Management der Fließgewässer und im Hochwasserschutz als üblich und sinnvoll gegolten hatten. Johann Jakob Schäfer (1749–1823) aus Seltisberg, Müller, Politiker und Wasserbaumeister des damaligen Kantons Basel, plante die Regulierung des unteren Birslaufs. Inspiration und Instruktion hatte sich Schäfer bei seinen Vorbildern Hans Conrad Escher (1767–1823) und Johann Gottfried Tulla (1770–1828) geholt. Angestrebt und erreicht wurden Hochwasserschutz und Landgewinn, es resultierten aber auch eine höhere Fließgeschwindigkeit, eine Vertiefung des Flussbetts und schlechtere Bedingungen für den Fischbestand.

Weitere harte Uferverbauungen auf den letzten paar Hundert Metern der Birs, dem Abschnitt zwischen St. Jakob und der Mündung, wurden in der ersten Hälfte des 20. Jahrhunderts vorgenommen. Aber bereits in den ersten Jahren des 21. Jahrhunderts fuhren auch hier wieder Baumaschinen auf, zunächst auf Birsfelder, etwas später auch auf basel-städtischer Seite. Ein Teil der eigentlich intakten Uferverbauungen, die immerhin das Hochwasser vom Juni 1973 überstanden hatten, wurde abgebrochen, Granitblöcke und Betonplatten wurden entfernt, die Uferbereiche im Rahmen des Möglichen abwechslungsreich gestaltet. Und heute ist dieser unterste Abschnitt wieder eine gern besuchte Zone, frequentiert sowohl von den gefiederten wie auch den aufrecht gehenden Zweibeinern. »Wer von uns verweilt nicht lieber bei der geistreichen Unordnung einer natürlichen Flusslandschaft als bei der geistlosen Regelmäßigkeit eines begradigten Gerinnes?« Der Satz stammt weder von einem Naturschützer noch einem Wasserbauingenieur, sondern von einem Dichter und Denker des ausgehenden 18. Jahrhunderts, von Friedrich Schiller.

Auf den letzten Metern von 73 Kilometern Birs schließlich, dort, wo bei guten Bedingungen Kanuschüler ihre ersten Paddelschläge üben, dort hat im Sommer 2014 auch eine Schulklasse aus Birsfelden ihren Beitrag zu einer lebendigeren, vielfältigeren Birs geleistet: Die Kinder haben im Rahmen des WWF-Projekts »Lachs Comeback« 3000 Junglachse ausgesetzt in der Hoffnung, dass sich etwa im Jahr 2020 eines schönen Tages, vielmehr eines schönen Abends, birsaufwärts Lachs und Biber wieder Gute Nacht sagen können.

Vogelwarte 2001, Lüthi 2003, Golder 2004, Baselbieter Heimatbuch Arlesheim 2009, Saladin 1991, Salathé 2000
→ www.dornach.ch
www.baselland.ch > Revitalisierung Birs
www.altbasel.ch > Muenchenstein, Basiliskenbrunnen

Junger Biber in der Birs

Chaltbrunnental

ROUTE 7

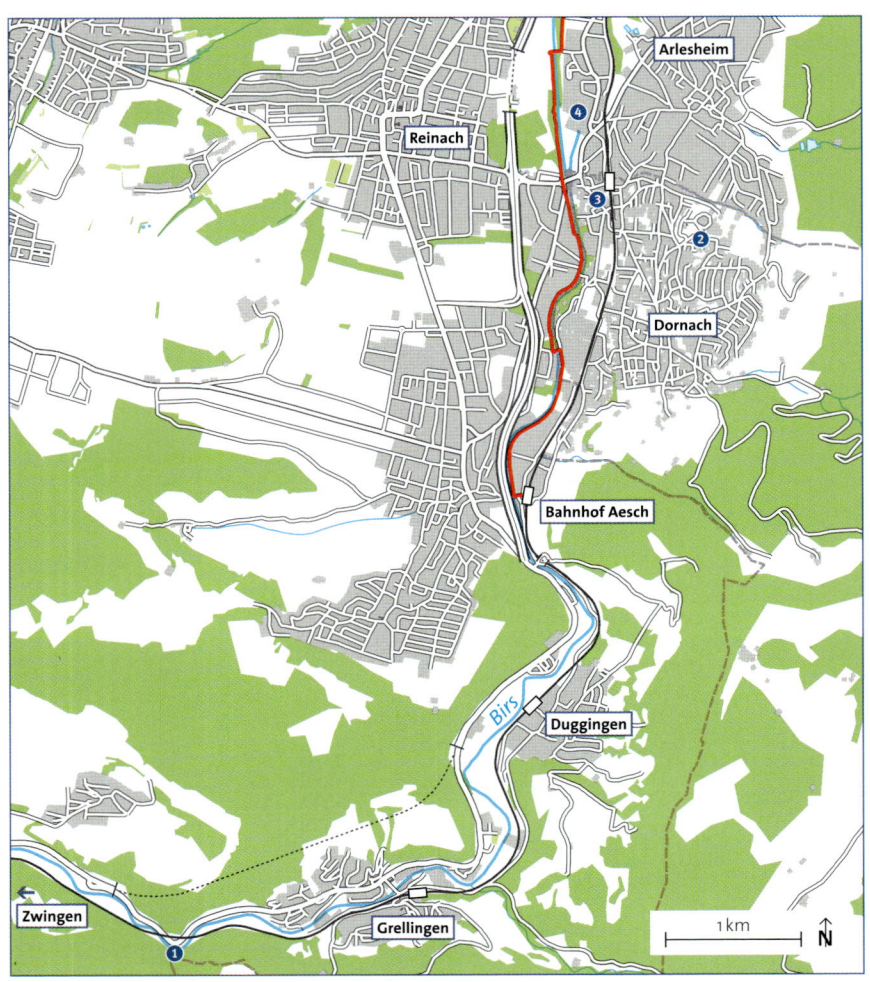

Ausgangspunkt
Bahnhof Aesch

Endpunkt
Birskopf (Tram 3, Bus 36, Haltestelle Breite)

Zeit
2 h 45 bis 3 h 15

Unterwegs
Minigolf und Pétanque kurz vor Dornachbrugg

Nepomukbrücke mit Erinnerungstafel

Diverse Restaurants in Dornachbrugg

Restaurant Crazy Horse bei der Südkurve des Reiterstadions Schänzli

Die rot-blauen Graffiti beim Fußballstadion St. Jakob-Park

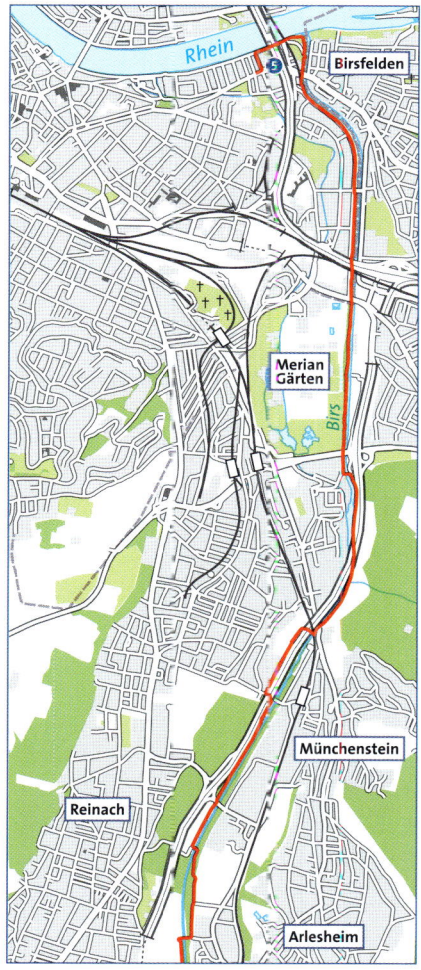

Routen-Telegramm

Aesch – Reinacher Heide: Bahnhof Aesch – kurz in die Bahnhofstraße – vor der Brücke rechts in den Birsuferweg – nach etwa 25 Minuten auf einem Betonsteg die Birs queren – auf dem linken Ufer weiter bis nach Dornachbrugg ❷, ❸ – am Wehr vorbei und unter der Straßenbrücke durch ❹ – wenn die drei Reinacher Wohntürme sichtbar werden, nach rechts abbiegen zum kleineren, ufernahen Weg – weiter bis zum Heidebrüggli und zur Reinacher Heide

Reinacher Heide – Birskopf: über das Heidebrüggli ans rechte Ufer, dann gleich links und weiter auf dem Damm zwischen der Birs und einem alten Kanal – kurz nach Ende dieses Kanals die Birs wieder auf einem Steg queren – linksufrig weiter – kurz vor der Münchensteiner Eisenbahnbrücke rechts über den Steg – unter den Eisenbahn-, Tram- und Straßenbrücken hindurch – rechtsufrig weiter, am Kleinkraftwerk Neuewelt vorbei – über die Holzbrücke wieder aufs linke Ufer – dem Wegweiser »Birschöpfli« folgen – an den Sportanlagen und am Fußballstadion vorbei bis zur Birsmündung ❺

Hinweis

Auf dem Abschnitt zwischen der Holzbrücke Neuewelt und dem Reiterstadion Schänzli, beim sogenannten »Vogelhölzli«, wird die Birs bis voraussichtlich 2019 auf einer Länge von 750 m revitalisiert; möglich, dass die Führung der Wege hier leicht verändert wird

Verlängern

Bereits beim Bahnhof Zwingen beginnen; dem weißen Wegweiser »Karstlehrpfad« folgen, hinein ins Kaltbrunnental, dem Ibach hinab folgen bis zur Birsmündung und dem Wappenfelsen Chessiloch ❶, weiter nach Grellingen und Aesch. Zeit: etwa 3 h

Karten

Swisstopo 1 : 25 000
1067 Arlesheim und 1047 Basel

Seitenblicke

❶ Soldaten als Felsenmaler
❷ Die mächtige Betonskulptur
❸ Genuss im Kloster
❹ Die »rote« Fabrik
❺ Ein besonderes, normales Hotel

SEITENBLICKE

Soldaten als Felsenmaler

① Die hier vorgeschlagene Wanderung entlang der Birs ist kurz; sie lässt sich aber leicht und attraktiv zu einer etwa drei Stunden längeren Version ausbauen. Diese »sportlichere« Variante beginnt beim Bahnhof Zwingen, folgt ab hier dem Karstlehrpfad (weiße Wegweiser), geht abwärts durchs kühle, felsige und moosige Kaltbrunnental und kommt bei dessen Mündung in die Birs zu einem Felsen, der jedem Bahnreisenden ein Begriff ist: dem Wappenfelsen im Chessiloch. Während des Ersten Weltkriegs waren hier Schweizer Soldaten stationiert, um die Chessilochbrücke und damit die Bahnverbindung zu den Grenztruppen in der Ajoie zu sichern. Rund sechzig Einheiten taten hier zwischen 1914 und 1918 Dienst. Mitglieder dieser Einheiten haben in ihrer Freizeit begonnen, Wappen ihrer Herkunftskantone oder Embleme der dienstuenden Einheiten auf die Felsen zu malen. Heute gehört der Wappenfels als Zeugnis der geistigen Landesverteidigung zu den wichtigeren militärhistorischen Denkmälern der Schweiz. Zum hundertjährigen Bestehen ist die Anlage im Sommer 2014 umfassend restauriert worden. Aber der natürliche Untergrund und die äußeren Einflüsse bedeuten ständigen Zerfall der neuzeitlichen Felsmalerei, und spätestens im Jahr 2039, 125 Jahre nach Kriegsbeginn, wird wohl die nächste Restauration fällig sein.

Die mächtige Betonskulptur

Vorsicht, Schreiber: Vergaloppier dich nicht; und Vorsicht, Leserin und Leser: Nehmt nicht alles zum Nennwert. Aber es ist schon ein bisschen was dran: Das Bauwerk auf dem sanften Hügel ob Dornach erinnert in ein paar nebensächlichen Aspekten an die Sagrada Familia in Barcelona. Beide sind sie riesengroß, sie sind (fast) ewige Baustellen, ihre Architektur darf man getrost als eigenwillig bezeichnen, und schließlich: Die beiden Architekten lebten etwa zur selben Zeit, Rudolf Steiner vor 1861 bis 1925, Antoni Gaudi von 1852 bis 1926 – und beide haben die Fertigstellung ihres berühmtesten Entwurfs nicht erlebt.

Vergessen wir den etwas hinkenden Vergleich mit Barcelona, kommen wir zurück nach Dornach und zu dessen prominentestem, von weit her auffallendem Bau. »Stilmerkmale sind gerundete organische Formen, das Dach wird teilweise als Schale oder Kappe entworfen«, ist bei Wikipedia zum Stichwort »anthroposophische Architektur« fragmentarisch zu lesen. Der Spaziergang über die ausgeschilderten Architekturwege rund ums Goetheanum ist denn auch nicht nur ein Spaziergang von Haus zu Haus, sondern recht eigentlich auch von Skulptur zu Skulptur. Das Wesentliche des Goetheanums aber ist sein »Innenleben« als Haus der Begegnung und der Kultur, als Freie Hochschule für Geisteswissenschaft, als Sitz der Anthroposophischen Gesellschaft, als Theater natürlich. Ab Oktober 2013 ist der ganze Campus umfassend saniert worden. Rudolf Steiners erstes Goetheanum war ein Holzbau mit zwei Kuppeln gewesen; es wurde 1920 eröffnet und an Silvester 1922/23 zerstört, nach offizieller Lesart durch Brand, nach inoffizieller Lesart durch Brandstiftung.

→ www.goetheanum.org

SEITENBLICKE

Genuss im Kloster

3 Als Teenager hatten wir noch über diesen Kalauer gekichert: »Kennst du den Unterschied zwischen dem Apotheker und dem Kapuziner im Klösterli? Hejoo, der Apotheker hat ein Heilserum und der Kapuziner hat ein Seil herum!« Der Kalauer kursiert nicht mehr. Weil die heutigen Teenager in der Nordwestschweiz kaum mehr wissen, was ein Kapuziner ist. Bis ins Jahr 1990 hat man die Männer mit dunkler Kutte und weißer Kordel nicht nur in Dornach gesehen, sondern immer mal wieder auch in den umliegenden Gemeinden, in denen sie Aushilfsdienste leisteten. Seit 1676 war das Kloster Dornach in Betrieb, 1990 wurde es geschlossen, weil es an Fachpersonal mangelte. Stiller geworden ist es nicht im Klösterli, neues, etwas weltlicheres Leben ist eingezogen. 1996 konstituierte sich die »Stiftung Kloster Dornach«, drei Jahre später übergab der Kanton Solothurn die Schenkungsurkunde an die Stiftung. Seither funktioniert das Klösterli als religiöses, soziales und kulturelles Zentrum. Aber auch als gut besuchte Destination für Menschen, die sich gern kulinarisch verwöhnen lassen, und dies in Räumen von einzigartiger Atmosphäre, sei es im Garten, im Atelier, in der Bibliothek, im Refektorium, im Franziskuszimmer oder in der Klosterschenke. Und schließlich ist das Klösterli auch Herberge mit diesen Qualitäten: Die Preise sind christlich-anständig. Und: Auf immer bleiben muss niemand mehr.

→ www.klosterdornach.ch

Die »rote« Fabrik

4 Das Arbeitsklima muss von Anfang an verhältnismäßig angenehm gewesen sein, schon bevor Johann Siegmund Alioth aus Basel die Fabrik rechts der Birs unterhalb von Dornachbrugg übernahm. Dieser erhoffte sich von der Verlegung des Betriebs von Basel nach Arlesheim besseren Zugang zur Wasserkraft für seine Florettspinnerei. Florettseide ist ein Garn aus Rohseideabfällen, auch als Schappe bezeichnet; die neue Fabrik war umgangssprachlich rasch einmal schlicht »d Schappi«. Die Zahl der Angestellten stieg bis auf vierhundert ums Jahr 1870. Im Zuge eines Gesetzes, das ab 1878 einen minimalen Schutz für Fabrikarbeiter verankerte, tat sich auch in der Schappe einiges; die Arbeitsplatzqualität wurde verbessert, eine Krankenkasse wurde eingerichtet, ein Arbeiterkosthaus und Siedlungen für die Arbeiter gebaut. Die Schappe wurde ein zwar oft florierendes, aber auch stark von der Konjunktur und der Mode abhängiges Industrieunternehmen. Im Frühsommer 1945 sorgten etwa vierhundert Arbeiterinnen für landesweites Aufsehen, als sie für gerechtere Löhne streikten. In diesem Streik wurde offenbar, »dass sich in der Nachkriegsgesellschaft die Arbeitnehmer und die Arbeitgeber als Sozialpartner gegenüberstanden und ein patriarchalischer ‹Herr-im-Haus-Standpunkt› der Vergangenheit angehörte«, schreibt der Historiker Ruedi Brassel.

1967 übernahm der Weltkonzern Burlington die Schappe, zehn Jahre später wurde der Betrieb geschlossen, 170 Beschäftigte, in der Mehrheit Frauen, verloren die Arbeit. »D Schappi« wurde um 1980 noch einmal zu einem Politikum. Die Migros wollte auf dem

Areal ein Shoppingcenter errichten. Das Arlesheimer Gewerbe wehrte sich dagegen, man befürchtete einen Umsatzrückgang und eine Verödung des Ortskerns. Die Migros verlor zunächst vor der Gemeindeversammlung, später an der Urne, danach scheiterte sie mit einer Einsprache beim Regierungsrat und 1984 zuletzt vor Bundesgericht. Das Dorf holte die Migros schließlich zu sich, seit 1957 funktioniert ihr Einkaufszentrum auf dem Gelände des ehemaligen Tramdepots dem Gewerbe gehts gut, der Ortskern ist ein lebhaftes Bijou. Und auch das Schappe-Areal lebt wieder, dank einer gut gelungenen Wohnüberbauung.

 Säulizunft 2009
→ www.diju.ch > Schappe Arlesheim

Ein besonderes, normales Hotel

5 Das Breite-Hotel ist eigentlich ein ganz normales Dreisternehotel, ein modernes Stadthotel für Städtereisende, für Familien und für Geschäftsleute. Doch dann ist da noch der Punkt, der das normale Hotel zu einem besonderen macht: Das Breite-Hotel ist ein Integrationshotel. Es bietet Menschen mit einer leichten Lernbehinderung oder einer körperlichen Behinderung einen Ausbildungs- oder Arbeitsplatz. Im Herbst 2005 wurde das Hotel eröffnet. Im Gegensatz zu vielen anderen Hotels arbeitet hier nur eigenes Personal. Dieses identifiziert sich umso mehr mit dem Hotel. Bei Gästen kommt dieses nachhaltige Konzept gut an. Und nachhaltig ist auch das frisch zubereitete Frühstück – es gilt als eines der besten der Stadt, übertroffen nur vom eigenen Brunch: Wer hier an Samstagen oder Sonntagen brunchen will, kommt nicht drum herum, zu reservieren.

→ www.dasbreitehotel.ch

Aufstieg zum Bruderholz

8 Rund um den Kanton Basel-Stadt

Basel exklusiv, Basel extrem

Wer als »Grenzgänger« den Kanton Basel-Stadt umrundet, macht etwa einen Marathon. Wir versuchen die Runde an einem Tag.

Freddy Widmer

War es eine Idee von Reinhold Messner und seinem Kletterpartner Hans Kammerlander? Die Idee eines starken Sponsors oder eines pfiffigen Touristikers? Die Idee, die Provinz Südtirol ihrer Grenze nach zu umrunden – zu Fuß natürlich. Oder wars eine politische Manifestation, die zeigen sollte: Hey, wir sind nicht Österreicher, wir sind auch keine Italiener, wir sind Südtiroler? Wie auch immer: Messner und Kammerlander machten sich auf den Grenzgang, im Herbst 1991 umrundeten sie ihr Südtirol, kletterten und gingen 1200 Kilometer weit, »machten« 100 000 Höhenmeter und überschritten rund 300 Gipfel. Vierzig Tage waren sie dafür unterwegs.

Ähnliches holten im Jahr 2005, dem UNO-Jahr des Sports, die beiden Bündner Bergsteiger Norbert Joos (1960–2016) und Peter Gujan nach; es solle sich kein Außerbündner erdreisten, ihren Kanton vor einem Einheimischen zu umrunden. 77 Tage lang waren die beiden unterwegs, um der 740 Kilometer langen Kantonsgrenze zu folgen und dabei über 320 Gipfel zu überschreiten, darunter den Piz Bernina, den einzigen Viertausender des Kantons.

Rue de Bâle Ecke Schlachthofstraße, St-Louis-Grenze

Was die Spitzenbergsteiger und Bergführer in ihrem Revier konnten, können wir als Wanderer im Halbkanton Basel-Stadt mit links. Wir brauchen auch keine logistische Unterstützung, brauchen keine Materialdepots, brauchen nur eine präzise Karte – und brauchen einen einzigen Tag! Die Fläche von 37 Quadratkilometern gegen den Uhrzeiger zu umrunden, wenn wir nur früh genug anfangen (wir haben dann ja nicht noch eine lange Heimfahrt anzutreten), das müsste zu schaffen sein. Der Kanton Basel-Stadt grenzt im Süden auf 15,8 Kilometer Länge an den Kanton Basel-Landschaft, rechtsrheinisch auf 22,2 Kilometer an Deutschland und linksrheinisch auf 5,2 Kilometer an Frankreich. Macht also etwas mehr als einen Marathon. Wir berühren dabei die deutschen Gemeinden Grenzach-Wyhlen, Inzlingen, Lörrach und Weil, die französischen Huningue und St-Louis und die Baselbieter Gemeinden Birsfelden, Allschwil, Binningen, Bottmingen, Reinach, Münchenstein und Muttenz.

Planen? Nicht wirklich. Noch nie haben wir uns auf eine so lange Wanderung gemacht mit derart minimalem Rucksack. Stadtplan natürlich und Karte, eine Halbliterflasche, das Portemonnaie, die Sonnenbrille, zwei T-Shirts zum Wechseln, ein Paar Reservesocken und Joggingschuhe, denn nach geschätzt fünf Stunden werden wir Feld-, Wald- und Wiesenwege hinter uns und fortan nur mehr Hartbelag unter uns haben und die Wanderschuhe nicht mehr brauchen. Was ausnahmsweise mitkommt: ein paar Voltarentabletten; könnte ja sein, dass nach acht oder zehn Stunden das eine Knie oder vielleicht die Region rund um die Hüftprothese ... Aber warten wirs doch erst mal ab. Auch nicht dabei: Badehose und Schwimmsack, obwohl wir die Birs, die Wiese und den Rhein queren müssten, wollten wir auf den Meter genau den Grenzen folgen. Aber derart pingelig werden wir nicht sein, werden uns die eine oder andere Grenzverletzung schon erlauben.

Früh los am sogenannten Birschöpfli, der Mündung der Birs in den Rhein. Früh, um 6 Uhr; hat den Vorteil, dass es drüben

Fernsehturm Chrischona

an der Grenzacherstraße, auf der normalerweise der motorisierte Teufel los ist, noch einigermaßen ruhig ist. Danach am Sonderfall Hörnli vorbei – der größte Friedhof der Schweiz liegt im kleinsten Kanton – und hinauf in die wanderbare Region, die man nicht wirklich in einem »Stadt-Kanton« vermuten würde. Im Chrischonatal dann die erste Überraschung: Eine SMS des Schweizer Mobilfunkanbieters heißt uns »Willkommen in Frankreich«. Wie bitte? Haben wir uns jetzt schon kilometerweit verlaufen? Beim Herrenwald weiß dann endlich auch unsere Swisscom Bescheid und heißt uns »Willkommen in Deutschland«. Ist ja auch wirklich kompliziert, der Grenzverlauf im Bereich Eiserne Hand. Apropos: In dreizehn Schuljahren haben wir alle denkbaren Details aus den Schlachten von Morgarten, Sempach, Murten, St. Jakob und Dornach kennengelernt, haben die zehn längsten Flüsse und die

Dreiländerbrücke

zehn höchsten Berge der Schweiz ihrer Länge und Höhe nach dahersagen können, aber haben nie von der Eisernen Hand gehört. Nahe genug wäre der polit-geografisch sonderbare und humanitär beladene Ort ja gewesen, um mal im Geografie- oder im Geschichtsunterricht ein kleines Exkursiönlein hierher zu machen. Tut gut, diese späte Rüge an die Lehrerschaft, der wir all die Jahre brav gefolgt sind (mehr zur Eisernen Hand in Tour 15).

Nach Riehen gehts noch ein Stück den Fluss Wiese entlang, die Langen Erlen bescheren uns für einige Zeit das letzte Grün, danach folgen der viel befahrene Grenzübergang Otterbach, Krane, Silos, Geleise, Lager- und Industriehallen, Tankanlagen, Containerburgen, zwei Hafenbecken, Hans Bernoullis Backsteinsilo, das eigentliche Wahrzeichen des Hafens, die elegante Dreiländerbrücke, im Sekundentempo von der Schweiz über Deutschland nach Frankreich, über Rues und Quais und eine Avenue zurück nach Basel. Tja, wieder mal im Rostigen Anker essen, im Schifffahrtsmuseum Kinderaugen träumen sehen, im Hafen Weite schnuppern ... Sehr gern ein andermal, aber nicht jetzt, nicht wenn ein Wandermarathon zu machen ist.

Nach Querung der Flughafenstraße stehen wir in einem Ensemble von geradezu ausgesuchter Disharmonie, und zwar inhaltlicher wie äußerlicher. Zunächst das Grand Casino, das mit seiner grellen Architektur nach verlustwilligen Kundinnen und Kunden schreit. Ebenso klotzig und etwas angeberisch die Architektur des Airport-Hotels. Daneben Gewächshäuser und von der Sonne gegerbte Gärtnerschuppen, schlichte Verwaltungsbauten, zweckmäßige Werkstätten, ein hochmodernes Alterszentrum und schließlich die filigrane, pavillonartige Rehab, das Zentrum für Querschnittgelähmte und Hirnverletzte, entworfen vom Büro Herzog & de Meuron. Und alles auf demselben Areal, einem Areal, das dem Bürgerspital gehört. Das Bürgerspital feierte im Jahr 2015 sein 750-jähriges Bestehen, auch wenn es nicht mehr Spital im eigentlichen Sinn ist, sondern seit 1973 unter altem Namen einen neuen Auftrag erfüllt. Es begleitet und fördert Menschen mit einer Behinderung, schafft Arbeitsplätze in einem Dutzend verschiedener Branchen, betreut betagte Menschen und ist medizinisches Rehazentrum. Das Areal ist dem Volksmund übrigens noch immer als »Milchsuppe« geläufig; auf einem Plan von 1320 ist bereits von »Milchsuppen« die Rede. Und natürlich rankt sich um den Begriff eine amüsante Legende: Die alleinstehende Tochter eines Bauern soll den elterlichen Hof dem Bürgerspital vermacht haben, vielleicht um den Preis lebenslänglicher Pflege. Der Spitalmeister soll sich zunächst mit einer köstlichen Milchsuppe bedankt haben; die Frau genoss das Mahl – und verstarb sogleich. Und ists nicht wahr, so ists doch mindestens ganz schön erfunden.

Beim Gartenbad Bachgraben halten wir uns einmal mehr nicht an unseren (Stadt-)Plan; wir müssten über Zäune klettern, mitten durchs Gartenbad gehen, den Gästen auf die Badetücher treten, wollten wir uns an den Grenzverlauf halten; tun wir selbstverständlich nicht. Kurz danach genießen wir Im langen Loh dieses Kuriosum: Die Straße Im langen Loh ist zwar kein Unikat, aber sie ist einer von wenigen Sonderfällen; die Häuser mit ungerader Nummer liegen in Basel, jene mit gerader Nummer in Allschwil, Baselland, zumindest bis zur Kreuzung Wanderstraße; danach ist Im langen Loh ganz baselstädtisch. Freunde leben seit Jahrzehnten gern und gut in jener städtischen Häuserzeile aus den 1920er-Jahren, wenig Verkehr, insgesamt ruhig, viel Grün, eher dörflich als städtisch. Die Grenzlage betrachten sie augenzwinkernd: »Post kommt bei uns in Basel erst um 12, drüben bereits um 10 Uhr; Kehrichtabfuhr bei uns im Bebbisagg dienstags und freitags, drüben mit Vignette montags und donnerstags, Grünabfuhr bei uns nie, drüben schon. Alles für sich gut geregelt alles nur sonderbar, aber kein Problem.« Etwas ärgerlicher sei es für gleichaltrige Kinder von hier und von jenseits gewesen, denn Kindergarten und Schule lagen jeweils ganz woanders, selbst wenn die Elternhäuser nur zwanzig Meter voneinander entfernt waren. Die Freizeit verbringen Kinder auch heute noch gern auf der Allschwiler Straßenseite, dort bilden Trottoir und Rabatten einen breiteren Streifen; die Bäume allerdings, die gehören noch der Stadt, sie werden von der Stadtgärtnerei gepflegt. Auch das Portemonnaie be-

St. Margarethenkirche

kommt die unsichtbare Kantonsgrenze zu spüren. Wir ließen uns bei der Gemeinde Allschwil und der Basler Steuerverwaltung Beispiele ausrechnen für eine alleinstehende Person mit einem Einkommen von 100 000 Franken: Der angenommene Allschwiler bezahlte im Jahr 1994 18202 und im Jahr 2014 16416 Franken Steuern (exklusive Bundessteuern); der angenommene Basler 1994 20558 und 2014 17100 Franken. Bei der Krankenversicherung Sympany sah der konstruierte Fall für 2014 so aus: 501,30 Franken Monatsprämie in den Häusern mit ungerader Nummer auf der Basler, 449,20 in den Häusern mit gerader Nummer auf der Allschwiler Straßenseite.

Der Dorenbach, der vom Allschwiler Weiher her durch eine idyllische Wohnlage die Kantonsgrenze markiert, bringt uns zum Birsig und weiter zum Margarethenpark. Von da gelangen wir auf ziemlich direktem Weg zu PA 1159 B und zu PD-REG 8d – unter diesen Zeichen sind nämlich eine Mappe und ein Karton im Staatsarchiv erfasst, die das schwerste Verbrechen dokumentieren, das Basel im 20. Jahrhundert erlebt hat und das in ebendiesem Margarethenpark endete. Das erschütterndste Dokument in diesen Unterlagen ist ein kleines Wachsbüchlein von 8 auf 12 Zentimeter Größe, Fadenheftung, 64 Seiten, kariert. Es ist sozusagen der letzte Zeuge.

Von vorne. Kurt Sandweg und Waldemar Velte, beide aus Wuppertal, beide im August 1910 geboren, wollen raus aus der Arbeitslosigkeit und raus aus Nazideutschland, denken an eine Reise nach Indien. Nach einem Banküberfall im November 1933 bei Stuttgart reisen sie nach Basel ein. Velte lernt hier die Verkäuferin Dorly Schupp kennen, eine enge Romanze entsteht. Sandweg und Velte geht nach ein paar Tagen das Geld aus. Am 5. Januar 1934 überfallen sie die Wever-Bank an der Elisabethenstraße; sie erschießen die zwei Bankangestellten Beutter und

Kaufmann und erbeuten 228 Franken, 119 Reichsmark und 102 Francs. Am 20. Januar, dem Kleinbasler Ehrentag »Vogel Gryff«, sind zwei Beamte frühmorgens auf Kontrollgang in einer Pension an der Sperrstraße. Sechs Schüsse fallen, Korporal Vollenweider ist sofort tot, Polizist Nafzger wird schwer verletzt und stirbt später im Spital. Die Täter flüchten auf gestohlenen Velos. Die gesamte Basler Polizei wird durch Kollektivalarm mobilisiert; sie weiß, dass dieselbe Munition verwendet wurde wie beim Banküberfall. Sandweg und Velte werden am Nachmittag zwischen Aesch und Ettingen gesehen. Wenig später schießen sie auf der Straße zwischen Röschenz und Laufen auf eine Motorradpatrouille; Korporal Maritz stirbt, Detektiv Gohl wird schwer verletzt. Irrtümlich erschießt die Polizei während der Fahndung einen von zwei zivilen Helfern. »Unglücklicherweise hatten sie ähnliche Staturen wie die gesuchten Mörder«, berichtet die *National-Zeitung* (NZ). Am Abend des 21. Januar rufen die beiden Täter bei Frau Schupp an und bitten sie, Proviant in den Margarethenpark zu bringen. Frau Schupp alarmiert die Polizei, stellt sich aber für dieses gefährliche letzte Rendezvous zur Verfügung. Sandweg und Velte müssen bei der Proviantübergabe geahnt haben, dass sie umzingelt sind. Kurz nach Mitternacht fallen erste Schüsse, später einige weitere. Bei Tageslicht dringt die Polizei in den Park ein und findet die beiden Täter tot in der Nähe einer Parkbank. Und bei ihnen das kleine Wachsbüchlein. Darin führten die beiden Tagebuch, darin haben sie sich von ihren Müttern und von Dorly Schupp verabschiedet und darin stehen in verwackeltem, unklarem Schriftbild diese erschütternden Zeilen: »Es ist genau 5 Min. vor 1 / Mein Kopfschuss / sitzt nicht. Ich / hab Kurt noch eine / dazu

Bruderholz

+ 1 Herzschuss gegeben.« An Dorly Schupp hatte Waldemar Velte kurz zuvor geschrieben: »Verzeih, wenn ich Dir dies antun musste. [...] Begrabt mich auf dem Hörnli. [...] Auf Wiedersehen mein Schatz. Leb wohl! [...] wir zwei gehören zusammen. Du größtes Glück meines Lebens, einziger Sonnenschein für mich.«

»In aller Stille«, schreibt die NZ, wurden die Täter am Donnerstag, 25. Januar, auf dem Hörnli bestattet. Es ist, abgesehen von Trauerfeierlichkeiten und juristischer Aufarbeitung, der letzte Akt in einer grausamen Geschichte, die in der Realität so ziemlich alles enthält, was eine

Fiktion an Ingredienzen enthalten könnte: Auflehnung gegen Staat und Behörden, Freiheitsdrang, Skrupellosigkeit und angenehmes Äußeres, Rücksichtslosigkeit und elegantes Auftreten, Raub und Mord, Flucht und Verfolgung, Liebe und Verrat, ewige Freundschaft und gemeinsamer Suizid oder gegenseitige Tötung. Und zuletzt auch eine Portion Zufall: Denn wie hätte die Geschichte geendet, wären die beiden bei der Baustelle der Kunsteisbahn nicht zufällig in genau die Baubaracke eingebrochen, in der sie zwar keine Lebensmittel, dafür aber ein Telefon vorfanden? Das Verbrechen wurde, wenig überraschend, auch künstlerisch verarbeitet: Alex Capus machte im Jahr 2002 daraus seinen Roman *Fast ein bisschen Frühling,* und im September 2011 führte eine Theatergruppe das Stück *Die Basler Mordbanditen* an Originalschauplätzen in Basel auf.

Nach diesem virtuellen Exkurs in den Lesesaal des Staatsarchivs nehmen wir die zweite und letzte Steigung der Kantonsrunde, 85 Höhenmeter hinauf aufs Bruderholz. Auffallend wenigen Menschen begegnen wir hier, die Katzen sind in der Mehrzahl. Nicht weil sie sich hier in der Umgebung von Staren-, Amsel- und Drosselstraße oder Elstern-, Lerchen- und Spechtweg besonders viel versprechen könnten – um frei laufendes oder frei fliegendes Futter haben sie sich wahrscheinlich noch nie kümmern müssen. Ihr guter Ernährungszustand und gepflegtes Äußeres erlauben möglicherweise Rückschlüsse auf die Menschen, die hier leben, denen wir aber nicht begegnen. Der Behaglichkeit kann man aber offenbar auch überdrüssig werden. So empfand wohl die junge Autorin Lore Berger (1921–1943) ihr Dasein in diesem für sie zu wohlhabenden und zu warmen Cocon Bruderholz. Am 19. Juli 1943 schickte sie ihren Roman *Der barmherzige Hügel – eine Geschichte gegen Thomas* an die Jury des Gutenberg-Wettbewerbs in Zürich, vier Wochen später nahm sie sich auf diesem Hügel das Leben, sie stürzte sich vom Wasserturm in den Tod. Das Buch, eine tragische Geschichte von Einsamkeit, von Lebens- und Liebessehnsucht, wurde 1944 veröffentlicht und fand, wie der Literaturwissenschaftler Charles Linsmayer 1981 schreibt, »außer dem sensationsbe-

Hindutempel, Dreispitz

Wasserturm auf dem Bruderholz

dingten in der Stadt Basel praktisch kein Echo«. Zu Unrecht, befand Linsmayer und gab den Roman 1981 erneut heraus. *Der barmherzige Hügel* bleibt eine spannende Begegnung mit einer hochbegabten und zutiefst unglücklichen jungen Frau und einem feinen Stück Literatur.

Der folgende Kontrast ist ein drastischer: vom grünen, behaglichen Bruderholz hinab zur Motorfahrzeugkontrolle und hinein in eine geschäftige Gewerbezone, gestreift von der Reinacherstraße, die man sich nun wirklich nicht zwingend als Bestandteil einer Wanderung wünscht. Ein akustisches und blechernes Kreuzfeuer. Wir überqueren die Straße umsichtig und rasch und gelangen so auf den sogenannten Dreispitz. Hier, jenseits der rüden Reinacherstraße, begehen wir einen kleinen chronologischen Betrug, besteigen eine Zeitmaschine und reisen zurück in eine beschaulichere Zeit Mitte des 19. Jahrhunderts, als Christoph Merian (1800–1858) und seine Frau Margaretha Merian-Burckhardt (1806–1886) daran sind, einen Beitrag dazu zu leisten, dass sich die Stadt Basel in kommenden Jahrzehnten gut weiterentwickeln wird. Auf unseren Stadtwanderungen bieten sich zwar zahllose Möglichkeiten, dem Christoph Merian zu begegnen, aber kaum sonst wo ist er im Gestern wie auch im Heute derart präsent wie hier, auf dem Dreispitz und den angrenzenden Merian Gärten in Brüglingen.

Christoph Merians gleichnamiger Vater, von Zeitgenossen »der reiche Merian« genannt, war ein erfolgreicher, international tätiger Kaufmann; die Mutmaßung, er sei auch mit Sklavenhandel zu seinem Reichtum gekommen, hat der Autor Robert Labhardt in der Biografie *Kapital und Moral* widerlegt. Sohn Christoph hält wenig von den Geschäften und vom herrschaftlichen Lebensstil seines Vaters. 1824 heiratet er Margaretha Burckhardt. Das Hochzeitsgeschenk des Vaters ist ein großzügiges: das Brüglinger Gut. Hier geht Christoph seiner Leidenschaft nach, der Agronomie; er wird angrenzende Grundstücke erwerben, unter anderen das Land des heutigen Dreispitz. 1848 stirbt der Vater. Angesichts des großen Vermögens schreibt der Erbe bereits ein Jahr später eine erste Fassung seines Testaments. In der definitiven Fassung von 1857 wird er nach dem Tod seiner Frau der Stadt Basel eine Stiftung schenken, die heute den Baslern als Förderstiftung in sozialen, kulturellen und ökologischen Bereichen ein Begriff ist. Zu den sichtbarsten Hinterlassenschaften des Paars gehören die Elisabethenkirche, wo sie bestattet sind, und eben der Dreispitz. Ende unserer kleinen Zeitreise.

Der Dreispitz, mindestens seit 1682 als Dreyspitz dokumentiert, bereitete der Christoph Merian Stiftung zunächst einmal Sorgen; sie ließ das Land, auf dem damals lediglich ein paar Scheunen standen, 1890 einzäunen, weil es auch als Schlupfwinkel für Vaganten diente. Seither hat das Gebiet einige Transformationen erlebt: von der Landwirtschaftszone zur offenen Lagerfläche, danach, mit dem Einzug der Bahn und der Gründung des Zollfreilagers, zum Logistikzentrum, und als sich die Logistikbranche mehr den Autobahnanschlüssen annäherte, kamen Dienstleistungsbetriebe dazu.

In den nächsten Jahren werden sich Teile des Dreispitz dank partnerschaftlicher Planung der Kantone Basel-Stadt, Basel-Landschaft, der Gemeinde Münchenstein und der CMS als Grundeigentümerin in pulsierende Stadtteile verwandeln, in denen Dienstleistung, Gewerbe, Wohnen, Studium, Kultur, Gastronomie und Freizeit koexistieren werden. Am weitesten vorangeschritten in diesem Prozess ist das einstige Zollfreilager; das erste neue Quartier, bestehend aus der neuen Hochschule für Gestaltung und Kunst der Fachhochschule Nordwestschweiz (HGK), mit rund 250 Wohnungen, mit Läden, Ateliers, Restaurants und drei großzügigen Grünflächen, befindet sich derzeit im Bau. Der Dreispitz ist also eines der wenigen Felder, auf denen die Zusammenarbeit zwischen BS und BL wirklich zügig funktioniert.

Neben den großen Projekten ist auf dem Areal weiterhin Platz für amüsante Petitessen, etwa die zwei symbolisch begrünten alten Güterwagen an wechselnden Standorten oder der Hindutempel an der Mailand-Straße. Eine weitere schlummert im Begehlager des Sportmuseums Schweiz, das sich in einem ehemaligen Wolllager eingemietet hat. Unter seinen 150 000 Geräten, Medaillen, Pokalen, Ausrüstungs- und Erinnerungsstücken (Bildarchiv und Bibliothek nicht mitgezählt) befindet sich auch ein unscheinbares Ding, das mit einem der aufregendsten Momente der Fußballgeschichte verbunden ist: die Pfeife des Basler Schiedsrichters Godi Dienst (1919–1998). Pfiffe aus ebendieser Pfeife haben signalisiert, dass Tor sein soll, was wahrscheinlich kein Tor war – eben das berühmte dritte Tor der Engländer im WM-Endspiel von 1966 in London gegen Deutschland.

Nach dem Dreispitz würden wir in der Brüglingerstraße gern dem unscheinbaren Wegweiser »Merian Gärten« folgen, aber der Grenzgang führt uns unerbittlich dieser viel befahrenen Straße nach abwärts zum St. Jakob-Park, einem Bau, der nicht aussieht wie eine Altersresidenz und nicht wie ein Fußballstadion, der tatsächlich aber beides ist. Hier haben Basels begabteste Betonbastler, die Architekten Herzog & de Meuron, mit großer Maurerkelle angerichtet und dem Stadion eine Fassade verpasst, die zusammengestückelt scheint aus riesigen fehlerhaften Eierschachteln. Bei der Birsbrücke an der Grenze zu Muttenz haben wir den Spaziergang über Asphalt und Beton hinter uns, das breite Rasenbord der Birs bietet den Füßen auf dem letzten Kilometer etwas Erholung. Nach 12 Stunden und 13 Minuten, davon etwa 11 Stunden reine Gehzeit, beenden wir die Basler Marathonrunde am Birskopf. Und bedauern nun doch, dass unser Rucksack derart minimalistisch war – hätten wir Badehose und Schwimmsack dabeigehabt, könnten wir uns nun wohlig vom Rhein in Richtung Stadt heimwärts tragen lassen.

Capus 2002, Berger 1981, Labharct 2011, CMS 2011, Huck 2006

St. Jakob-Park

ROUTE 8

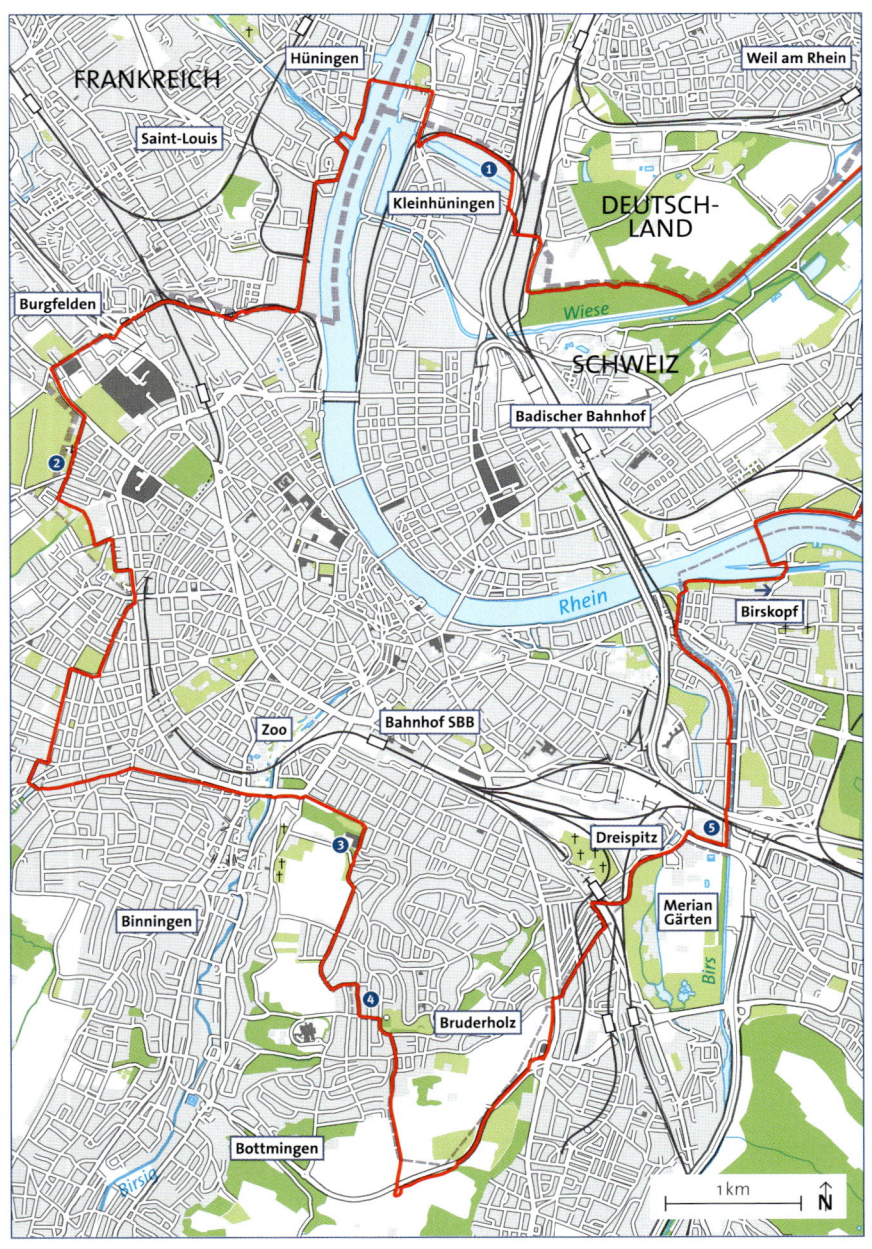

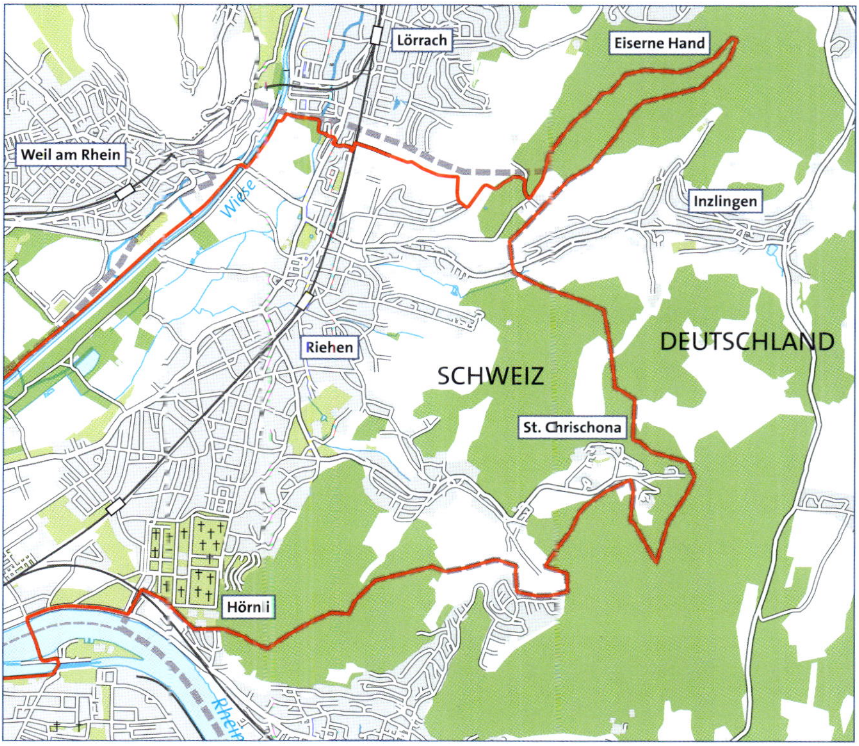

Ausgangs- und Endpunkt

Birskopf (Tram 3, Bus 36, Haltestelle Breite, fünf Gehminuten entfernt)

Zeit

11 h reine Gehzeit für die ganze Runde

Teilabschnitt Birskopf–Riehen Grenze 4 h 15; Riehen–Burgfelder Zoll 2 h 45; Burgfelder Zoll–Margarethenpark 1 h 15; Margarethenpark–Birskopf 2 h 45

Unterwegs

Schleusen und Kraftwerk Birsfelden, 1951–1954 erbaut

Historische Grenzsteine zwischen Bettingen/ Riehen und Deutschland (Vgl. Tour 15)

Buvette/Restaurant am linken Wiese-Ufer: www.restaurant-schliessi.ch

Tierpark Lange Erlen am linken Wiese-Ufer: www.erlen-verein.ch

Dreiländereck Schweiz/Deutschland/Frankreich (liegt nicht direkt am Weg)

Tiefster Punkt im Kanton: 246 m bei der Dreiländerbrücke

Der Israelitische Friedhof an der Theodor-Herzl-Straße

Gartenbad Bachgraben auf der Grenze Basel/ Allschwil: www.badi-info.ch/bs/bachgraben

Radio Studio Basel an der Schäublinstraße

Seitenblicke

❶ I bi dr Schorsch vom Haafebeggi 2
❷ Die Spuren des Theodor Herzl
❸ Die legendäre Kunschti
❹ Basels italienischer Süden
❺ Die Fußballfieberkurve

Grenzsteine Chrischona

Im langen Loh

Weitere Websites
www.rostigeranker.ch
www.verkehrsdrehscheibe.ch
www.merianstiftung.ch
www.sportmuseum.ch

Routen-Telegramm

Birskopf – Riehen Grenze: Rheinaufwärts bis zur Schleuse – über das Kraftwerk – Grenzacherstraße bis Zoll Grenzach – Hörnliallee – nach der Bahnlinie rechts in den Hirtenweg und geradeaus in den Wald – den Grenzsteinen folgen bis Chrischona Parkplatz – nach dem Parkplatz südwärts bis zu Grenzstein 105 – im Wilengraben zurück, den Grenzsteinen folgen – über den Aubach zur Verbindungsstraße Riehen–Inzlingen – nach der Straße geradewegs den Hang hinauf bis zum Wald, weglos dem Waldrand folgen bis zum Hof Maienbühl – in nordöstlicher Richtung zur Waldecke – den Grenzsteinen folgen zur Eisernen Hand – nördlichster und östlichster Punkt des Kantons bei Punkt 462,7 und Grenzstein 64 – nach wenigen Metern wieder links in den Wald Richtung Maienbühl – bei Liehsen verläuft die Grenze in Wiesen und Kornfeldern, deshalb empfehlen wir den Weg am Waldrand oder knapp innerhalb des Waldes, weiter ab Grenzstein 47 – Stettenlochweg – Stettengrabenweg, den Wegweisern folgen – Grienbodenweg – Lörracherstraße

Riehen Grenze – Burgfelder Zoll: Neben der BP-Tankstelle in den Strellimattweg – nach dem Mühliteich nach rechts, weiter zur Wiese – am linken Ufer bis zur Weilstraße – über die Brücke – am rechten Wiese-Ufer bis zum Punkt 258 auf der LK – rechts in den Otterbachweg – Freiburgerstraße – beim Zoll Otterbach links in die Unterführung – Grenzstraße – Hafenbecken 2 beim Eingangsbereich runden ❶ – einige Meter zurück Richtung Stadt – Hiltalingerstraße – Zoll Friedlingen – nach dem Rheincenter links über die Dreiländerbrücke nach Hüningen – nach links den Rhein entlang – Quai du Rhin – Rue des 3 Frontières – Avenue de Bâle bis zum Hüninger Zoll – rechts in die Schlachthofstraße bis zum Kreisel vor dem Casino, Flughafenstraße queren – 50 Meter nach rechts, links ins kleine Weglein einbiegen (Schild: »Passage interdit«) – zwischen dem Sportplatz Pfaffenholz und dem Rehab in die Rue des Romains und zum Burgfelder Zoll

Burgfelder Zoll – Margarethenpark: Burgfelderstraße Richtung Basel – rechts in die Theodor-Herzl-Straße ❷ – Beforterstraße – vor dem Gartenbad Bachgraben links ins Badweglein – Blotzheimerstraße – Nidwaldnerstraße – Wasgenring – Allschwilerstraße queren – danach gleich rechts Im langen Loh – Wanderstraße – Steinbühlallee – Binningerstraße – links in den Weiherweg – beim Allschwilerweiher in die Dorenbachpromenade – geradeaus weiter durch die Dorenbachstraße – Im Margarethental – Margarethenstich zur Gundeldingerstraße

Margarethenpark – Birskopf: Gundeldingerstraße – Unterer Batterieweg ❸ – nach der Kunsteisbahn geradeaus durchs Eisweglein – wieder in den Unteren Batterieweg – Schäublinstraße – Friedrich-Oser-Straße – Arbedostraße ❹ – Rappenbodenweg – Oberer Batterieweg – Predigerhofstraße – nach der Brücke, die über die Bruderholzstraße führt, gleich nach links (Wegweiser Heiligholz/Münchenstein) – zweimal durch Unterführungen, dann über die Bruderholzstraße – an der Motorfahrzeugkontrolle und der Birshofklinik vorbei zur Reinacherstraße – das Dreispitzareal queren über Venedig-, Frankfurt- und Wienstraße (an Wochenenden und abends ist das Dreispizzareal geschlossen; dann muss der Umweg über Leimgrubenweg und Münchensteinerstraße nehmen) – Brüglingerstraße bis zum Fußballstadion – zwischen Sporthalle und Stadion durch die St. Jakob-Straße bis zur Birs ❺ – linksufrig die Birs entlang bis zur Mündung in den Rhein

Karten

Stadtplan Basel; Swisstopo 1:25 000
1047 Basel und 1067 Arlesheim

Einsteigen/Aussteigen

St. Chrischona (Bus 32), Inzlingen (Bus 35), Riehen Grenze (Tram 6), Zoll Hüningen (Tram 1, 11), Zoll Burgfelden (Tram 3), Allschwiler Weiher (Tram 8), Margarethenpark (Tram 2, Bus 36), Nähe Wasserturm (Bus 37); Dreispitz (Tram 10, 11, Bus 36, 37, 47)

Dreiländereck, Rheinuferweg Friedlingen

SEITENBLICKE

I bi dr Schorsch vom Haafebeggi 2

1 Die Anlage sprüht zwar optisch nicht gerade vor Charme, aber dennoch ist das Hafenbecken 2 des Hafens Basel Kleinhüningen – oder besser: s Haafebeggi 2 – in Basel so etwas wie eine Ikone. Der Schorsch hat diesen Wandel bewirkt; nur als Schorsch kennt man ihn, kaum als Georg Heinrich Klauser, jenen 1933 in Kleinbasel geborenen Arbeitersohn, der 1954 angefangen hat, mit andern Fasnächtlern Schnitzelbänke zu singen. 1984 begann er als Solist. Er schuf die Figur in schwarz-weißer Latzhose und grob gestricktem Wollpullover. Die Eingangszeile seiner bluesigen Vierzeiler war ebenso schlicht wie eingängig: *I bi dr Schorsch vom Haafebeggi 2*. 2006 hörte Schorsch auf, mit 73 Jahren und über 50 Schnitzelbank-Jahrgängen. Er wird eine der großen Basler Schnitzebankfiguren bleiben wie Perversarelin während des Zweiten Weltkriegs, wie später Doggder hc, s Stachelbeeri oder d Standpauke. Dr Schorsch war unverwechselbar in seiner scheinbaren Schlichtheit und absoluten Glaubwürdigkeit, seine Auftritte hatten nichts Geschniegeltes, seine Sprache war fadengerade und schnörkellos, er verzichtete auf das Kunst-Baseldytsch. Das war das Geheimnis seines Erfolgs: dass er die Figur des Schorsch nicht schuf, sondern dass er sie selber war; Georg Klausers Vater hatte an den Transportbändern des Hafenbeckens 2 gearbeitet, die Gegend ums Haafebeggi 2 waren die Spielplätze des kleinen Schorsch.

→ www.portofbasel.ch

Die Spuren des Theodor Herzl

2 Gemessen an der täglich präsenten Marke, die der österreichisch-ungarische Publizist Theodor Herzl auf die heutige politische Weltkarte gesetzt hat, sind die sichtbaren Spuren, die er in Basel hinterlassen hat, eher bescheiden. Herzl (1860–1904) gilt als Vordenker eines modernen Judenstaats, quasi als Erfinder des heutigen Israel. Zusammen mit weiteren Partnern organisiert er 1897 den ersten Zionistischen Weltkongress – im Stadtcasino in Basel. In jenem Jahr und auch während der folgenden vier Zionistenkongresse bis 1903 logierte er im Hotel Les Trois Rois, in »seinem« rheinseitigen Zimmer im ersten Stock. Eine Aufnahme aus dem Jahr 1901 zeigt ihn auf dem Balkon seines Zimmers, den Blick aufs Kleinbasler Ufer (oder ein weiter entferntes Ziel?) gerichtet. Die Fotografie ist weltweit in der jüdischen Gemeinde bestens bekannt, wie auch das Zimmer selbst, das immer wieder von Herzl-Touristen aufgesucht wird. Keine Überraschung, denn einer von Herzls Tagebucheinträgen lautet: »In Basel habe ich den Judenstaat gegründet.«

An einer weiteren Spur Herzls kommen wir auf unserer Kantonsumrundung vorbei. Eine der Querstraßen zwischen Burgfelder- und Hegenheimerstraße ist die Theodor-Herzl-Straße. Sie führt den Israelitischen Friedhof Basels entlang. Vor der Umbenennung im Jahr 1960 war sie Teil der Belforterstraße.

📖 Nagel 2007, Salvisberg 1999

Die legendäre Kunschti

3 Durchaus denkbar, dass sich Franz Hohler hier oben am Margarethenhügel zu seiner Erzählung *Die Rückeroberung* inspirieren ließ. Wir haben zwar keinen Adler landen sehen, haben auch nicht beobachtet, wie sich hier Fuchs und Hase Gute Nacht sagen, hätten uns aber auch nicht gewundert, wenn plötzlich ein Reh hinter einer der Buchen, Eichen, Ahorne von dreißig Zentimeter Stärke hervorgelugt hätte. Ein veritabler Wald ist mittlerweile über ein kleines Stück Basler, ja, Schweizer Sportgeschichte gewachsen, hier, ein paar Höhenmeter über den Eisfeldern der Basler Kunsteisbahn. Die »Kunschti« wurde im Jahr 1933 auf Binninger Boden erbaut, so nahe an der Kantonsgrenze, dass lange die Mär kursierte, das eine Tor des Eishockeyfelds stehe auf Baselstädter, das andere auf Landschäftler Boden. Ihren größten Moment erlebte die »Kunschti« am 5. März 1939. Da spielte die Schweiz im Rahmen der Weltmeisterschaft gegen die Tschechoslowakei um Platz 3 hinter Kanada und den USA; die Schweiz gewann mit 2:0 und wurde damit gleichzeitig Europameister. 16 000 Zuschauer sahen das Spiel, ein Rekord für das Schweizer Eishockey, der erst dreißig Jahre später gebrochen werden sollte. Die Holzbohlen der steilen Stehrampe, in die die Zuschauer damals ihre Begeisterung hineingetrampelt hatten, sind längst nicht mehr da, einzig die Betonstufen sind noch zu sehen, befingert von Moos und von Efeu. Weit unten, nahe beim vom Breitensport genutzten Eisfeld, kann eine hohe Bretterwand die totale »Rückeroberung« der Basler Kunschti durch die Natur bremsen.

SEITENBLICKE

Basels italienischer Süden

4 Dass wir auf unserer Kantonsumrundung auch an einem Stück Tessin vorbeikommen, ist doch einigermaßen überraschend. Tatsächlich begegnen wir auf dem Bruderholz den Airolo-, Arbedo-, Ascona-, Bellinzona-, Biasca-, Faido- und Giornicostraßen. Einige der in den 1920er-Jahren gebauten Straßen sind nach Orten an der Gotthard-Südstrecke benannt (wie im Bachlettenquartier einige nach Orten der Gotthard-Nordseite), andere Namen haben einen eher patriotischen Hintergrund: Bei Giornico schlugen eidgenössische Truppen im Jahr 1478 den Mailänder Herzog Sforza, und Airolo und Arbedo waren Standorte von Basler Truppen während der Grenzbesetzung im Ersten Weltkrieg. Wir kommen aber auch an einem Stück Norditalien vorbei, und da waren die Namengeber nicht eben besonders patriotisch, sondern, im Gegenteil, nicht ganz frei von Ironie. In Marignano wurden eidgenössische Truppen im Jahr 1515 von Franzosen schwer geschlagen und zum Rückzug gezwungen, einem heilsamen Rückzug, denn nach Marignano gaben die Eidgenossen ihre Expansionspolitik auf. Und zur Novarastraße schreibt André Salvisberg in *Die Basler Straßennamen*: »Die Erinnerung an den ›Verrat von Novara‹, ein höchst unehrenhaftes Kapitel der schweizerischen Militärgeschichte, stellt ein Kuriosum dar [...]. Die Stadt Novara ist sonst in keiner größeren Stadt der Deutschschweiz oder der Romandie verewigt.«

Salvisberg 1999

Die Fußballfieberkurve

(5) Die Baselbieter Gemeinde Muttenz, nur auf wenigen Metern angrenzend an Basel, ist bekannt für zwei sportliche Institutionen: eine Rennbahn und eine Kurve. Die Muttenzer Rennbahn ist ein Klotz aus Beton; sie beherbergt eine Sportklinik; hier werden verletzte Sportler gesund gepflegt. Die Muttenzer Kurve liegt auf Basler Boden und ist eine Gerade aus Beton; von hier aus werden gesunde Sportler gelegentlich (verbal) verletzt. Einige werden auch gerätschelt, bejubelt, belohnt, vereert – das gilt aber nur für die lokalen Halbgötter in Rot-Blau. Mannschaften hingegen, die gegen den FC Basel spielen, spielen auch gegen die Kurve.

Die Rufe, die aus der Kurve kommen, sind nicht immer überaus originell, der Witz ist eher derb als subtil. Und der Ruf, den die Kurve hatte, war auch nicht der allerbeste, vor allem, seit im Mai 2006 geschätzte 300 Zuschauer aufs Feld stürmten und Spieler des FC Zürich attackierten, nachdem der FCZ dem FCB in letzter Sekunde den Meistertitel weggeschnappt hatte. Wüste Bilder aus dem Stadion und von Krawallen außerhalb prägten den Begriff »Schande von Basel«. Seither aber ist sehr viel passiert. Der Verein hat vermehrt den Dialog mit den Fans gesucht; dazu hat ein sogenanntes Fanprojekt wichtige Arbeit geleistet mit dem Resultat, dass innerhalb des Stadions Gewalt und Rassismus kein Thema mehr sind. Und das schönste (unausgesprochene) Kompliment an die heutige Muttenzer Kurve: Die anderen Schweizer Spitzenvereine wünschten sich wohl, sie hätten auch so eine. Ein schönes Buch mit dem schönen Titel *Erfolg isch nid alles im Lääbe* beschreibt ein paar Jahrzehnte Basler Fan- und Kurvengeschichte.

FCB-Fanclub St. Jakob 2016

Domplatz Arlesheim

9 Im Vorort Arlesheim

Sein Dom, sein Garten, sein Bach

Politische Wirren und kirchenpolitische Auseinandersetzungen haben Arlesheim ein Bijou beschert. Der Natur verdankt der Ort ein zweites.

Freddy Widmer

Eine Wanderung mit einem Abstieg beginnen? Eher unangenehm und für Flachländer auch ungewöhnlich. Wir machen eine Ausnahme und steigen zu Beginn dieser Tour erst mal ab, hinab in die Migros-Filiale bei der Tramhaltestelle Arlesheim-Dorf, weil wir uns eine Exklusivität nicht entgehen lassen wollen: Es gibt wohl keinen zweiten Supermarkt, durch den ein Dorfbach fließt. Zwar plätschert er nicht, und wer es nicht weiß, geht unachtsam – nein, nicht an ihm vorbei, sondern unter ihm durch. Denn der Dorfbach fließt in einem an der Decke aufgehängten Kanal durch den Laden, zu erahnen durch den Schriftzug »Dorfbach« und durch stilisierte blaue Wellen. Der Architekt hätte das Wasser gern sichtbar gemacht, weil aber in jener Zeit noch zwei Häuser im hinteren Ortsteil nicht an die Kanalisation angeschlossen waren und ihr Abwasser noch direkt in den Dorfbach ging, wollte man der Kundschaft allfällige unangenehme Blicke ersparen.

Die Migros-Filiale steht dort, wo das Tramdepot der einstigen Birseckbahn gestanden hatte; sie wurde im August 1997 eröffnet, zuvor hatten die Baufachleute die heikle Aufgabe, mit dem Dorfbach umzugehen, der ihnen eigentlich im Weg war. Denn Arlesheim hatte seinen Dorf-

Dorfkern Arlesheim

Eingedohlter Dorfbach in der Migros Arlesheim

bach ums Jahr 1920 eingedohlt; die Maßnahme galt damals als Zeichen des Fortschritts; in einem Bericht aus dem Jahr 1915 hatte es nämlich geheißen: »Der Bach scheint heute mehr die Kehrichtgrube der Anstößer zu sein als etwas anderes. Kessel und defekte Haushaltungsartikel etc. liegen in Massen im Bach.« Ein kleiner Trost für den eher ernüchternden Anblick in der Migros: Wir werden dem richtigen Arlesheimer Bach schon noch begegnen.

Ehe wir weiter dem Wasser folgen, kommen wir an ein paar nennenswerten Häusern vorbei. Zunächst jenem an der Domstraße 3. Hier steht auf einer schlichten, gelegentlich von Efeu verhangenen Tafel, weshalb das Haus ein nicht ganz gewöhnliches ist: »In diesem Haus wurde 1838 geboren / und ist 1922 gestorben / Oberst Emil Frey / Bundesrat 1890–1897.« Emil Freys spannende Biografie beginnt damit, dass er ein alles andere als fleißiger, braver Schüler war. Als junger Mann lernte er in den USA das Farmerhandwerk kennen und nahm danach, aus strikter Ablehnung der Sklaverei, am Bürgerkrieg teil. Nach seiner Rückkehr in die Schweiz wurde er Politiker, Regierungsrat, danach Bundesrat. Bis heute ist er der einzige Bundesrat des Kantons Basel-Landschaft. Ein Kuriosum: Nicht Arlesheim, sondern Münchenstein widmete ihm eine Straße: In Münchenstein nämlich wurde Emil Frey getauft, von Münchenstein war er Bürger. Denn Emil Freys Vater, Emil Remigius Frey, hatte nicht Arlesheimer Bürger werden können – weil er nicht katholisch war.

Waldbruder-Klause, Ermitage Arlesheim

Das katholischste aller Arlesheimer Häuser, den Dom, haben wir schon beim Einbiegen in die Domstraße gesehen; es ist auch bei Weitem das berühmteste. Der Dom ist eines der bekanntesten Baudenkmäler der Nordwestschweiz; zusammen mit dem Domplatz und den vier Domherrenhäusern bildet er ein überaus reizvolles Ensemble; im August 2014 wurde dieses Ensemble schweizweit bekannt und bestaunt: Das Schweizer Fernsehen produzierte hier seine Sendung »Donnschtig-Jass«. Der Domplatz und seine Bauten passen heute bestens zum eher noblen Ort Arlesheim. Geht man aber zurück in die Zeit, in der das Gotteshaus erbaut wurde, ins Jahr 1681, muss man sich eher wundern: Wie kommt ein kleines Dorf mit Landwirten und Weinbauern zu einem derart repräsentativen Bau? Die Antwort ist: durch politische Wirren und kirchliche Auseinandersetzungen, in deren Verlauf die Bischöfe und das Domkapitel zu mehreren Ortswechseln gezwungen waren. So kam das Domkapitel letztlich im Jahr 1678 nach Arlesheim. Die Herren befanden die Dorfkirche aber als zu klein – und so kam Arlesheim zu seinem heutigen Wahrzeichen. Ende 1679 wurde mit den Vorarbeiten begonnen und bereits am 26. Oktober 1681 wurde der Dom eingeweiht. 1760 wurde die Kirche auf ihre heutige Größe verlängert und erhielt ihren heutigen Charakter. »Barocke Grundgestalt und später Rokokodekor vereinen sich zu einer festlich-eleganten Gesamterscheinung«, schreibt dazu der Historiker Hans-Rudolf Heyer in *Der Dom zu Arlesheim*.

Für den heutigen Zustand des Doms sind auch die Jahre 2009 bis 2015 von Bedeutung. Ab 2009 wurde der Bau außen, danach innen renoviert. Alois Schmidlin, als ehemaliger Schreinermeister prädestiniert für das Amt des Bauchefs im Kirchenrat, hat die Renovationen koordiniert und aus nächster Nähe begleitet. Den Dom hatte er schon als Ministrant in- und auswendig kennengelernt, in den Jahren der Renovation habe er sich quasi in das Bauwerk verliebt, und dennoch spricht er von der Kirche als einem Haus der vielen großen Sünden – der vielen Bausünden. Die erste bestand darin, dass die Arlesheimer Kirche allenfalls sprichwörtlich auf Fels gebaut ist, nicht aber im eigentlichen Sinne, ja nicht einmal auf ein taugliches Fundament. Gemäß Heyer sollen die beiden immerhin vierzig Meter hohen

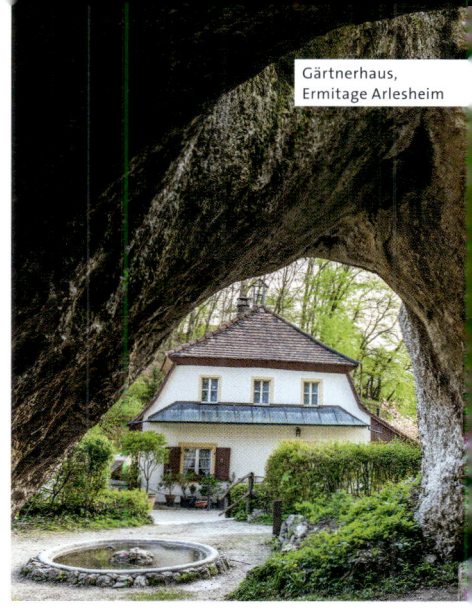

Gärtnerhaus, Ermitage Arlesheim

Türme in nur vierzehn Tagen errichtet worden sein. In ähnlich raschem, unsauberem Stil wurde wahrscheinlich auch die Erweiterung im Jahr 1760 ausgeführt. Für die Arbeit von Alois Schmidlin war auch nicht eben hilfreich, dass es vom Dom nie Detailpläne gegeben habe – jetzt gibt es sie.

»Möglichst korrekt und möglichst wenig« lautete das Motto der jüngsten Restauration. Alte Substanz wurde nicht angetastet, sie wurde vorwiegend gereinigt – im Gegensatz zur Restauration von 1981, als vieles schlicht überstrichen wurde. Als sehr aufwendig erwies sich die Restauration der großen Deckengemälde des Malers Josef Appiani (1706–1785); jenes über dem Kirchenschiff, die *Verherrlichung der Immaculata,* ist mit 140 Quadratmetern das größte zusammenhängende Deckengemälde der Schweiz. Eine frühere Sanierung der als Halbfresken geltenden Bilder mutet heute beinahe barbarisch an: Die Gemälde waren mit Schrauben und vier Zentimeter breiten Unterlagsscheiben an die darunterliegende Lattenkonstruktion geheftet worden. Ein wüstes Bild für Hunderte von Interessierten, die während der Renovation bei Führungen das Baugerüst bis unter die Decke besteigen und die Bilder aus nächster Nähe betrachten durften. Die Renovation hat rund 5,5 Millionen Franken gekostet, ein vergleichsweise bescheidener Preis für die Erhaltung dieses bedeutenden Baudenkmals, das im Übrigen auch bedeutender Konzertsaal ist: Die in weiten Teilen im Original erhaltene Silbermann-Orgel aus dem Jahr 1761 hat unter Freunden der Orgelmusik ein Renommee, das weit über die Region hinausgeht.

Das nächste Haus, das wir passieren, hat ebenfalls ein belebtes Innenleben, allerdings eines, das stark mit jenem des Doms kontrastiert. Der Bau linker Hand hinter der hohen Mauer an der Kirchgasse war nämlich bis Ende 2014 tatsächlich ein »Bau«: das Bezirksgefängnis. Hier hatte einst auch der landesweit bekannte »Ausbrecherkönig« Walter Stürm eingesessen; und auch hier hat er sich vorzeitig selbst »entlassen«. Danach ein weiterer sehenswerter Bau: die Scheune des Hofguts vom Andlauerhof, erbaut im Jahr 1822. Imposant daran ist vor allem ihr Walmdach und imposant war auch das Feuer, als dieses Dach in Flammen stand; 1989 waren wahrscheinlich ein paar Buben am Spielen mit Spielzeug, das sich zum Spielen ganz schlecht eignet.

Wenn man so will, beginnt im Andlauerhof eigentlich schon die Ermitage, denn hier wohnte einst die Erfinderin der Ermitage, Balbina von Andlau-Staal (1736–1798). Zusammen mit ihrem Cousin, dem Domherrn Heinrich von Ligerz (1739–1817), hat sie diesen englischen Garten erdacht, gestiftet und erbauen lassen. 1785 wurde die Ermitage eröffnet und in den folgenden Jahren erweitert. Aber bereits 1793 wurde

Mittlerer Weiher, Ermitage Arlesheim

sie von französischen Truppen weitgehend zerstört. Conrad von Andlau, der Sohn von Balbina, ließ den Garten 1810 wieder herstellen. 1997 hat die Stiftung Ermitage Arlesheim und Schloss Birseck die Anlage von der letzten Besitzerfamilie Iselin übernommen. Seit 1999 steht die Ermitage unter kantonalem Denkmal- und Naturschutz.

Nach dem Andlauerhof kommen wir an den Ort, den die Arlesheimer »Bachrechen« nennen. Einerseits ein trister Ort: »Weg mit dir«, sagte Arlesheim hier zu seinem Bach, der so munter von der Ermitage herkommt; unter den Boden musste er, war im Weg, behinderte Wohnungsbau, Verkehr und Gewerbe. Anderseits ist der Bachrechen auch ein faszinierender Ort; nirgendwo sonst ist das Dorf Arlesheim derart klar zu Ende wie hier. Andernorts franst es aus, fingern Wohnungsbau und Gewerbe ins Land hinaus. Hier stehen das Hofgut des Andlauerhofs und alte Wohnhäuser, fertig. Danach Landschaft, danach Grün. Aber wenig hatte gefehlt, und Arlesheim sähe hier ganz anders aus. Das Areal zwischen Bachrechen und Ermitage war in den frühen 1950er-Jahren als Standort für das zu bauende Schwimmbad in der Diskussion. Und die ganz, ganz Fortschrittlichen von damals hatten erwogen, an der Ermitage vorbei eine Straße nach Liestal zu ziehen. Wer sich dagegen wehrte, war damals ein Hinterwäldler – und gut so, dass es die gab. Unter anderen hatte sich die Familie Iselin, die damaligen Ermitage-Besitzer, dafür eingesetzt, dass das Land hinter dem Bachrechen nicht als Bauland verscherbelt wurde.

Die Ermitage also. Sie ist einer der ersten und einer der größten Landschaftsgärten der Schweiz. Die Erbauer profitierten davon, dass die Natur in diesem Tälchen mit seiner Enge, seinen Felsen und seinem Wasser schon einige Elemente zur Verfügung stellte. Und diesen schönen »Voraussetzungen« wandern wir erst einmal nach, bestaunen das schöne Dach des Gärtnerhauses, lassen einen großen Teil der Ermitage zunächst links liegen, wandern an den Weihern vorbei hinauf zum Restaurant Schönmatt, einem bei Basler Stadtwanderern beliebten Ziel, auch wenn sie es ähnlich oft auf Rädern erreichen wie auf Sohlen. Beim (etwas anderen) Abstieg Richtung Ermitage kommen wir am Bauernhof Renggersmatt vorbei, von den Arlesheimern »Schüürli« genannt – und bestaunen ein weiteres Mal ein schönes Walmdach.

Der geografische Höhepunkt der Ermitage ist Schloss Birseck. Für die Erneuerer der Ermitage zu Beginn des 19. Jahrhunderts stand dieser Bau gerade richtig. Zu den Elementen einer solchen englischen Gartenanlage hatte einst nämlich auch das Installieren einer Ruine gehört; dieser Ruinenturm aber war von den französischen Soldaten zerstört worden, bei der Erneuerung dann wurde die real existierende, echte Ruine

Schloss Birseck

mit in die Anlage einbezogen. Von Mai bis Oktober kann die restaurierte Burg am Mittwoch und Sonntag besichtigt werden. Lohnend sind sowohl die Blicke nach innen, etwa auf die grandiosen, erneuerten Illusionsmalereien im sogenannten Rittersaal, als auch die Blicke nach außen, etwa über das Birseck hinweg ins Elsass.

Der geeignetste Weg, die sinnigste Art, die Ermitage zu besichtigen? Höhlen, Treppen, Klausen, Plätze, Denkmäler, Aussichtspunkte, Weiher, Häuser in einer bestimmten Reihenfolge abwandern? Wir empfehlen: Am besten sich gehen lassen, hierhin, dorthin, aufwärts, abwärts und wieder zurück mit dem »Risiko«, an einer Stelle zwei-, dreimal vorbeizukommen. Die Wege am Schlosshügel suggerieren zwar Weite, tatsächlich ist man aber nur auf kurzen Strecken unterwegs. Verwirrend, anregend und beruhigend zugleich ist der Spazier- und Gedankengang durch die Ermitage – mit 75 000 Bovis-Einheiten aber auch hoch vibrierend, wie die Geobiologin und Politikerin Blanche Merz (1919–2002) in ihrem Buch *Orte der Kraft in der Schweiz* schreibt: »Beim Temple Rustique verweile man in Stille. Jeder kann für sich ausprobieren, was er fühlt, was schon nach einigen Minuten vor sich geht. Da die Aufladung sehr stark sein kann, sollte man dort nicht zu lange verweilen oder beim ersten Anzeichen von Schwindel weggehen.«

Wir verlassen die Ermitage ohne Schwindel, aber mit vielen anderen Gefühlen, durchmessen danach das Dorf Arlesheim ein zweites Mal, stellen fest, dass hier, im Dorfkern, irgendetwas anders ist als in anderen benachbarten Gemeinden, kommen noch einmal an der Migros vorbei – und wenig später an einem für Arlesheim wichtigen Bauwerk. Nicht ein üppiger Sakralbau, nicht eine alte Burg, nicht ein gestalteter Landschaftsgarten, nicht imposante Dächer, nein, dieses letzte wichtige Bauwerk ist eine durch und durch prosaische Straße: die Birseckstraße. Für sich gesehen wahrlich kein Bijou und auch nicht ganz ungefährlich, insbesondere für Kinder auf ihrem Weg ins Schwimmbad oder in die Sportanlagen. Aber entscheidend dafür, dass Arlesheims Dorfkern einen anderen Charakter hat als die Zentren etwa von Reinach oder Münchenstein: Die Birseckstraße hat dem Dorfkern den Durchgangsverkehr erspart. Heute profitieren die Läden, die Boutiquen und die Cafés im Dorfkern davon dass die Blechlawine weit weg ist und der Dorfkern zu einer angenehm ruhigen Begegnungszone geworden ist.

Kurz nach der Birseckstraße wird der Arlesheimer Dorfbach wieder lebendig. Seit 1971 schießt das Wasser dort aus einem Kanal und macht aus dem Bachtelengraben wieder ein Stück Natur, wenig unterhalb jenes Hangs, der für Arlesheim im 20. Jahrhundert viele Jahre lang die offizielle Mülldeponie war – zu einer Zeit, als noch niemand wusste, wie man »Sondermüll« oder »Mülltrennung« schreibt. Vor Bahngeleise und Straße muss das Wasser noch einmal in ein Korsett aus Beton; ältere »Arleser« erinnern sich gut daran, dass ihre Eltern ihnen untersagt hatten, an dieser Stelle zu spielen. Vor der Zeit der Kläranlagen war dieser kurze Bachabschnitt nämlich als »Schissibächli« bekannt. Der eher unappetitliche Begriff erklärte sich von selbst, und manchmal verriet die Farbe der Brühe sogar, wenn im Dorf oben geschlachtet worden war.

◌ Säulizunft, Heyer, Merz
→ www.rkk-arlesheim.ch
www.ermitage-arlesheim.ch

KABARETTIST UND »KOMMUNIST«, SCHAUSPIELER UND NATIONALRAT

Die richtigen »Eingeborenen« von Arlesheim verstehen sich nicht als Arlesheimer, sie sind »Arleser« und leben »z Arlese«. Alfred Rasser (1907–1977) war Basler; er zog im Jahr 1958 nach Arlesheim und wohnte mit seiner zweiten Ehefrau Ninette Rossellat und den gemeinsamen Kindern Dominik, Sabina und Brigitte während vier Jahren an der Hangstraße 41, hoch über dem Dorf. Auch wenn Alfred Rasser kein »Arleser« war, so war er doch einer der berühmtesten Einwohner, die Arlesheim je hatte; er war einer der populärsten Schweizer Kabarettisten und Schauspieler und dazu, nicht überraschend für einen Kabarettisten, ein politisch denkender (und polarisierender) Mensch, der später tatsächlich auch Politiker wurde. 1967 und 1971 wurde er als Kandidat des LdU (Landesring der Unabhängigen) in den Nationalrat gewählt. Als junger Mann allerdings war Rasser lange auf der Suche. Er war zunächst Spediteur, wurde bald arbeitslos, versuchte sich als Autor, züchtete Hühner, besuchte eine Schauspielschule, gründete eine Theatergruppe, führte ein Malergeschäft, bis er schließlich seine Berufung fand. Mitte der Dreißigerjahre hatte Rasser erste Erfolge auf Bühne und Leinwand; er begann den Theophil Läppli zu spielen, eine antimilitaristische, satirische Figur, eine schweizerische Variante von Jaroslav Haseks *Bravem Soldaten Schwejk*. Rasser war danach kaum mehr Rasser, sondern vielmehr Läppli. HD Läppli, Demokrat Läppli, Läppli am Zoll, schließlich Zivilverteidiger Läppli als bissige Antwort aufs schweizerische Zivilverteidigungsbuch.

Ein wichtiges Ereignis in Rassers Biografie ist der Prozess gegen die beiden Italiener Nicola Sacco und Bartolomeo Vanzetti, zwei Anhänger der Arbeiterbewegung, die in die USA eingewandert waren und dort 1927 wegen angeblichen Raubmords hingerichtet wurden; das Unrecht in diesem fragwürdigen Prozess hat den zwanzigjährigen Rasser aufgewühlt, hat ihn politisiert. Als Alfred Rasser 1954 die Einladung zu einer Chinareise annahm, unter anderem zusammen mit dem Basler Maler Max Kämpf, war seine Künstlerkarriere bedroht. Er wurde boykottiert, und seine Töchter berichten davon, dass sie in Arlesheim als »Kommunisten-Meitli« beschimpft wurden, mit denen zu spielen den anderen Kindern verboten war. Nach und nach kam Rasser beruflich wieder auf die Beine – und auf die Bühne, natürlich auch auf jene des familieneigenen Fauteuil-Theaters am Spalenberg. Hier hatte er im Herbst 1976 im Musical »Offenbach am Spalebärg« seine letzten Auftritte.

Von den Kindern Alfred Rassers zogs einzig Brigitte als Gründungsmitglied und Groß-

Alfred Rasser alias Läppli

rätin der POCH (Progressive Organisationen Schweiz) für kurze Zeit in die Politik, im Wesentlichen aber blieben die Rassers Kulturtäter; Dominik wurde Maler und Zeichner, Sabina wurde Schauspielerin, Kabarettistin, Autorin, Regisseurin und danach Yogalehrerin, Brigitte wurde Heilpädagogin, trat aber auch als Schauspielerin auf. Und Roland Rasser, Alfreds Sohn aus erster Ehe mit Adele Schnell, gehört zu den Schweizer Kleintheater-Pionieren; er spricht von einem »Grümpelkeller«, den die Familie am Spalenberg 12 habe ausbauen können zum Theater Fauteuil. Im November 1957 wurde es eröffnet; später kamen mit dem Tabourettli eine zweite Bühne und mit dem Kaisersaal weitere Räumlichkeiten dazu, sodass das Kleintheater nicht lange ein Kleinbetrieb blieb. Heute leiten Roland Rassers Kinder Caroline und Claude, »Läpplis« Enkelkinder also, das Haus mit großem Engagement und Erfolg.

Im Juli 1977 übrigens, fünfzig Jahre nach der Hinrichtung, wurden Sacco und Vanzetti vom Gouverneur von Massachusetts begnadigt. Einen Monat später, am 18. August, starb Alfred Rasser im Alter von siebzig Jahren; er wurde auf dem Friedhof Hörnli bestattet. Der Grabstein existiert noch; Peter Galler, der Kurator des Hörnli-Museums, platzierte ihn im sogenannten Ehrenhof hinter dem Kapellenhaus (mehr über Peter Galler auf Seite 91).

📖 Rueb 1975
→ www.fauteuil.ch

Schönmatt

Renggersmatt

ROUTE 9

Ausgangspunkt
Arlesheim Dorf (Tram 10)

Endpunkt
Elektra Birseck Münchenstein (Tram 10)

Zeit
3 h 30 bis 4 h

Unterwegs

Schießstand Gobenmatt – bei Schießbetrieb ist der Weg am Schießstand vorbei nicht begehbar, es wird aber eine Umgehung ausgeschildert

Direktverkauf auf dem Hofgut des Andlauerhofs und dem Biohof Ränggersmatt

Restaurant Schönmatt, mit Kinderverkehrsgarten: www.restaurant-schoenmatt.ch

Schöne Obstgärten auf dem Plateau rund ums Restaurant Schönmatt

Schloss Birseck, von Mai bis Oktober am Mittwoch und am Sonntag von 14 bis 17 Uhr geöffnet

Diverse Restaurants in Arlesheim, etwa Domstübli, Rössli, Ochsen

Trotte, Haus für Kultur und Begegnung: www.trotte-arlesheim.ch

Schwimmbad Arlesheim: www.badi-info.ch > Arlesheim

Curlinghalle Arlesheim: www.curling-basel.ch

Routen-Telegramm

Arlesheim – Schönmatt: Arlesheim Postplatz – Mattenhofweg – Dornachweg – Domstraße – Domplatz ❶ – Kirchgasse – Obere Gasse – Ermitageestraße – vorbei am Bachrechen – den Bach entlang in die Ermitage – unter dem Aquädukt durch – Naturweg zum Weiher – links oder rechts am mittleren Weiher vorbei – nach dem (etwas verborgenen) dritten Weiher auf dem Teersträßchen zum Schießstand Gobenmatt – Weggabelung Eichmatt – Restaurant Schönmatt

Schönmatt – Münchenstein: Schönmatt – zurück bis zur Weggabelung Eichmatt – dem Wegweiser »Ränggersmatt« folgen oder auf der Schönmattstraße zum Biohof Ränggersmatt – Teerstraße abwärts zum Schloss Birseck – Ermitage – Ermitagestraße – Arlesheim Dorf ❷, – Mattweg – Weidenhofweg – Birseckstraße queren ❸ – General-Guisan-Straße – nach etwa 250 m links hinab ins Wäldchen des Bachtelegrabens – unter Bahn und Straße hindurch bis zur Birs ❹ – nach rechts in den Birsuferweg ❺ – beim ersten Steg die Birs queren und linksufrig weiter – kurz vor der Eisenbahnbrücke rechts über den Steg – Tramhaltestelle Elektra Birseck Münchenstein

Varianten

Nur der Spaziergang durch die Ermitage und hinauf zum Schloss Birseck. Der Weg um den großen Weiher ist rollstuhl- und kinderwagengängig; die meisten Wege am Schlosshügel sind es allerdings nicht

Karten

Swisstopo 1 : 25 000
1067 Arlesheim

Seitenblicke

❶ Die heilige Miss Arlesheim
❷ Von der Schutthalde zum Rebberg
❸ Ein Bad fürs Leben
❹ Schrauben und Kunst
❺ Mein erster Ball

Dreiröhrenbrunnen, Ermitage Arlesheim

SEITENBLICKE

Die heilige Miss Arlesheim

① Die berühmteste Arlesheimerin steht als Statue im Dom und hat einen Migrationshintergrund. Sie ist eingewandert aus dem Elsass, für die Nordwestschweiz nichts Außergewöhnliches. Wobei: In puncto »eingewandert« besteht schon mal die erste Unsicherheit – eine von vielen, die sich um Odilia, Odilie oder Ottilia ranken. In Arlesheim weiß man, wer gemeint ist, schließlich ist sie die Patronin des Orts, so etwas wie die heilige Miss Arlesheim. Sie soll der Legende nach ums Jahr 660 geboren worden sein, blind leider, weshalb sie von ihrem Vater verstoßen wurde. Im Alter von zwölf Jahren wurde Odilia getauft und dabei auf wundersame Weise von ihrer Blindheit erlöst. Auf einer ihrer Fluchten versteckte sie sich in einer Höhle – eine der Ermitagehöhlen in Arlesheim? Odilia wurde später Äbtissin im Kloster Hohenburg, das seinerseits Besitztümer in Arlesheim gehabt haben soll. Daher wohl die Verbindung. Dass diese Verbindung noch immer eng ist, ist das Verdienst der vier Geschwister Häner, die in den 1930er-Jahren die Ottilienstiftung gründeten. Wie sich Ottilie für Sehbehinderte, Schwache, Benachteiligte einsetzte, so tut die Stiftung dies bis heute.

Nicht nur die Biografie der leibhaftigen Odilia weist Unklarheiten auf. Auch die Odilia aus Lindenholz könnte einiges erzählen, wenn sie nur könnte. Wer hat sie erschaffen? Und wo? War sie von Anfang an hier oder wurde sie auch aus dem Elsass hierhergebracht? Gesichert scheint, dass sie in der alten Arlesheimer Dorfkirche, eben der Odilienkirche, gestanden hatte, die 1816 abgebrochen wurde; wann sie in den vornehmeren Dom übersiedeln durfte, ist nicht überliefert. Der Kunsthistoriker und Denkmalpfleger E. A. Stückelberger hat die Statue im Jahr 1906 in der Krypta des Doms gefunden und sie – eine Maßnahme der Vorsicht? – als Leihgabe im Historischen Museum Basel deponiert. 1945 kam sie auf Veranlassung des damaligen Pfarrers Erwin Ludwig in den Dom, in eine der Seitenkapellen. 2014 wurde Odilia fachmännisch restauriert und kann nun in alter Schönheit ihren Dienst als Ortspatronin ungestört weiter tun.

📖 Heimatkunde Baselland (Arlesheim), Sütterlin
→ www.rkk-arlesheim/ottilienstiftung

Von der Schutthalde zum Rebberg

Ob die Geschichte stimmt? In Arlesheim soll sich einige Zeit ein Italiener aufgehalten haben, der später dunkle Weltgeschichte schrieb. Der Name des Gastarbeiters: Benito Mussolini. Er soll einer jener Mineure gewesen sein, die hoch über dem Dorf im Steinbruch arbeiteten. In einer Zeit, da die Bewohner aus ihren Holzhäusern in angenehmere und vornehmere Häuser aus Stein umzogen, war das Material sehr gefragt. Dass die hässliche Wunde im steilen Hang längst geheilt ist, ist einem Mann zu danken, den man damals vielleicht einen »Spinnsiech« nannte, der aber nichts anderes tat, als geradewegs seinen Weg zu gehen, wie es Visionären eigen ist: Adolf Heller (1882–1966) begann 1929 mit seiner Familie, die Schutthalde des Steinbruchs in einen Rebberg umzuwandeln. Enorme Mengen an Gestein mussten bewegt und Humus herangekarrt werden, um eine optimale Hangausrichtung und Sonneneinstrahlung zu erreichen. Ein heftiges Unwetter zerstörte Teile der Anlage; die Familie Heller rettete aber ihre Idee, indem sie 1950 den Hang zu terrassieren begann. 81-jährig verkaufte Adolf Heller sein Lebenswerk an die Gemeinde; diese liess den Rebberg in den 1970er-Jahren sanieren und modernisieren. Heute gehören rund 150 Aren, also etwa zwei Drittel des Rebbergs, immer noch der Gemeinde, der Rest der Erbengemeinschaft Leuthardt; Thomas Löliger (Quergut) ist Pächter des Gemeinderebbergs und bewirtschaftet diesen nach den Richtlinien von Bio-Suisse; die restlichen Flächen werden durch Sascha Simmendinger und die Domaine Nussbaumer bewirtschaftet. Sie alle sorgen mit ihren Produkten dafür, dass Idee und Werk eines ganz besonderen Arlesheimers weiterleben.

→ www.quergut.ch

SEITENBLICKE

Ein Bad fürs Leben

3 Ein denkwürdiges Traktandum der Arleser Gemeindeversammlung: Im August 1952 sagte die »Gmeini« Ja zu 945 000 Franken für den Bau eines Schwimmbads (im Herbst 2000 sagte sie Ja zu sechs Millionen für die Erneuerung desselben). Bereits am 16. August 1953 wurde das Schwimmbad eingeweiht, zwei Jahre vor dem Basler St. Jakobsbad. Eine zukunftsweisende Anlage, die sich dauerhafter regionaler Beliebtheit erfreut. Das Geheimnis des Erfolgs? Sicher Hanns Beyelers Entwurf mit dem eleganten halbrunden Kabinentrakt, sicher die schöne Anlage und die prominente Lage auf dieser Geländeterrasse mit Blick auf die nahen Hügel. Die Arleser selbst lieben das Bad nicht zuletzt als Integrationsfaktor. Erste Schwimmzüge glücken hier, lange Freundschaften werden hier geschlossen und gepflegt, aus manchem Pärchen wurde hier ein Paar. Ein Bad fürs Leben sozusagen.

📖 Heimatkunde Baselland (Arlesheim)
→ www.badi-info.ch

Schrauben und Kunst

4 Reinhold Würth, Jahrgang 1935, hat sich im wahrsten Sinne des Wortes hochgeschraubt. Sein Vater hatte nach dem Zweiten Weltkrieg in Baden-Württemberg eine Schraubenhandlung gegründet und arbeitete für umliegende Handwerksbetriebe. Nach dem frühen Tod des Vaters übernahm Reinhold den Kleinbetrieb. Heute ist Reinhold Würths Unternehmen mit 67 000 Mitarbeitenden in achtzig Ländern tätig. Ähnlich schnell wandelte sich die Landschaft der Arlesheimer Birsebene; wo in den 1950er-Jahren noch Bauern tätig waren und Getreide wuchs, liegt heute eine dichte Industrie- und Gewerbezone. Einer der prominentesten Betriebe ist eine Niederlassung von Würth. Das Unternehmen beschäftigt in Arlesheim nicht nur rund 125 Angestellte, es »beschäftigt« auch die Kunstfreunde der Region. Reinhold Würth und seine Frau Carmen haben sich im Laufe der Jahrzehnte eine Kunstsammlung zugelegt, die mit rund 16 000 Objekten zu den bedeutendsten Privatsammlungen gehört. Und einige Prozente dieser Sammlung sind seit 2003 in wechselnden Ausstellungen im Forum Würth in Arlesheim zu sehen, zum Nulltarif. Werke von Max Ernst, Baselitz, Nolde, Christo, Hundertwasser waren schon da, auch eine Ausstellung zur Orgelbauerfamilie Silbermann. Zur Sammlung Würth gehören auch Werke von

Künstlern mit intellektueller Behinderung, für die Ausstellung »Kunst von besonderen Menschen« arbeitete das Forum 2013 mit dem Bürgerspital Basel zusammen und präsentierte Arbeiten von fünfzehn Künstlern der dortigen Kreativwerkstatt.

→ www.forum-wuerth.ch/arlesheim

Mein erster Ball

❺ Der Blick aus der Birsebene ostwärts hinauf Richtung Burg Reichenstein, dieser Blick erinnert mich an den Tag, an dem meine kriminelle Laufbahn begann – und hoffentlich auch sofort wieder endete. Jenseits der Bahngleise baut sich ein kurzer, steiler und mit Wald und Gestrüpp dicht bewachsener Hang auf. Dort wurde ich zum Täter. Denn gleich oberhalb dieses Hangs lag einst der Fußballplatz des FC Arlesheim. Da war ich als Knirps ebenso regelmäßig wie inoffiziell als Ballbub im Einsatz, wenn eine Mannschaft des FCA spielte; kam ja oft vor, dass einer der Amateure den Ball über die Seitenlinie hinaus in eben diesen Dschungel hinabdrosch. So auch in diesem Moment. Es muss ein Sekundeneinfall gewesen sein; ich verspreche, mein Schelmenstück war nicht geplant; ich stieg also in den Hang, fand den Ball, trug ihn aber noch ein Stückchen weiter ins Gestrüpp hinab, legte ihn unter einen Busch, versicherte mich, dass ich den Ort wieder finden würde, keuchte zurück und zuckte entschuldigend mit den Achseln: »Nid gfunde.«

Der Ball und ich mussten uns noch ein paar Tage gedulden. Hätte ja auffallen können, kurz nach dem Spiel. Als ich den Ball ein zweites Mal »fand«, war ich ziemlich stolz auf meine Trouvaille. Mein erster richtiger Ball, aus Leder, mit Ventil! Aber neben dem großen Stolz war da auch noch die kleine Spur eines anderen Gefühls … Die Tat ist verjährt; der FC Arlesheim weiß nichts davon und würde den Verlust sicher verschmerzen können. Vielleicht wäre er gar froh, er hätte auf dem Platz ein paar Spieler, die zum Ball ein derart inniges Verhältnis haben und mit ihm so pfiffig umgehen können. Und die Tat, auch das sei gern gestanden, bindet mich noch ein wenig stärker an jenen Ort, an dem ich aufgewachsen bin.

Park im Grünen

10 Dalbedych

Ort der Bewegung, Ort der Begegnung

Vom Kraftwerk an der Birs in eine historische Industriezone am Rhein – was sich nach Lärm und Technik anhört, ist tatsächlich eine Wanderung durch viel Natur und Kultur.

Freddy Widmer

Begegnet sind sie sich nie; dafür ist er zu spät zur Welt gekommen, nämlich Anfang August 1981, bzw. sie ist viel zu früh zu Besuch gewesen, nämlich Anfang Mai 1980. Die erfundene »Begegnung« ist etwas gesucht, aber immerhin haben sie sich beide zu einem Zeitpunkt ihres Lebens hier bei Brüglingen aufgehalten. Der Roger, der spätere King of Tennis, hat hier einen Teil seiner Kindheit verbracht, und die Elizabeth, die langjährige Queen, war mal hier zu Besuch. Berührungspünktlein ohne Berührung.

Sicher hätte die Queen eine Begegnung mit dem smarten Roger einer Begegnung mit den Hooligans vorgezogen, aber auch diese Hooligans waren zu einem ganz, ganz anderen Zeitpunkt hier in der Brüglinger Ebene tätig; später mehr davon. So bliebs bei einem durch und durch gesitteten Ablauf; der Besuch der Queen in der Brüglinger Ebene verlief so, wie er verlaufen musste, streng nach Protokoll. Das Jahr ihres Schweizer Staatsbesuchs können die Bewohner der Region, wenigstens jene mit einigermaßen frühem Jahrgang, locker dahersagen. Denn es war das Jahr der Grün 80, der 2. Schweizer Ausstellung für Garten- und Landschaftsbau. Im Rahmen des Staatsbesuchs machte sie ihren Abstecher nach Basel und Münchenstein zur G 80. Hier bekam sie einen 35 Zentimeter kleinen Bonsai geschenkt, hier pflanzte sie unter Mithilfe von fünf Gärtnern eine 6,5 Meter große Blutbuche, hier protestierten zwei Männer gegen die Anwesenheit der britischen Armee in Irland, dann waren die drei Stunden auch fast schon wieder vorbei. Und ohne

Arzneipflanzengarten, Brüglingen

Merian Gärten

der Queen nahetreten zu wollen – die grüne Ausstellung war letztlich nachhaltiger als der blaublütige Besuch.

Die lokalen Medien haben selbstverständlich ausführlich und respektvoll berichtet. Ein erster wesentlicher Bericht über Geschehnisse in Brüglingen stammt aus der Mitte des 12. Jahrhunderts; das Kloster St. Alban war dabei, sein Quartier zu entwickeln, und leitete zu diesem Zweck bei St. Jakob Birswasser in einen Kanal, der Wasserkraft ins St. Alban-Tal und die dort angesiedelten Betriebe in Schwung brachte, Hammerschmieden, Stampfen, Schleifen und natürlich Kornmühlen, der Beginn der Industrialisierung. Ein weiterer verbürgter Termin ist der 26. August 1424; da spielte sich in der Brüglinger Ebene, genauer bei St. Jakob, eine einigermaßen unfaire Angelegenheit ab: 30 000 Armagnaken auf der einen, 1500 Eidgenossen auf der andern Seite. Die Eidgenossen attackierten übermütig und bekamen, wenig überraschend, tüchtig aufs Dach Als heldenhaft wird das Ein- und Angreifen der Eidgenossen teils noch bis heute verklärt; der Basler Historiker Peter Habicht sieht die militärisch wenig zwingende Aktion der Eidgenossen etwas nüchterner und bezeichnet die 1500 Raufbolde als die »ersten Hooligans von St. Jakob«.

Schließlich das Jahr 1624: Da wurde der Beginn des Kanals verlegt, von St. Jakob hinauf zum heutigen kleinen Wasserkraftwerk am Münchensteiner Wuhr, wo wir unsere Tour beginnen und mehr oder weniger dem Verlauf des Kanals folgen bis zur Teilung in zwei Arme und die Mündung in den Rhein. Man kann unterwegs erahnen, wie die Wasserkraft eben dieses St. Alban-Tal hier geprägt hat. 1823 war wohl so etwas wie das Boomjahr Für zwölf Mühlwerke drehten sich hier 33 Räder.

Café Merian

Heute bedient das Kanalwasser zunächst die Freizeit – es speist die beiden im Rahmen der Grün 80 angelegten Seelein, auf denen kleinere und größere Buben ihre Modellschifflein ziehen lassen und wo an guten Tagen die Menschen flanieren. Die Seelein gehören zu den jüngeren Attraktionen der Brüglinger Ebene. Dass diese Ebene heute in ihrer Weite und Ruhe so daliegen kann, ist den Maßnahmen zu verdanken, die die Birs in ihr Bett gebracht haben. Vater Christoph Merian-Hoffmann erwarb 1811 das Landgut Brüglingen. Mag sein, dass dies für den Großkaufmann Merian ein Spekulationskauf war, aber schon 1824 bekam der Kauf seinen etwas anderen Sinn: Der Vater schenke seinem Sohn Christoph Merian-Burckhardt das Anwesen zur Hochzeit, und weil dieser großes Gefallen an der Landwirtschaft hatte, waren Gut und Land bei ihm und seiner Frau Margarethe in besten Händen.

Die Brüglinger Ebene ist einer der eigenartigsten Orte der Region. Wir meinen »eigenartig« im durch und durch positiven Sinne. Sie ist ein großes Bijou und gleichzeitig ein kleines Wunder. Wunder deshalb, weil sie zwar umzingelt ist von Infrastruktur, dabei aber weder von verschmutzender Industrie noch von neuzeitlicher Bauspekulation verdorben wurde. Autobahnzubringer, Fußballstadion, Leichtathletikstadion, Einkaufszentrum, Schwimmbad, Tennisclub, Vorortslinien, ein Tramdepot und oben die große Gewerbezone des Dreispitzareals: Hektik und Geschäftigkeit, Tempo und Bewegung rundherum.

Mitten in dieser Ebene liegt, auffällig in der Architektur und doch einigermaßen diskret, der sogenannte Nachwuchs-Campus des FC Basel. Der Campus ist im Wesentlichen die Hinterlassenschaft von Gisela »Gigi« Oeri, die den FC Basel von 2006 bis 2012 präsidiert hat. Sie hat die »Stiftung Nachwuchs-Campus Basel« 2010 gegründet und damit die 2013 eröffnete Anlage ermöglicht. Den Campus entworfen und verwirklicht haben der Basler Architekt Luca Selva und sein Team. Selvas Auftrag hatte zunächst darin bestanden, die Ausbildung der Fußballtalente aus zuvor infrastrukturell bescheidenem auf ein international konkurrenzfähiges Niveau zu heben – und dies unter gleichzeitiger Auflage, den Charakter dieser Landschaft nicht zu stören und die Grundwasserschutzzone zu respektieren. Die Handschrift des Fußball-affinen Architektenteams zeigt sich auch im Detail. So hat der trichterförmige Eingang zum Campusgebäude nicht ganz zufällig die Maße 7,32 × 2,44 Meter.

Von einem Ort der Bewegung zu einem Ort der Begegnung. Wir passieren die Fußballschule auf dem Teerweg, lassen die hübschen Seelein links liegen und sind nach ein paar Schritten in einer Umgebung, die uns ein weiteres Mal verblüfft. Wir sind auf den weichen Wegen des Rhododendrontals zwar geografisch noch am Rand, emotional aber doch schon mittendrin in den Merian Gärten, vielen noch immer unter dem alten Namen Botanischer Garten Brüglingen ein Begriff. Die Merian Gärten sind eine botanische Oase am Hang zwischen Dreispitz und Birsebene. Hier können sich Menschen begegnen auf Wegen, die jeweils den passenden Belag haben, mal Asphalt, mal Mergel, mal Holzschnitzel, mal Gras, mal Pflastersteine mit dieser besonderen Trittvegetation; auf Wegen mit kurzen Sichtachsen, sodass man nie das Gefühl hat, einer von vielen Besuchern zu sein. Hier kann der Mensch der Stille begegnen – wenngleich etwas nachgeholfen werden musste: In Richtung der Brüglingerstraße etwa fällt ein Hügelzug auf, aber nichts verrät, dass der Bauschutt des alten Stadttheaters die Basis dieses Lärmschutzwalls bildet.

Unmöglich, die ideale Jahreszeit für einen Besuch der Merian Gärten zu benennen. Vom 1. Juli bis zum 30. Juni? Oder vom 1. Januar bis zum 31. Dezember? Oder zwischen Frühlingsanfang und Winterende? Richtig, es gibt sie nicht, die richtige Jahreszeit; und schon gar nicht gibt es eine falsche. Die Merian Gärten haben immer ihren Reiz, auch im Winter, wenn der Garten vorwiegend ruht und bloß Spuren im Schnee vierbeinige, beutegreifende Bewohner verraten. Wer seine Sinne flanieren lassen kann, wird an 365 Tagen im Jahr etwas sehen, das ihn staunen lässt. Und sollte dabei nicht vergessen, wie viel einfühlende Arbeit von den Fachleuten dafür geleistet worden ist. Die Merian Gärten wollen weder Nationalpark noch Ziergarten sein, sondern bekennen sich zur Fusion aus vorhandener Natur und kultivierter Natur, versetzt mit Skulpturen wie dem *Kopf* von Markus Raetz, dem *Singular* von Enzo Gucci oder der *Silberdistel* von René Küng und bestückt mit Bauten der großen Basler Architekten Melchior Berri und Johann Jakob Stehlin aus der Mitte des 19. Jahrhunderts. Die Villa am Teich ist etwas älter; sie wurde 1711 von Alexander Löffel als barockes Schlösschen erstellt und 1857 zur Villa Merian umgebaut. 1978 wurde hier das Café Merian installiert. Ein Ort, an dem sich gut verweilen lässt – bis es einen wieder hinauszieht an den Teichuferweg oder zur Iris-Sammlung, die einst von der Gräfin von Zeppelin gestiftet wurde. Sie umfasst rund 2000 Arten, davon 150 Wildarten, und es ist kaum übertrieben zu sagen, dass Christian Loosli, der Fachmann, der die Sammlung betreut, sie alle beim Namen kennt. Oder es zieht einen zum Götterbaum und zur Säulenpappel, zu den Efeu oder den Fuchsia, zu den Pfingstrosen und den Clematis. Auch die lokale Fauna ist gut vertreten, vom Eichhörnchen über die Stockente bis zum Grünfüßigen Teichhuhn, und wer nur genügend Geduld und etwas Glück hat, dem können sich auch schon mal Dachs oder Fuchs zeigen.

St. Alban (Dalbeloch)

Möglich, dass man den Spaziergang nicht fortsetzt, weil man hier hängen geblieben ist, denn diese Warnung muss sein: Die Merian Gärten können süchtig machen. Eine Warnung auch an jene, die den Weg den Dych entlang fortsetzen: Hier wächst einiges, das sich nicht als Teeaufguss eignet, denn wer etwa den Schierling erwischt, riskiert, dieses Buch nicht zu Ende lesen zu können. Und schließlich stellt das Queren der Straßenkreuzung beim Stadion eine weitere Gefahr für den Stadtwanderer dar.

Am Ende der Weidengasse, beim Zusammentreffen von Stadtmauer und Dych-Gabelung, sind wir im Dalbeloch. Hier werfen wir vom Brücklein aus zunächst einen Blick zwischen Pfefferhof und Schindelhof dychabwärts, und wer da eine Sekunde lang an Venedig denkt, liegt gar nicht so falsch. Der Schindelhof übrigens erinnert an einen weiteren ehemaligen Industriezweig im St. Alban-Tal: Aus dem Jura wurden Baumstämme herangeflößt und hier bis ins späte 17. Jahrhundert zu Schindeln, Rebstöcken und hölzernen Wasserleitungen verarbeitet. Kurz darauf begegnen wir einem Mann von imposanter Statur, aber offensichtlich ist er nicht allerbester Gesundheit; man hat ihm dazu ein Punktiergerät verpasst, links und rechts oberhalb seiner Taille klafft je ein Loch. Wir kennen den imposanten Mann aus weichem Sandstein nur unter seinem Vornamen: Petrus. Der Ort, an dem der steinerne Petrus wieder hergerichtet wird, ehe er zurück an die Nordwestecke des Münsters darf, ist die Münsterbauhütte im Haus St. Alban-Tal 43. Sie wird geleitet vom Hüttenmeister Ramon Keller und beschäftigt derzeit drei Steinmetzgesellen, einen Lehrling, einen Bildhauer und eine Restauratorin. Ihrer aller Aufgabe ist es, das Basler Münster instand zu halten – eine Arbeit, die nie ausgeht. Witterung und Luftverschmutzung haben dem Originalsandstein aus dem Wiesental seit je zugesetzt. Der Sandstein, der als Ersatz an defekten oder unansehnlich gewordenen Teilen eingesetzt wird, muss hohe Anforderungen erfüllen: Farbe und geologische Zusammensetzung müssen stimmen und er muss gut zu bearbeiten sein, mit Meißel und Knüpfel, mit Lufthammer und Saug-

St. Alban-Teich

rüssel, mit Zirkel und Punktierkreuz, mit Fäustel und Spitzeisen, mit den Werkzeugen eben, die für dieses schöne Kunsthandwerk typisch sind und zum Teil in der hütteneigenen »Schmitti« hergestellt werden. Faszinierend ist nicht nur die Arbeit, die die sieben Fachleute hier tun, eine Besonderheit ist auch das Haus selbst. Der lang gestreckte Bau wurde ums Jahr 1800 als Anbau der Rychmühle (St. Alban-Tal Nr. 41) errichtet und diente der Endverarbeitung und Trocknung, also dem »hencken« von Papier; er gilt als das älteste noch erhaltene Industriegebäude Basels. Die Idee, zusammen mit der Christoph Merian Stiftung hier eine Münsterbauhütte zu errichten, hat den Bau gerettet; er wurde 1984/85 saniert, umgebaut und ein Jahr später von den Steinmetzen bezogen.

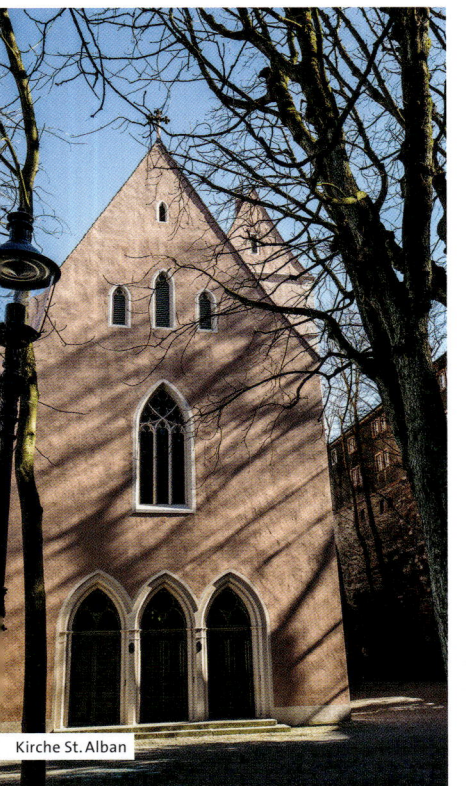

Kirche St. Alban

Die Münsterbauhütte ist nur eines von vielen spannenden Häusern im Dalbeloch, die Industriegeschichte in sich tragen. Wir empfehlen deshalb, sich bei einem Spaziergang durchs Dalbeloch dem Büchlein *St. Alban-Tal in Basel* der Kunsthistorikerinnen Esther Baur und Anne Nagel anzuvertrauen, Schritt für Schritt und von Haus zu Haus.

Die neuere Architektur dagegen hatte es in diesem Umfeld nicht immer leicht, mittlerweile aber scheinen die modernen Bauten selbstverständliche und willkommene Elemente des Dalbeloch zu sein, etwa die einst als »Schuhschachteln« beschimpften Wohnhäuser von Diener & Diener (St. Alban-Rheinweg 94/96), das Atriumhaus von Urs Gramelsbacher (St. Alban-Tal 38a) und die Atelierzeilen von Michael Alder (St. Alban-Tal 40a). Wie gut Gestern und Heute in allernächster Nachbarschaft miteinander bestehen können, zeigen diese zwei Beispiele; Melchior Berris sarasinsche Bandfabrik von 1851 dient seit 1980 als Jugendherberge; Buchner Bründler AG haben hier 2011 den Erweiterungsbau aus Glas und Holz angeschlossen. Und für das Museum für Gegenwartskunst haben die Architekten Wilfrid und Katharina Steib den neuen Gebäudetrakt und wiederverwendete alte Industriearchitektur

Museum für Gegenwartskunst

gekonnt fusioniert. Das Museum wurde 1980 eröffnet und noch im selben Jahr vom Kanton mit der Auszeichnung für gutes Bauen gewürdigt. Zu Beginn der Achtzigerjahre hatte ein Protestler im Dalbeloch noch den Slogan »Welche Bausau baute diesen Saubau?« hingesprayt. Er ist mittlerweile sogar in der Erinnerung am Verblassen.

Baur/Nagel 2009, Degen/Maeder 2011, Merian Park 2005,
Heimatkunde Münchenstein 1995

→ www.meriangaerter.ch
www.nachwuchs-campus-basel.ch

ROUTE 10

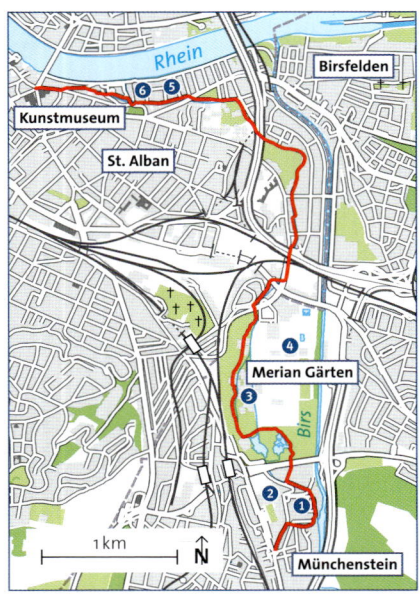

Ausgangspunkt
Münchenstein Zollweiden (Tram 10)

Endpunkt
Kunstmuseum Basel (Tram 2, 15)

Zeit
1 h 45 reine Gehzeit

Wer sich die Merian Gärten und das St. Alban-Quartier mit seinen Museen eingehend ansehen will, kann auf dieser kurzen Route ohne Weiteres einen Tag verbringen

Unterwegs

Park im Grünen u. a. mit der Skulptur *Amboss* von Bernhard Luginbühl

Café Merian, täglich geöffnet: www.café-merian.ch

Historisches Wirtshaus St. Jakob, Mo abends und So geschlossen: www.stjakob.ch

Restaurant Papiermühle: www.papiermuehle.ch

Jugendherberge: www.youthhostel.ch

Münsterbauhütte: www.baslermuenster.ch

Museum für Gegenwartskunst und Kunstmuseum: www.kunstmuseumbasel.ch

Cartoonmuseum: www.cartoonmuseum.ch

Routen-Telegramm

Münchenstein Zollweiden – Merian Gärten: via Hardstraße und Wasserhausweg zum Stauwehr – nach links in den schmalen Grienweg – zwischen Siedlung Wasserhaus ❶, ❷ und Dych hindurch – hinab zur Holzbrücke – nach links in den Teichweg – vor dem Läckerlihaus nach rechts zum Park im Grünen ❸ – nach links am FCB-Campus vorbei – Dalbedych – Mühleteich – rechts in die Merian Gärten (Eingang Neuewelt) – Rundgang durch die Merian Gärten

Café Merian – St. Alban-Tal: Merian Gärten beim Eingang St. Jakob ❹ verlassen – vor der Brücke auf dem linken Ufer des Dych weiter – am ehemaligen Pumpwerk vorbei zur Kreuzung St. Jakobstraße/Gellertstraße – auf dem Trottoir beim Stadion zum Fußgängertunnel – jenseits der Bahngleise rechtsufrig den Dych entlang den Wegweisern folgen (oder auf dem ersten Steg über den Dych in den Schwarzpark, durch die Kastanienallee, und auf dem nächsten Steg den Schwarzpark wieder verlassen) – rechtsufrig weiter bis zur Zürcherstraße – Kirche Don Bosco – der Weidengasse folgen bis zur Stadtmauer und zur Teilung des Dychs – Rundgang durchs St. Alban-Tal ❺, ❻ – St. Alban-Rheinweg – Mühlenberg – Kunstmuseum

Hinweis

Auf dem Abschnitt zwischen der Holzbrücke Neuewelt und dem Reiterstadion Schänzli, beim sogenannten »Vogelhölzli«, wird die Birs bis voraussichtlich 2019 auf einer Länge von 750 m revitalisiert; möglich, dass die Führung der Wege hier leicht verändert wird

Karten

Swisstopo 1 : 25 000
1067 Arlesheim und 1047 Basel; Stadtplan Basel

Seitenblicke

① Seichtes rund ums Wasserhaus
② Münchenstein und der Zivildienst
③ Sonderlinge und Raritäten
④ Das heitere Dörflein
⑤ Durch und durch schöpferisch
⑥ Der Umzug des Sternen

Münsterbauhütte

St. Alban (Dalbeloch)

SEITENBLICKE

Seichtes rund ums Wasserhaus

1 Nur gut, dass sich Hans B. Bernoulli (1876–1959) und Wilhelm E. Brodtbeck (1873–1957) nicht anhören mussten, was da ablief, rund neunzig Jahre nachdem sie ihr Projekt auf der linken Birsseite, wenig unterhalb des Münchensteiner Wuhrs, vollendet hatten. Die 1920 errichtete Siedlung Wasserhaus war ein Gegenentwurf zu den urbanen Wohnblocks. Sie gilt bis heute als beispielhaft für angenehmes Wohnen und wurde ins Inventar der schützenswerten Ortsbilder der Schweiz aufgenommen (ISOS). Nun wollte es der Zufall, dass in der Siedlung Wasserhaus eine Zeit lang auch eine Familie wohnte, deren 1981 geborener Sohn sich ganz normal in den Straßen herumtrieb, im nahen Schulhaus ganz normal zur Schule ging, dann aber ein eher abnormales sportliches Talent entwickelte, ab 2003 einer der berühmtesten Menschen der Schweiz wenn nicht gar der ganzen Welt werden sollte. 2009 hatten deshalb einige Wasserhaus-Bewohner die Idee, eine bisher namenlose Allee der Siedlung nach ebendiesem früheren Bewohner »Roger Federer-Allee« zu nennen. Das mit 186 Unterschriften besiegelte Anliegen ging an den Münchensteiner Gemeinderat – und der lehnte ab (mit den verschiedensten Begründungen, die einem auch erst mal einfallen müssen). Was dem Nein folgte, war ein währschafter Sturm im seichten Wasserglas; die Homepage des Tennisclubs Old Boys drohte zusammenzubrechen, Tageszeitungen ereiferten sich, Blogger kommentierten und geiferten. Allen Äußerungen war nur etwas gemein: ihr Niveau hat nicht im Entferntesten das des früheren Bewohners und der beiden Erfinder der Siedlung erreicht.

📖 Heimatkunde Baselland (Münchenstein) 1995
→ www.baselland.ch/muench_siedlung

Münchenstein und der Zivildienst

2 Das schönste Stück Münchensteiner Politik beginnt Ende der 1950er-Jahre — in Pratteln. Dort hat ein Sekundarlehrer aus Gewissensgründen den Militärdienst verweigert und wurde, wie in der damaligen Schweiz üblich, mit Haft bestraft. Obwohl »Achtundsechzig« nicht weit weg war, stieß das konsequente, mutige Verhalten des Lehrers in Gesellschaft und Politik auf wenig Verständnis. Die Ausnahme: Ein Teil des Lehrerkollegiums am Gymnasium Münchenstein sympathisierte mit dem Prattler »Täter« und erwog zunächst, an den Regierungsrat zu gelangen. Daraus erwuchs schließlich eine Initiative, die die Einführung eines Zivildiensts für die Schweiz vorschlug. Chemielehrer Lorenz Häfliger präsidierte das Initiativkomitee, Rektor Hans Hafen und weitere Lehrer engagierten sich, bis 1972 die geforderte Anzahl Unterschriften eingereicht wurde. Nach langer Verzögerungstaktik des Bundesrats kam die Initiative 1977 an die Urne. Sie wurde, wenig überraschend, verworfen; immerhin sechs und ein halber Kanton sowie 534 000 Stimmende (37,6 Prozent) sagten Ja zur Münchensteiner Initiative.

Bis es endlich die Schweizer »Zivis« geben durfte, sollten noch einige Jahre vergehen. Erst seit 1992 sieht die Verfassung anstelle von Militär- einen zivilen Ersatzdienst vor. Das entsprechende Gesetz wurde im Oktober 1995 beschlossen, ein Jahr später trat es in Kraft. Und niemand weiß, um wie viele Jahre »Münchenstein« diesen langen, mühsamen Weg abgekürzt hat.

Gymnasium Münchenstein 2014

Sonderlinge und Raritäten

3 Der Halblange Schmitz ist ebenso wenig ein despektierlicher Übername wie der Erfurter Zwerg; Purple Beauty und Struwwelpeter werden nie ein Traumpaar. Osterfee und Rotes Teufelchen liegen nicht im Widerstreit; die Rote Melde ist nicht die Kandidatin einer Linkspartei und der Blaue Schwede ist kein Mallorca-Tourist; der Klappertopf schließlich hat keinen Inhalt und der Irish Poet hat noch nie eine Zeile geschrieben. Allesamt sind die hier versammelten »Sonderlinge«, besser gesagt: »Raritäten«, alte pflanzliche Spezies, haben sozusagen Asyl gefunden auf dem Brüglingerhof in den Merian Gärten, werden hier gehegt, gepflegt, gesät, erforscht und vermehrt.

Die Stiftung Pro Specie Rara, die sich der Erhaltung dieser Raritäten verschrieben hat, hat in den Merian Gärten seit 2012 ihren Hauptsitz; sie wurde 1982 gegründet, ist eine nicht profitorientierte Stiftung, die sich für die genetische Vielfalt von Pflanzen und Tieren und ebenso für die freie Verfügbarkeit des Saatguts einsetzt. Ihr Feld ist weit größer, als es ihre Felder in Brüglingen vermuten lassen: Sie engagiert sich mittlerweile für 1600 Garten- und Ackerpflanzen, 400 Beerensorten, 2300 Obstsorten, 29 Nutztierrassen und mehrere Hundert Zierpflanzensorten. Und sie hat eine ebenso engagierte Anhängerschaft; rare Beeren, Gemüse, Zierpflanzen und Tiere werden von rund 3000 sympathisierenden und mitarbeitenden Privatpersonen und Institutionen betreut und gezüchtet.

→ www.prospecierara.ch

SEITENBLICKE

Das heitere Dörflein

4 In der Regel geht es einigermaßen ernsthaft zu auf den Sportanlagen St. Jakob. Oft ist Dabeisein nicht alles, sondern Gewinnen das Einzige. Im Herbst jeden Jahres aber bringt eine Zauberbude Heiterkeit und Farbe in die Brüglingerebene. Jeweils von Mitte September bis Mitte November gastiert das Dörflein des »Broadway-Varieté« im hinteren Teil des St. Jakob-Gartenbad-Areals; Basel ist sozusagen das finale Heimspiel der hier gegründeten und hier domizilierten Truppe, nachdem sie ihre Schweizer Tournee im Mai in Bern begonnen und über Zug, Kriens und Zürich fortgesetzt hat. Das Broadway erfindet sich immer wieder neu, jedes Jahr tingelt es mit einer neuen thematischen Show aus virtuoser Artistik, unverfrorener Komik und poetischer Musik durchs Land. Zum Spektakel gehört ein Dreigangmenü, nicht hergekarrt vom Caterer, sondern frisch zubereitet in der Broadway-eigenen Küche und leichtfüßig serviert von den Artisten persönlich. Für ein paar Tausend Baslerinnen und Basler ein herbstlicher Pflichttermin; so sehr Pflicht, dass sich das Reservieren empfiehlt.

→ www.broadway-variete.ch

Durch und durch schöpferisch

5 Mit Kindern in ein Museum? Nicht in jedem Fall eine gute Idee. Aber hier schon. Man sollte ihnen nur nicht als Erstes davon berichten, dass der Bau im St. Alban-Tal 37 ein historischer Zeuge der frühen Industrialisierung ist, dass hier im 13. Jahrhundert eine Getreidemühle gestanden hat, dass das Haus heute Gallizian-Mühle heißt, weil es der Piemonteser Antonio Gallizian im Jahr 1453 zu einer Papiermühle umbaute, und dass hier bis 1924 Papier hergestellt wurde. Man sollte Kinder hier vor allem gehen und machen lassen.

Wie so manches im Dalbeloch wurde auch dieses Haus Ende der 1970er-Jahre im Auftrag der Christoph Merian Stiftung saniert. 1980 eröffnete darin das Schweizerische Museum für Papier, Schrift und Druck; seit 1983 bietet es als geschützte Werkstatt Arbeitsplätze für Menschen mit Behinderungen. Alte, teils ausgestorbene Berufe werden noch an originalen Maschinen praktiziert, um so das handwerkliche Wissen zu erhalten. Für Kinder sieht das so aus: den Fachleuten über die Schulter blicken und an den Lippen kleben und dann selber Papier schöpfen, Buchstaben gießen, die Druckerpresse bedienen, schreiben mit Federkiel und Tinte und das eigene Papier selber bedrucken.

Sollten Sie als Eltern genug gesehen haben: Im Restaurant Papiermühle gleich vis-à-vis, in der Stegreifmühle, können Sie sich trefflich verpflegen und warten, bis Ihre Kinder von den unerschöpflichen Versuchungen ihrer schöpferischen Tätigkeiten losgelassen werden.

📖 Baur/Nagel 2009
→ www.papiermuseum.ch
   www.papiermühle.ch

Der Umzug des Sternen

Zwar steht sie erst seit 1975 am St. Alban-Rheinweg 70, dennoch gilt die Gaststätte als älteste Basels und als eine der ältesten in der Schweiz. Die Erklärung ist eine einfache: Der Goldene Sternen hatte zuvor, vermutlich seit 1403, an anderer Stelle gestanden, in der Aeschenvorstadt 44, er wurde aber 1965 für die Verbreiterung der Straße abgebrochen. Vor dem Abbruch hatte die Denkmalpflege hochwertige Balkendecken und Wandmalereien ausgemacht; so wurde das Haus sorgsam zurückgebaut, die verwertbaren Elemente zwischengelagert bis zum Wiederaufbau 1973–75. Die Kunsthistorikerinnen und Denkmalpflegerinnen Esther Baur und Anne Nagel bewerten aber den »Versuch der Rekonstruktion und des Wiederaufbaus eines Baudenkmals an einem fremden Ort« rückblickend als gescheitert«. Das heutige Gebäude sei ein Neubau in Betonkonstruktion mit spätgotischen Fassadenelementen, in den originale Bau- und Ausstattungsteile als Versatzstücke integriert worden seien. Vorgängerin des Sternen war übrigens ein 1861 erbautes Wohnhaus, in das 1877 die Wirtschaft Letzistube integriert wurde. Im 15. und 16. Jahrhundert wurden die an dieser Stelle stehenden Häuser ganz quartierüblich von Schindlern, Müllern und Papiermachern bewohnt.

 Baur/Nagel 2009
→ www.sternen-basel.ch

Birsigtunnel

11 Vom Leimental zur Birsigmündung

Im Schüttelbecher der Geschichte

Von einem historisch bewegten Grenzgebiet zum ältesten Zoo der Schweiz und hinab in Basels düstersten Flussabschnitt.

Freddy Widmer

Wir geben den Versuch auf, noch ehe wir ihn ernsthaft wagen: den Versuch zu erklären, weshalb die Grenzen im hinteren Leimental, wenige Kilometer südwestlich von Basel, so irrwitzig verlaufen. Fahren wir etwa die kurze Strecke vom basellandschaftlichen Biel-Benken ins basellandschaftliche Burg, queren wir ein Stück des Kantons Solothurn und viermal eine Landesgrenze – im Minutentakt. Die französische Gemeinde Neuwiller ist zu rund neunzig Prozent von der Schweiz umzingelt, die schweizerische Gemeinde Rodersdorf ebenfalls zu etwa neunzig Prozent von Frankreich. Sonderbar vor allem, wie der vielteilige Kanton Solothurn nach Frankreich und ins Baselbiet hineinfingert; sonderbar auch, wie die Grenze den »Bänggespitz« bildet. Aber wiederum auch gut erklärbar, wenn man sich vergegenwärtigt, wer hier im Verlauf der Geschichte seine Finger im Spiel gehabt hat. Wer und was in ungefährer Reihenfolge an der Geschichte dieses kleinen Raumes mitgeschüttelt und mitgerüttelt hat: die keltischen Rauracher, die Römer, die Alemannen, die Franken und mit ihnen die Christen, die Elsassgrafen, das Königreich Hochburgund, der Schwabenkrieg, die Stadt Basel, Stadt- und Landadel, Eheschließungen von hierhin nach dorthin, das Fürstbistum Basel, die Habsburger und die Solothurner und die Eidgenossenschaft, Klerus und Adel, Bauern und Bürgertum, die Reformation, die zusätzlich zu den politischen Grenzen auch noch neue konfessionelle schuf, der Dreißigjährige Krieg, Raubzüge und Flüchtlingselend, die französische Revolution, die napoleonischen Kriege, der Wiener Kongress, Grenzzölle und Binnenzölle, die Basler Kantonstrennung, der Krieg von 1870/71 und immer wieder das Flüchtlingselend, der Erste Weltkrieg und schließlich der Zweite.

Wir geben rasch auch die Idee auf, dem Flüsslein zu folgen, das dieses Tal nach Basel hin durchzieht. Schon der Versuch, sich an die Quelle des Birsig zu begeben, kann nur scheitern; er hat nämlich nicht eine Quelle, sondern mindestens

Bahnhof Leymen 1969 ...

... und 2015

Ruine Landskron

zwei. Zudem sind sein heutiges Aussehen und sein heutiger Verlauf nicht so attraktiv, dass man ihm auf vielen seiner 21 Kilometer folgen müsste, wie wir das mit großem Vergnügen bei der Birs tun (Tour 7). Und »Flüsschen« ist auch nicht in jedem Fall korrekt, denn der Birsig konnte und kann, wie es im Dialekt hieße, ganz schön »haimlifaiss« sein. Davon zeugen am Rathaus die historischen Hochwassermarken von 1529 und 1530 (mehr dazu Seite 72, Frage 25). Und auch in jüngster Zeit hat man das wieder realisiert; derzeit werden weitere Maßnahmen zum Hochwasserschutz ergriffen. Der Fluss hat die Stadt Basel im Übrigen viel stärker geprägt, als man heute vermuten möchte; in seiner stärksten Phase soll er weit mächtiger als der Rhein gewesen sein. Die Vergangenheit des Birsig ist also viel spannender als seine Gegenwart. Bersih, Birsech, Birsek, Birseckh, Birsec, Birsich oder auch Birsicus und Byrseca sind Schreibweisen, auf die wir in der Literatur gestoßen sind. In der Stadt selbst hat er nicht mal mehr eine sichtbare Gegenwart: Stück für Stück wurde der Fluss überwölbt, mit Plätzen und Straßen zugedeckelt, zunächst bereits im 13. Jahrhundert aus praktischen Gründen – um den Fischmarkt zu schaffen –, zuletzt vor allem aus gesundheits- und verkehrspolitischen Überlegungen.

Wir beginnen die Tour an einem überaus charmanten kleinen Bahnhof, jenem von Leymen. Er liegt an Europas längster internationaler Tramlinie, der Linie 10/17 der heutigen BLT. Sie hat rund 40 Haltestellen, ist 26 Kilometer und gute 60 Minuten lang und ist das Resultat der Zusammenlegung der ehemaligen Vorortslinien Birseckbahn und Birsigthalbahn; SO, BL, BS, BL und wieder SO sind die Kantone, die sie

Biel-Benken, Blick nach Flüh, Leymen, zur Landskron

zwischen Dornach und Rodersdorf berührt, und sie macht den Ort Leymen zu einem der vom öV besterschlossenen Orte des Elsass. Überhaupt war und ist die Birsigthalbahn, deren erstes Teilstück 1887 in Betrieb ging, eine bewegende Bahn; sie hat die Region belebt, hat Arbeit und Leben ins Tal gebracht und Arbeiter von hier in die Stadt, sie hat wohl auch dazu beigetragen, dass man mehr und mehr vom Birsigtal zu sprechen begann und immer weniger vom Leimental. Die Bahn hat auch emotional bewegt; so sind mehrfach die Anwohner und Nutzer der BTB in den Fahrstreik getreten, als ihnen Tariferhöhungen nicht gerechtfertigt erschienen.

Topografisch teilt sich unsere Wanderung auf in zunächst einen stotzigen Aufstieg zur Ruine Landskron, ein beschauliches Flanieren über Egg, jenen lang gezogenen Rücken zwischen Flüh und Biel-Benken, einen weiteren Aufstieg zum sanften Hügelzug zwischen Oberwil und Neuwiller, wo Flurnamen wie Birlibänz, Chuestelli oder Meierhegli zu weiterer Vertiefung locken könnten, schließlich ein weiteres beschauliches Flanieren in Richtung Zoologischer Garten.

Der Zolli ist dann eine eindrückliche Erinnerung an die schlechte alte Zeit, die der Birsig der Stadt beschert hatte. Der Zoo ist nämlich Teil des Grüngürtels, den die Stadt nach Mitte des 19. Jahrhunderts anzulegen begann. 1855 plagte eine Choleraepidemie die Stadt, zehn Jahre später starben viertausend Einwohner an Typhus. Der Birsig als offener Entsorgungskanal für Anwohner und deren Toiletten, für Handwerks-

und Schlachtbetriebe war da einer der Mitschuldigen. Der Basler Historiker Peter Habicht schreibt dazu: »Der Bericht des Cholera-Komitees von 1855 ist nichts für schwache Nerven. Bei der Lektüre hat man zuweilen das Gefühl, man könne den Gestank aus den Latrinen und Abfallgruben förmlich riechen. Nicht selten befanden sich Dohlen in unmittelbarer Nähe zu Brunnen, von denen Menschen ihr Trinkwasser bezogen. Im Sommer führte der offene Birsigfluss kaum Wasser und verwandelte sich in eine stinkende Kloake.« Mit dem Abbruch mittelalterlicher Mauern verschaffte sich die Stadt mehr Luft und mehr Licht, indem sie die Mauergräben nicht bebaute, sondern zu Grünanlagen umgestaltete, wie sie etwa zwischen Aeschenplatz und St. Albantor noch erhalten ist. Als Teil dieses Grüngürtels ist auch der im Jahr 1874 eröffnete Zoo zu verstehen. Der Zoo brachte allerdings nicht nur Licht in die Stadt, sondern schrieb, aus heutiger Sicht, auch ein eher düsteres Kapitel: Er stellte zwischen 1879 und 1935 neben den Tieren auch Menschen aus; diese Schauen hat der Zoo Basel nicht selbst organisiert, sondern übernahm sie in der Regel vom Hamburger Tierhändler Carl Hagenbeck. Im Basler Zoo fanden über zwanzig solcher Völkerschauen statt, unter anderem mit Menschen aus Ägypten, Australien, Sudan, Kamerun, Sibirien oder dem damaligen Ceylon. Der Historiker Balthasar Staehelin hat das Kapitel in seinem Buch *Völkerschauen im Zoologischen Garten Basel, 1879–1935* aufgearbeitet. Staehelin war auf einige Quellen gestoßen, die auf eine »überwiegend verächtliche Haltung des Publikums gegenüber den Ausgestellten schließen ließen«; er folgert, dass die fragwürdigen Seiten dieser Vergnügungsindustrie insgesamt nur ungenügend beleuchtet wurden, und plädiert für eine

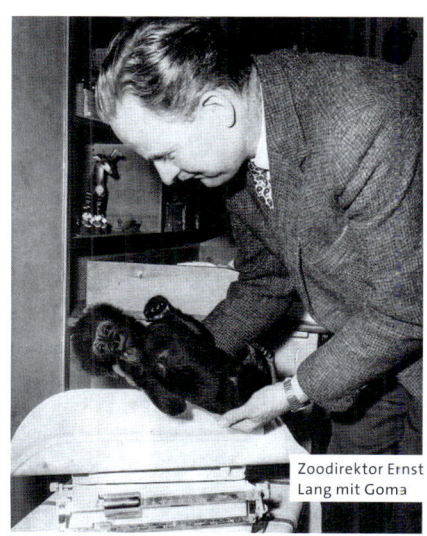

Zoodirektor Ernst Lang mit Goma

weitere Aufarbeitung durch Historiker. Die letzte dieser Völkerschauen fand im Sommer 1935 statt und präsentierte 65 Männer, Frauen und Kinder aus Marokko.

Für die heitere Seite des Basler Zolli steht seine berühmteste Bewohnerin; sie ist quasi eine Einheimische, ein im Zolli geborenes Tier also. Am 23. September 1959 kam das Gorillababy Goma hier zur Welt. Goma ist eine mittlerweile betagte Dame mit großer Nachkommenschaft. Sie war weltweit erst das zweite in einem Zoo geborene Gorillakind, das erste in Europa, und wurde in der Familie des damaligen Zoodirektors Ernst Lang großgezogen. Und weil Goma denselben Jahrgang hat wie die seinerzeit neu vom Ringierverlag gegründete Boulevardzeitung *Blick,* ließ sich der Schnitzelbangg »Giftnuudle« für die Fasnacht 1960 diesen Vers einfallen:

Das Äffli doo im Stubewage
Syg bsunders gscheyt so heert me sage
Vom Doggter Lang griegts Unterricht
In Religion und Schwizer Gschicht
Speeter wird mit däm Charakter
dä Aff bym Blick denn Chefredaggter.

Nach dem Zoo passieren wir, endlich ganz nah am Birsig, zunächst eine Baustelle nach der andern. Das schummrige und ungemütliche Nachtigallenwäldeli wird zu einer Parkanlage ausgebaut, der Birsig-Hochwasserschutz soll verbessert werden, das Kulturhaus Kuppel wird durch einen Neubau ersetzt, und wenn es nach den Vorstellungen des Zoos geht, wird an der Heuwaage ein spektakuläres Projekt verwirklicht: ein rund hundert Millionen teures Ozeanium. Im Frühjahr 2015 wurden dafür schon mal dreißig Millionen zugesagt und kurz danach weitere zehn – von, für Basel nicht ganz untypisch, einem anonymen Spender.

Das letzte kurze Teilstück bis zur Mündung des Birsig in den Rhein schaffen wir nicht in einem Anlauf, wir müssen zwei Wege nehmen, einen ober- und einen unterirdischen Weg. Der oberirdische ist ein innerstädtischer, er führt an Straßennamen vorbei, die an die Zeit erinnern, in der der Birsig vor allem der Entsorgungskanal war, an dem sich die Handwerker niedergelassen hatten. So kommen wir an Gerbergasse, Sattelgasse, Hutgasse und Schneidergasse vorbei. Auch der Schweinemarkt hatte sich in Birsignähe befunden, er fand am Ort des heutigen Barfüßerplatzes statt. Selten hört man anstelle von »Barfi« noch das Wort »Seibi« – »Sei« ist das alte Basler Dialektwort für Säue. Ob das die Fasnächtler der »Seibi-Clique« noch wissen? Nicht einer Berufsgattung verdankt die

Falknerstraße ihren Namen, sondern dem Regierungsrat Rudolf Falkner (1827–1898); er hatte als Vorsteher des Baudepartements maßgeblich zur Sanierung und restlosen Eintunnelung des Birsig beigetragen.

Für den zweiten, unterirdischen Birsig-Weg müssen wir uns bei der Agentur »ideenreich« anmelden; sie nimmt uns mit auf eine anderthalbstündige Führung durch 1,2 Kilometer baslerischer Unterwelt, eben den Birsigtunnel. Eindrücklich, wie weit oben sich da gelegentlich Zweige verfangen haben und von vergangenen Hochwassern zeugen, eindrücklich die Dia-Schau unterwegs, eindrücklich die vielen historischen Mauern und Gewölbe, verwunderlich die spaghettiartigen Stalaktiten beim Marktplatz, verwunderlich, dass ein kleiner Tunnel aus dem Rathaus hierher in den Birsigtunnel führt. Bei der Mündung in den Rhein schließlich endet der Tunnelgang – und es beginnt ein Gedankengang: Er pendelt zwischen der nicht eben reizvollen Vorstellung davon, wie es damals war, und der Vorstellung, wie es heute sein könnte, wenn man zumindest einen Teil des Birsig wieder ins oberirdische Stadtleben integrieren könnte. Die Maßnahmen an den Ufern von Rhein und Birs zeigen ja, wie gern die Basler ihr fließendes Wasser haben, wenn es nur sauber und lebendig genug ist.

 Golder (Birsig) 1995, Habicht 2008, Jeanmaire 1969, Obrecht 1987, Salvisberg 1999, VV Leimental 2011

Birsig zwischen Zoo und Dorenbachviadukt

Leymen–Biel-Benken–Zoo–Schifflände | **187**

ROUTE 11

Ausgangspunkt
Leymen (Tram 10)

Endpunkt
Schifflände Basel (Tram 6, 8, 11, 14, 16; Bus 31, 34, 38; Klingentalfähre, drei Gehminuten rheinabwärts; Basler Personenschifffahrt)

Zeit
3 h 30 bis zum Zoo

0 h 20 vom Zoo-Haupteingang oberirdisch bis zur Birsigmündung bei der Schifflände

Unterwegs
Restaurant Martin in Flüh:
www.restaurant-martin.ch

Restaurant Heyer in Biel-Benken: Tel. 061 721 34 98

Restaurant Zihlmann in Biel-Benken:
www.wirtschaftzihlmann.ch

Vegetarisches Restaurant Tibits: www.tibits.ch

Spielzeug Welten Museum:
www.spielzeug-welten-museum-basel.ch

Historisches Museum Basel: www.hmb.ch

Basler Rathaus

Fischmarktbrunnen:
www.brunnenfuehrer.ch > Fischmarkt

Hotel Trois Rois: www.lestroisrois.com

Weitere Websites
www.probirsigthalbahn.ch

www.pro-landskron.eu

www.zoobasel.ch

www.bpg.ch

Routen-Telegramm
Leymen – Biel-Benken: Tramhaltestelle Leymen – wenige Meter auf der D23 Richtung Flüh – bei der Ortstafel nach rechts zum Wald (kein Wegweiser) – nach wenigen Metern im Wald den Weg nach links aufwärts zum Château Landskron ❶, ❷ – hinter der kleinen Turmruine auf der Ostseite der Burg die Metalltreppe hinab – nach links in den Wald, dem Wegweiser »Solothurner Waldwanderung« folgen – Rebberg – diesen entlang steil hinab nach Flüh – nach links in den Steinrain – wenige Meter auf der Straße Richtung Leymen – nach der Tramschlaufe in Flüh-Mariastein nach rechts in die Napoleonstraße – nach dem Egghof nach rechts, die Grenzsteine entlang ❸ – am Kruzifix vorbei geradeaus – bei »Ebni« nach links (gelber Wegweiser »Biel-Benken 25 Minuten«) – im Ortsteil Benken in die Eichgasse – den Birsig überqueren – rechts Hauptstraße ❹

Biel-Benken – Zoo: Hauptstraße im Ortsteil Biel – links Schulgasse – geradewegs in den Wald hinauf – im Wald weiter dem gelben Wegweiser

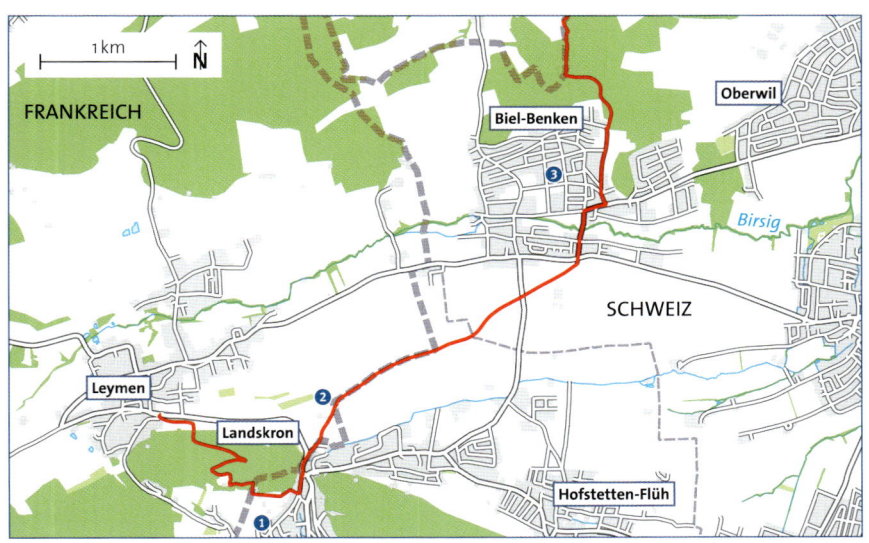

11 Vom Leimental zur Birsigmündung

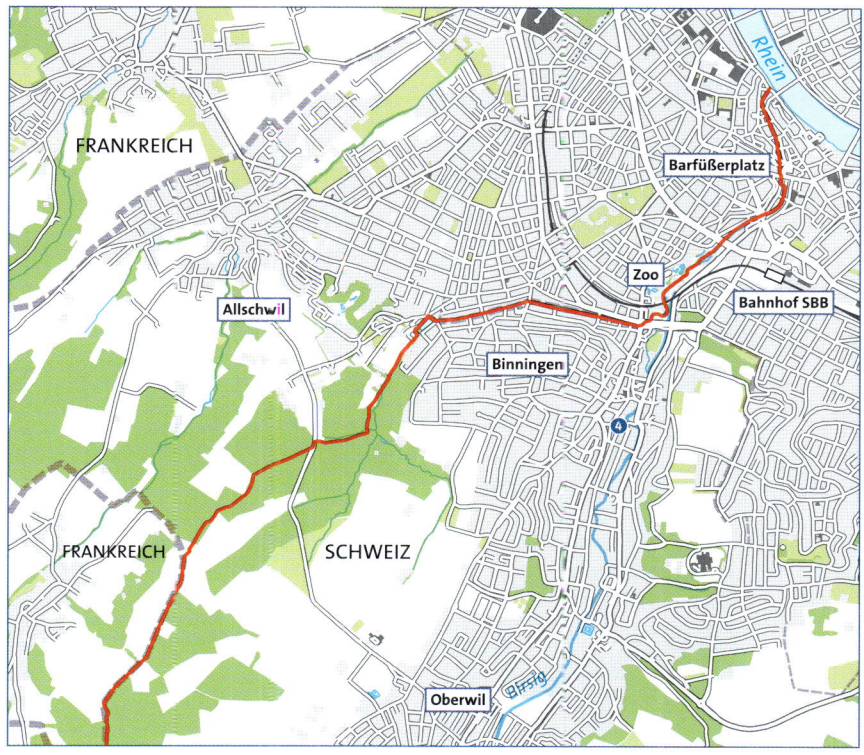

folgen – zunächst die Grenzsteine entlang – beim Wegweiser »Am Bielweg« geradeaus (»Chuestelli 20 Min« – beim Wegweiser »Chuestelli« wieder in den Wald (»Am Weiher 35 Min«) – über die Verbindungsstraße Allschwil–Oberwil – links- oder rechtsufrig den Dorenbach entlang – am stillgelegten Schießstand vorbei zum Allschwilerweiher – Dorenbachpromenade – Dorenbachstraße ❺ – Hauptstraße Binningen queren zum Zoo-Eingang Dorenbach

Zoo (Haupteingang) – Schifflände: den Birsig entlang durch das Nachtigallenwäldeli (gelbe und weiße Wegweiser) – Lohweg – unter dem Heuwaage-Viadukt hindurch in die Steinenvorstadt – gleich nach rechts in den Birsigparkplatz – nach links in die Stänzlergasse – Steinenvorstadt – Barfüßerplatz – Falknerstraße – Gerbergasse – Marktplatz – Marktgasse – Schifflände

Hinweis
Der Gang durch den Birsigtunnel ist nur geführt möglich. Information: www.ideenreich.ch

Karten
Swisstopo 1 : 25 000
1067 Arlesheim und 1047 Basel; Stadtplan Basel

Seitenblicke
❶ Der General von Rodersdorf
❷ Wunder und Halsabschneider
❸ Die Tricks der Schmuggler
❹ Der berühmteste Biel-Benkemer
❺ Der Binninger Mauer-Fall

SEITENBLICKE

Der General von Rodersdorf

1 Guillaume-Henri Dufour Mitte des 19. Jahrhunderts, Hans Herzog 1870/71, Ulrich Wille im Ersten und Henri Guisan im Zweiten Weltkrieg – was wir im Geschichtsunterricht vielleicht noch verschlafen hatten, lernten wir spätestens in einer Theoriestunde »Geistige Landesverteidigung« in der Rekrutenschule: Diese vier Generäle kennt die Schweizer Geschichte, und diese Liste hielten wir für vollständig. Bis wir tiefer eintauchten in die Geschichte des Leimentals. Da begegnete uns ein Herr Josef Bernhard Altermatt, 1722 in Rodersdorf geboren, 1811 in Rodersdorf gestorben, und auf dem Höhepunkt seiner militärischen Karriere General – in Rodersdorf –, als Kommandant der Solothurner Truppen während des Franzoseneinfalls Ende des 18. Jahrhunderts. Ausgerechnet während des Franzoseneinfalls, muss man sagen, denn gerade in Diensten eines französischen Kriegsministers hatte er seine militärische Laufbahn lanciert. Die Mission des mittlerweile 76-jährigen Herrn für Solothurn war eine wenig ruhmreiche, geprägt von Irrtümern und Niederlagen. Seine letzte Amtshandlung bestand darin, dem französischen General Schauenburg als Zeichen der Kapitulation auf einem silbernen Tablett die Solothurner Stadtschlüssel überreichen zu dürfen. Dagegen darf sich seine architektonische Hinterlassenschaft durchaus sehen lassen: Es ist noch immer ein stattliches Haus, der Altermatthof im Dorfkern von Rodersdorf.

Obrecht 1987, VV Leimental 2001
→ www.rodersdorf.ch
www.kloster-mariastein.ch

Wunder und Halsabschneider

2 Es war einmal ein kleiner Hirtenbub, der mit seiner Mama Vieh hüten sollte. Die Mutter hielt in einer Höhle gerade ihren Mittagsschlaf, als der Bub umhertollte und von einer Felswand in die Tiefe fiel. Als die Mama ihr Kind nicht fand, lief sie aufgeregt zurück ins Dorf und fand dort ihren Sohn – gesund und munter. Der Bub erzählte, er sei von einer Frau aufgefangen worden. Für seinen Vater war klar, dass es sich bei der Frau nur um die Gottesmutter Maria handeln konnte, und er ließ zum Dank eine Kapelle errichten in der Nähe der Höhle, in der die Mutter des Buben geschlafen hatte. 1442 wird von diesem ersten Wunder erstmals berichtet; die Kapelle, rasch ein Wallfahrtsort, brannte 1466 ab, wurde rasch wieder aufgebaut und ebenso rasch, in den Reformationswirren, geplündert. Im Jahr 1541 ereignete sich bei Mariens Stein ein zweites Wunder; ein Herr von Reichenstein stürzte über den Felsen, auf dem die Kapelle stand, und blieb ebenfalls heil. Der Wallfahrtsort Mariastein gewann ab 1648 weiter an Bedeutung, als die Benediktiner ihr Kloster von Beinwil hierher verlegten. In der Folge wurde Mariastein von den politischen Auseinandersetzungen immer und immer wieder durchgeschüttelt, sodass der Klosterort durchaus als Parabel gelten darf für die dauernden Wirrnisse im hinteren Leimental. Eines der letzten Opfer in den ganzen unruhigen Zeiten von Mariastein ist der heilige Gregor; zu Beginn des 20. Jahrhunderts wurde der Altar der Kirche leicht erhöht, und weil die Höhe des Kirchenraums für die Gregor-Statue ganz oben auf dem Altar nicht mehr ausgereicht hätte, musste der arme Gregor ein Stück seines Halses hergeben.

Obrecht 1987
→ www.kloster-mariastein.ch

Die Tricks der Schmuggler

❸ Wo Grenzen sind, sind nicht nur Grenzübertritte, sondern auch Grenzübertretungen. Soll heißen: Wo Grenzen sind, wird auch geschmuggelt. Und im Leimental sind die Grenzen bekanntlich komfortabel unübersichtlich. Während des Ersten Weltkriegs etwa hätten sich eigentlich auch Soldaten an der Schmugglerjagd beteiligen sollen, nur: auch für sie waren die Gelegenheiten günstig und das Geschäft buchstäblich naheliegend. Allerdings gings in Zeiten der Entbehrungen ja nicht immer nur um einen lukrativen Nebenerwerb, sondern oft ums Überleben, und oft wurde auch ganz einfach nachbarschaftliche Hilfe geleistet. In seinem Buch *Weltgeschichte im Leimental* beschreibt der Autor Andreas Obrecht, mit wie viel Fantasie Waren von hier nach dort oder zurück gebracht wurden. Wollgarn etwa banden sich die Leute um den Leib, oder sie trugen mehrere Schichten Kleider. Ein Knecht soll jeweils seinem Pferd Tabak unter den Schweif gebunden haben, ein ausgehöhlter Baumstamm reiste mit Füllung mehrmals hin und her, und als besonders nützlich erwiesen sich die metallenen Bettflaschen. Die Bauern füllten sie mit Sacharin oder Fett und führten sie unter ihrer Mistfuhre oder im Güllewagen mit. Auch eine junge Mutter nutzte eine Bettflasche – sie füllte sie nicht mit heißem Wasser, sondern mit Petrol. Ihr Fehler war, dass sie die Bettflasche bei sommerlichen Temperaturen mitführte, so hat der Zöllner den Schwindel gerochen.

Obrecht 1987

SEITENBLICKE

Der berühmteste Biel-Benkemer

4 Er hat getroffen und getroffen und getroffen. Hundertfach als Bub und als Junior schon, und seit Alex Frei (Jahrgang 1979) das Fußballspielen zum Beruf machen konnte, ist jedes Tor in Statistiken dokumentiert. Für den FC Basel hat er getroffen, für Thun, Luzern, Servette, dann für Rennes, für Dortmund, und wieder für den FCB; in seinen 507 nationalen und internationalen Clubspielen insgesamt 258-mal; zehn Jahre lang traf er auch für die Schweizer Nationalmannschaft, 42-mal in 84 Länderspielen, öfter als jeder vor ihm.

Als Zwölfjähriger kam der in Basel geborene Alex nach Biel-Benken. Sein Einstieg in den Nordwestschweizer Fußball begann allerdings mit Tränen: Er war angemeldet zu seinem ersten Training beim FC Ettingen – als er mit anderen Knirpsen auf dem Fußballplatz stand, war kein Trainer da. Es sollte sein einziger »Einsatz« für Ettingen bleiben, ohne Transfersumme wechselte er zum FC Aesch. Seine Profikarriere endete 2013 im Spiel des FCB gegen den FC Zürich. Seine letzte Amtshandlung war ein Freistoß, mit dem er – was wohl? – traf. Mit seiner Familie lebt Frei wieder in Biel-Benken, unweit seines Elternhauses. Und endlich spielt der berühmteste Biel-Benkemer auch für Biel-Benken, in der Seniorenmannschaft. Und was tut er hier: Er trifft und trifft und trifft. Nicht mehr für Ruhm, Lohn und Ehre, auch nicht für Statistiken, sondern zum Vergnügen.

Rohr 2012

Der Binninger Mauer-Fall

5 Zu beneiden ist die Gemeinde, die keine anderen Sorgen hat als jene, mit der sich Binningen Jahre lang herumplagte – für die Betreiber des betroffenen Hauses war es wirklich eine Plage. Es ging um eine neue Mauer und eine neue Treppe an Binningens schönem Schloss (Bild oben); es wurde 1299 erstmals erwähnt und war bis ins 17. Jahrhundert ein Weiherschloss, seit 1870 beherbergt es ein Restaurant. Die Binninger stritten um eine neue Mauer und eine neue Treppe, der Streit geriet zum Mauer-Fall. Er begann eigentlich schon 1989, genau im Jahr des Berliner Mauerfalls. Damals wurde die

Initiative Pro Schlosspark Binningen eingereicht. Schloss, Bürgerhaus und ein weiteres Gebäude sollten in den Park einbezogen werden. Alles war auf gutem Weg, bis der Gemeinderat 2008 eben diese neue Mauer präsentierte. Sie kam nicht gut an, wurde wegen ihrer Wucht gerügt, sie passe besser zu einer Burg als zu einem Schloss. Die neue Mauer fiel beim Publikum durch und musste wieder fallen. Endlich, fünf Jahre später, bekam das Schloss eine Mauer und eine Treppe, die mehrheitlich gefielen. Die Posse konnte dem Schloss und seinem Renommée nichts anhaben, es ist ein schöner Ort geblieben, beliebt für Feste und Feiern. Ein schöner Bau ist auch das Schloss der Nachbargemeinde Bottmingen, eines der wenigen noch erhaltenen Weiherschlösser der Schweiz (Bild unten). Manchmal ist es fast gar zu schön, etwa im Advent, wenn ein Hauch von Kitsch ums Schloss herumzugeistern scheint.

→ www.schlossbinningen.ch
www.weiherschloss.ch

Petite Camargue Alsacienne

12 Urwald am Rhein

Dr Hansdampf im Schnoogeloch

Gedanken Rhein-affiner Menschen begleiten uns zu den Rheinauen, die hier Camargue heißen.

Iris Kürschner

»Kopfgeburt einer Nation: Das Dreieckland«

»Dreieckland – ich weiß nicht einmal, woher der Name stammt. Die Basler haben ihr Dreiländereck, dessen Symbol dort steht, wo der Punkt, an dem die drei Länder Frankreich, Deutschland, Schweiz zusammenstoßen, ganz sicher nicht liegt. Der liegt nämlich, wenn ich der Karte trauen darf, mitten im Rhein. Das metallene Symbol, das sich wie ein überdimensioniertes und verdrehtes Werkstück aus der Flugzeugindustrie anschaut, steht im Rheinhafen auf Basler Boden, wenn auch auf dem äußersten Zipfel. Ist Dreieckland einfach ein in der Wortfolge umgestelltes Dreiländereck? Oder ist es, gerade anders herum, archaischen Ursprungs, stammt aus keltischer Zeit, wo im Dreieck zwischen Belchen (Schweiz) und Belchen (Schwarzwald) und Belchen (Elsass – wo es aber deren drei gibt, Ballon genannt) vermutlich ein kleines Volk oder eine riesige Sippe siedelte, deren Spuren man unter den römischen Trümmern immer wieder entdeckt und ausgegraben hat? Das Dreieck zwischen diesen Gebirgspunkten soll nicht nur ein imaginäres gewesen sein, die topografische Lage mag eine solide Analogie zu kosmischen Positionen aufweisen. ›Bel‹, sagt man, heißt Sonne; ›che‹ meint einen großen Stein;

Hochlandrind

›ne‹ steht für Himmel. (Johann Peter Hebel unterhielt sich mit seinem Freund Hitzig in einer Geheimsprache, einem selber erfundenen, nur ihnen verständlichen Belchismus.) Zum Frühlings- und Herbstbeginn markiert der Sonnenauf- und -untergang gegenseitig die zwei nördlichen Belchen; bei der Wintersonnenwende spielt der südliche Belchen mit. Auf jeden Fall bildet die so definierte Senke, der oberrheinische Tiefgraben zwischen Jura, Vogesen und Schwarzwald, einen heimatlich erfahrbaren Raum.

Eigentlich erleben wir hier eine von der Natur geschaffene Wiege für einen Staat, ein Territorium, eine Nation. Doch wenn Du an die Geschichtsbücher klopfst, erfährst Du das Gegenteil: immer wieder gab es nur Ansätze zu einer Staatsgründung, Versuche, Mühsal im Kleinen. Der große Plan zur Errichtung einer Nation gelang nicht. Geschichte hat zwei Dimensionen: Wie es eigentlich gewesen ist. Und: Wie es auch hätte werden können. Vielleicht ist das höhere Vergnügen an der hypo-

Petite Camargue

thetischen Möglichkeit im Vergleich zur banalen Tatsächlichkeit ein sehr baslerisches – oder dreiecklandisches – Plaisir.

Wir haben nach der Nationalhymne für dieses Dreieckland gesucht und haben sie zuerst gar nicht gefunden, so nahe lag sie vor unseren Augen oder saß schon in unserem Ohr:

Dr Hansdampf im Schnoogeloch
Het alles, was er will.
Und was er will, das het er nit,
Und was er het, das will er nit,
Dr Hansdampf im Schnoogeloch,
Het alles, was er will.

Dr Hansdampf im Schnoogeloch
Im Dreieckland am Rhy,
Er isch kai Dütsche, kai Franzos,
Er isch kai Schwyzer, er isch bloss
Dr Hansdampf im Schnoogeloch
Im Dreieckland am Rhy.

Dr Hansdampf im Schnoogeloch,
Er waiss jetz, was er will:
E bravi Frau, e gsunde Wy,
Kai Stryt, kai Pass, e suubere Rhy:
Dr Hansdampf im Schnoogeloch,
Er weiss jetz, was er will.

Petite Camargue

Der Oberrhein mit seinem Dreieckland als Schnakenloch. Heute ist das an vielen Orten nicht mehr erlebbar. Unten bei Riegel oder Rastatt gebe es dergleichen noch, stellenweise auch auf der elsässischen Seite. Doch geschichtlich betrachtet, muss das sehr anders gewesen sein. Noch auf den Karten des 17. und 18. Jahrhunderts ist der Rhein kein Fluss, sondern vor allem unterhalb von Basel ein Flussgeflecht: Hauptströme, Nebenarme, stillgelegte Betten, immer wieder verschüttete und dann erneut aufgerissene Flussläufe, dazwischen Auenwälder. Es muss unendlich viele Schnaken gegeben haben. Das Schnakenloch war eine historisch verbürgte gemeinsame Erfahrung der Basler, Breisgauer, Elsässer und der anschließenden Sundgauer. Der Rhein, besser das Rheingeflecht, war das gemeinsame Lebenselement, aber zugleich die schwierige, gar nicht so leicht zu überwindende Grenze.

Dass das Dreieckland, diese durch Gebirgszüge vorgezeichnete Wiege einer Nation, nie zu einem eigentlichen Territorium und gar zu einem Staat wurde, liegt vermutlich auch an dieser lokale Räume zwar verbindenden, aber größere Lagen trennenden Funktion des Rheines, dieses schnakendurchschwirrten Flussgeflechts. Und wenn Du heute von Basel bis Straßburg über die den Autobahnen angeschlossenen Brücken, die meist zuerst den Kanal und dann den alten Rhein (den es so gar nicht überall gab) überqueren, mühelos vom französischen ans deutsche Ufer gelangst, täuscht die Leichtigkeit des Übergangs. Lange Jahrhunderte war hier immer Grenzbereich, lokal überwindbare Grau- oder Sumpfzone, doch erschwerte Passage für die rückwärtig angesiedelten

Herren. Identität und Interessengleichheit herrschten nur im nachbarlichen Nahbereich, aber aus ihm heraus ließ sich keine große Politik machen.

Lass es uns so sagen: Von der Natur als Wiege einer Nation und als Zentrum eines Territoriums geschaffen, ist das Dreieckland auf dieses Angebot ernsthaft eigentlich nie eingetreten. Darum ist es so richtig, von der Kopfgeburt einer Nation zu reden. Ich könnte auch sagen: ein echtes Kleineuropa. Eines, das funktioniert.«

Kutter 1988

»Hätten uns nicht die entsetzlichen Rheinschnaken ...«

»Die Rheininseln waren auch öfters ein Ziel unserer Wasserfahrten. Dort brachten wir ohne Barmherzigkeit die kühlen Bewohner des klaren Rheins in den Kessel, auf den Rost, in das siedende Fett, und hätten uns hier, in den traulichen Fischerhütten vielleicht mehr als billig angesiedelt, hätten uns nicht die entsetzlichen Rheinschnaken nach einigen Stunden wieder vertrieben.«

Goethe 1770

»Geheimnisvoll wie der Nil«

»Der Rhein vereint alles in sich. Er ist reißend wie die Rhone, breit wie die Loire, tief in Fels gebettet wie die Somme, historisch bedeutsam wie der Tiber, königlich wie die Donau, geheimnisvoll wie der Nil, mit goldenen Pailletten besetzt wie die Flüsse in Amerika, umwoben von Sagen und Geistern wie ein asiatischer Fluss.«

Hugo 1838

Isteiner Schwellen

»Eine der hydrologisch, geologisch wie auch biologisch interessantesten Strecken des Oberrheins stellt schon bald nach dessen Eintritt in die Ebene die genannte Isteiner Barre oder Schwelle dar, die sich von der Mündung der Kander bis gegen den Ort Istein hinzieht. Hier wird nämlich die Stromsohle nicht, wie sonst fast allenthalben, aus losen Geschieben, son-

Petite Camargue

dern aus anstehendem Felsgestein, und zwar Jurakalken des Malm gebildet, also aus dem gleichen Gestein, das nahe dem rechten Ufer auch die schroffe Felsmasse des Isteiner Klotzes aufbaut. So zeigt sich hier (…) das Strombett fast in seiner ganzen Breite von einer Felsbarre durchsetzt, in Gestalt eines Gewirres von Felsinseln, Klippen und Riffen, zwischen denen sich die Rheinflut, in bachartige Rinnsale zerteilt, schäumend hindurchzwängt und dann am unteren Ende der Barre als ein fast einen Meter hoher Wasserfall mit weithin tönendem Brausen über den Steilrand des Klippenberges herabstürzt. Die Strecke zwischen Kandermündung und dem Isteiner Klotz bietet noch eine weitere Besonderheit dar. Sie ist nämlich heute am ganzen Oberrhein die einzige, wo wir uns noch ein Bild davon machen können, wie ehedem hier das natürliche Stromufer beschaffen war, bevor Tullas große Korrektion den Wildstrom in ein festes Bett mit gepflasterten Uferböschungen zwang.«

Robert Lauterborn (1889–1952, bedeutendster Rheinforscher)

Der Salm

Ein Rheinsalm schwamm den Rhein
bis in die Schweiz hinein.
Und sprang den Oberlauf
von Fall zu Fall hinauf.
Er war schon weißgottwo,
doch eines Tages – oh! –
da kam er an ein Wehr:
das maß zwölf Fuß und mehr!
Zehn Fuß – die sprang er gut!
Doch hier zerbrach sein Mut.
Drei Wochen stand der Salm
am Fuß der Wasser-Alm.
Und kehrte schließlich stumm
nach Deutsch- und Holland um.

Morgenstern 1910

Dreiländerbrücke

Isteiner Schwellen

ROUTE 12

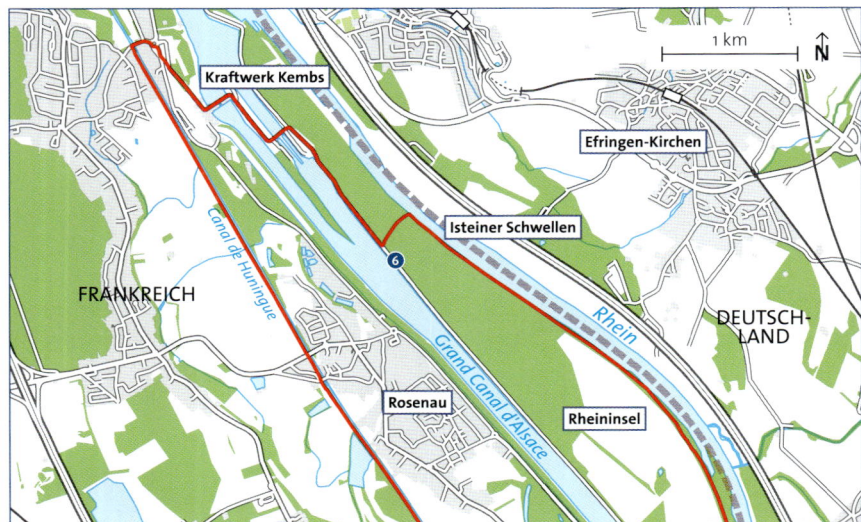

Ausgangspunkt
Friedlingen (Haltestelle Weil am Rhein, Dreiländerbrücke, Tram 8)

Endpunkt
Märkt (Haltestelle Stauwehr, Bus 66; zurück nach Basel: Umsteigen am Bahnhof Weil in Tram 8)

Zeit
5 h 30 bis ewig, je nachdem wie lange man in der Petite Camargue versumpft

Unterwegs
Lohnender Abstecher in Friedlingen:
www.kulturcafe-kesselhaus.de
www.w-wt.de > Kesselhaus

Café, Boulangerie, Restaurant am Place Abbatucci

Musée histoire et militaire, Rue des Boulangers 6, Huningue, geöffnet 1. und 3. So im Monat 14.30–17.30 Uhr, www.histoire-huningue.eu

Petite Camargue Alsacienne,
www.petitecamarguealsacienne.com

Maison Éclusière, Infostelle mit Buch-, Getränke- und Snackverkauf, geöffnet April–September Mi–Fr 13–17.30 Uhr, Sa/So 13–18 Uhr

Restaurant Les Écluses, Rue de Rosenau, Loechle, Mo geschlossen, www.lesecluses.fr

Restaurant Am Stauwehr beim Wehr Märkt

Gasthaus am Bootssteg, Yachthafen Weil, Mo geschlossen, www.yachtclub-weilamrhein.de

Routen-Telegramm

Friedlingen – Petite Camargue Alsacienne: Tramhaltestelle am Kreisel Rheincenter ❶ – Dreiländerbrücke – Place Abbatucci ❷ – Rue Barbanègre – Parc des Eaux vives – Canal de Huningue – Maison Éclusière – linkes Kanalufer – Rue du Canal – nach dem Karpfenteich rechts in die Petite Camargue – Pisciculture (Kaiserliche Fischzucht) ❸ ❹ ❺

Petite Camargue Alsacienne – Märkt: Observatoire Georges Muller – Sentier de la Mittlere Au bis zum Kanal – links am Canal de Huningue bis zur nächsten Brücke – Beschilderung Barrage de Märkt folgen – Restaurant Les Écluses – Kraftwerk Kembs – über den Canal d'Alsace – auf der Rheininsel ❻ – erst der geteerten Inselstraße nach, dann links in den Wanderweg zu den Isteiner Schwellen (schöner ist der zweite Abzweig, allerdings schlecht markiert) – Neues Kleinkraftwerk – Stauwehr Märkt ❼ – rheinaufwärts am Weltkriegsbunker (lesenswerte Schautafel) vorbei zum Gasthaus am Bootssteg – zurück zum Stauwehr Märkt und rechts zur Alten Straße, dort links zur Bushaltestelle

Tipp

Die Route bietet sich auch für Velofahrer an, die Abstecherrunde durch die Petite Camargue Alsacienne muss dabei zu Fuß unternommen werden (das Velo parkt man am Maison Éclusière) und auf der Rheininsel bleibt man auf dem Radweg

Einsteigen/Aussteigen

Die Petite Camargue Alsacienne verbindet die Distribusline Nr. 4 Basel/Schifflände–Saint-Louis-Neuweg

Seitenblicke

❶ Frieden im Namen
❷ Das Festungsdorf
❸ Die »Bras cassés«
❹ Trällern für die Liebste
❺ Ein neuer Stamm Rheinlachse
❻ Die zweite Jugend des Restrheins
❼ Badestadt für »müde Städter«

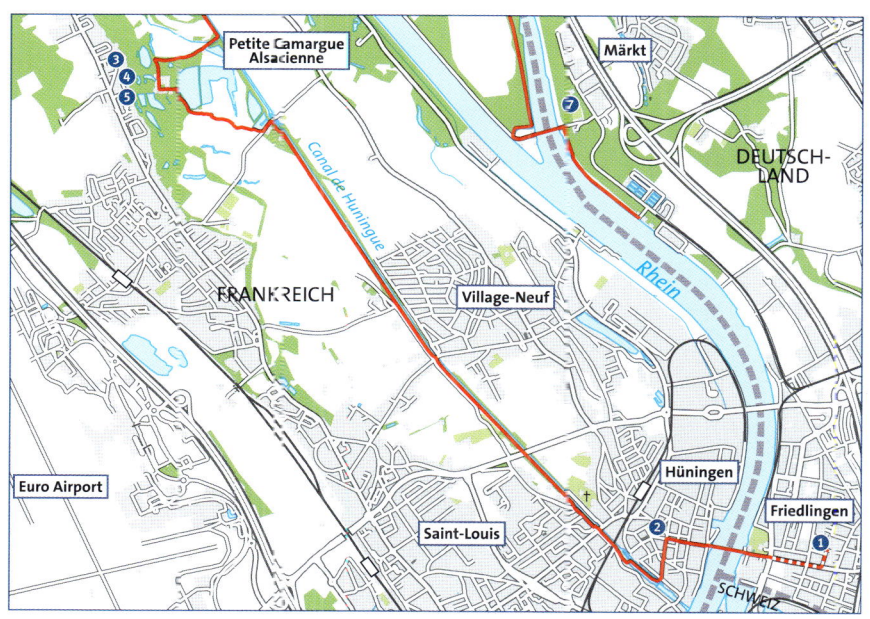

SEITENBLICKE

Frieden im Namen

1 Friedlingen ist, ganz im Gegensatz zum Namen, ein Herd der Unruhe, so sagt es zumindest die polizeiliche Statistik. Kriminalistisch wird der Ort deutschlandweit nur noch von Kehl übertrumpft. Die Grenznähe lockt Verbrecherclans, die sich mit Rauschgift-, Waffen- und Menschenhandel eine goldene Nase verdienen. Spielhöllen, Wettbüros, Imbissbuden reihen sich in den Straßenschluchten. Rummel am Wochenende, wenn die Räppli-Spalter ausschwärmen ins Rheincenter und zu den Outletshops. Staus am Mehrwertsteuerhäuschen, das mit dem Abstempeln der grünen Zettel (über 1 Mio. pro Jahr) gar nicht mehr nachkommt. Schweift der Blick von der Leopoldshöhe über die Friedlinger Hässlichkeit, würde man kaum vermuten, dass sich hier ein Lustschlösschen mit Weiheranlage und prächtigem Park befand. Lustgartenstraße und Weiherweg erinnern im Stadtplan daran. Ebenso blieb die Schusterinsel kartografisch erhalten. Wildwest schon anno dazumal, begehrte Grenzlage eben. Das Weiherschloss Ötlikon wurde dabei immer wieder plattgemacht. Aus Dank für den überstandenen Dreißigjährigen Krieg taufte es Markgraf Friedrich V. nach seiner Rückkehr aus dem Basler Exil in Schloss Friedlingen um. Friedvolle Zeiten währten gerade mal drei Jahrzehnte. Demoliert im Holländischen Krieg 1678 und erneut instand gesetzt, rückte Friedlingen durch den Bau der Vauban-Festung (1679–91) im gegenüberliegenden Hüningen mit Vorwerk auf der Schusterinsel (1694) stärker denn je ins Kampfgeschehen. Die Schlacht bei Friedlingen 1702 verewigt den sanften Namen in den Geschichtsbüchern. Das Schloss wurde danach nicht wiederaufgebaut. Das Gut ging an einen Basler.

Und die Schusterinsel? Man steht im Rheinpark an Rheincenter und Dreiländerbrücke (mit 229 Meter die längste Radfahrer- und Fußgängerbrücke der Welt) mitten drauf. Unter der Rasenfläche verbergen sich die Grundmauern des Brückenkopfs von Hüningens Festung.

📖 Tschamber 1900

Das Festungsdorf

2 Schnurgerade über die Dreiländerbrücke zum Hüninger Dorfplatz. Nur wenige Fußminuten und die Welt sieht völlig anders aus. Ein Café au lait in der Morgensonne, ein Croissant aus der Artisan Boulangerie auf der Zunge zergehen lassen – bienvenue en France. Nicht mehr viel erinnert an die Festung, die Hüningen einmal war. Noch steht die Garnisonskirche (heute profaniert und wegen ihrer feinen Akustik für Konzerte genutzt), steht das Offizierscasino (heute Museum zur Festungsgeschichte). Der Obelisk in der Mitte der Place Abbatucci, des

Die »Bras cassés«

3 Jeden Donnerstag treffen sie sich in der Petite Camargue, um Hand anzulegen: Die »Bras cassés«, eine Gruppe von Pensionären, die die Wege herrichten, Holzstege und Beobachtungstürme bauen. Der 1927 geborene, rüstige Jean-Paul Binnert zählt zu den Begründern der Petite Camargue Alsacienne, zu den 1968er-Revoluzzern, die für den Naturschutz und eine bessere Umwelt kämpften. Das Rheinauenareal wurde damals als Müllkippe missbraucht, auch von der Basler Chemie. Und die Gemeinde Blotzheim wollte sich, nachdem der letzte Fischzüchter aufgegeben hatte, der kaiserlichen Fischzuchtanstalt entledigen. Abriss oder Umgestaltung? Den Aktivisten blieb nur eine Wahl, um die letzten Rheinauen unterhalb Basel zu retten. Sie formierten sich im Verein »Amis de la Petite Camargue«, sammelten Spenden und konnten mithilfe der Basler, die die Hälfte der viereinhalb Millionen Francs zusammenbrachten, 1979 die Pacht übernehmen. Damit waren die Naturschützer zwangsläufig zu Fischzüchtern geworden. Den zwölf Ehrenamtlichen der »Bras cassés« verdanken wir heute die gute Infrastruktur. Da lässt sich versteckt in Beobachtungstürmen und Pavillons wunderbar die Vogelwelt beobachten.

Der ungewöhnliche Name der Gruppe – »kaputte Arme« – geht übrigens auf einen Eisenbähnler zurück, der, bevor er zu der Gruppe stieß, in seinem vorherigen Leben tonnenweise Kohlen schaufeln musste, was ihm eben »Bras cassés« machte.

ehemaligen Waffenplatzes, ist dem korsischen Feldherrn gewidmet, der 1796 bei der ersten von drei Belagerungen sein Leben ließ. Die Rue Barbanègre zieht an der Garnisonskirche vorbei zum nahen Canal de Huningue. Dabei passiert man den letzten Rest der Geschützstellungen, einen sogenannten Kavalier jener Festung, von der sich Basels behütetes Leben so bedroht fühlte, doch im Grunde den besten Nutzen zog. Die Stadt belieferte die Festung mit Söldnern, Handwerkern, Pferden, Nahrungsmitteln. Und wurde doch immer wieder in ihrer Neutralität verletzt. Kein Geringerer als Vauban war Bauherr des Pentagons von fünf Bastionen, das 1680 aus den Steinen des Grenzacher Hornfelsens in die Höhe und Breite schoss. Die Bewohner Hüningens, zur Umsiedlung gezwungen, gründeten Neudorf, dessen Name »Village-Neuf« bis heute an den schicksalhaften Auszug erinnert. Über ein Jahrhundert fiel kein Feind mehr ins Elsass ein. Mit der Abdankung Napoleons änderte sich die Lage. Österreichische und schweizerische Truppen bildeten einen Belagerungsring, dem Verteidigungsgeneral Barbanègre bald nicht mehr standhalten konnte. Am 26. August 1815 die Kapitulation. Der Vertrag von Paris besiegelte die Schleifung. Basel jubelte. Wochenlang dröhnte der Lärm der Sprengarbeiten. Mauersteine, Ziegel, Gebälk, Eisenwerke, Türen wurden an das Basler Baudepartement und an Bürger versteigert, so Tschamber. Eine saftige Rechnung für den Abriss dämpft die Schadenfreude. Die Gesamtausgaben für die Schweiz beliefen sich auf 198 268.64 Franken.

Tschamber 1894, Kiechel 1987

SEITENBLICKE

Trällern für die Liebste

4 Songcontest in der Petite Camargue, wenn von Mitte April bis Ende Mai die Nachtigallen um die Wette trillern. Das Aufgebot ist hoch. Auf achtzehn Quadratkilometer kommen hier zweihundert Nachtigallen (zum Vergleich: in der Schweiz leben etwa zweitausend), weiß Valentin Amrhein, Leiter der Forschungsstation der Uni Basel, die sich in den Nebengebäuden der Pisciculture befindet. Mittels winziger, an den Vögeln befestigter Sender konnten in den letzten Jahren zahlreiche Geheimnisse gelüftet werden. Jene Meistersänger, von denen sich nicht nur Beethoven und Chopin inspirieren ließen, verfügen über ein gewaltiges Repertoire. Bei etwa einer Singstunde gleicht keine Strophe der anderen. Weil die Weibchen Nachtschwärmer sind, haben die Männchen ihren Gesang auf nach Mitternacht verlegt, um sie zu betören. Je schwieriger und schneller ein Bursche trillert, umso größer die Chance, bei einer ins Nest zu steigen. Einmal geschafft, wird der Gesang auf tagsüber verlegt. Nur Singles singen nachts, so Amrhein. Die Zeit um Sonnenaufgang gilt dem Rivalengesang, mit dem das Revier gegen andere Männchen verteidigt wird. Übung macht den Meister. Davon kann man sich schon bei der Kanalwanderung von Hüningen zur Petite Camargue überzeugen, am besten zwischen 20. April und 20. Mai.

Ein neuer Stamm Rheinlachse

5 In der Pisciculture kümmert sich Olivier Sommen um die Fischaufzucht, Nachkommen der Rheinlachse, die am Wehr Gambsheim und Iffezheim eingesammelt wurden. Zwischen Frühling und Herbst werden die angefütterten Junglachse dann in den Flüssen ausgesetzt.

Denn der Rheinlachs verschwand, 1958 sind in Basel die letzten ins Netz gegangen. Einst brachte der »Brotfisch« den Fischern des Hochrheins Wohlstand, weil er teuer, fett und riesig (bis zu 1,5 Meter lang) war – eine edle Speise, die der Basler Adel gerne hohem Besuch darbot, um Luxus zu demonstrieren. Durch den Bau von Wasserkraftwerken zur Stromgewinnung ging dieser Schatz verloren. Unüberwindbare Wehre schoben dem Salmo salar einen Riegel vor, wenn er von seinen Fressgründen im Atlantik zurückkehren wollte, um an seinem Geburtsort abzulaichen. Versuche, den Lachs wieder anzusiedeln, starteten in Basel 1983 mit einer Fischzuchtanlage im Klingental und verlagerten sich später in die Petite Camargue. »Extrem selten, dass es ein Lachs bis Basel schafft«, sagt Sommen, »auch wenn viele Kraftwerke mittlerweile taugliche Fischpässe eingerichtet haben.« Doch noch lassen vier französische Betriebe zwischen Straßburg und Kembs eine Fischgängigkeit vermissen. Bis die EdF (Électricité de France) ihrer Verpflichtung nachkommt, wird noch viel Wasser den Rhein hinunterfließen.

Vor allem seit der Sandoz-Katastrophe setzt sich die IKSR, die Internationale Kommission zum Schutz des Rheins (Mitglieder sind neun Rheinanliegerstaaten), dafür ein, dass aus der einstigen Kloake Europas wieder ein lebenswerter Fluss wird. Mit Erfolg. Die Wasserqualität hat sich deutlich verbessert, auch die Artenvielfalt tierischer Rheinbewohner. Für den Lachs wird die Renaturierung des Altrheins zwischen Märkt und Breisach eine neue Chance sein.

Tipp: Es lohnt ein Blick in die Ausstellungen »Mémoire du Rhin« und »Mémoire du Saumon«, die im lang gestreckten Gebäude der Kaiserlichen Fischzuchtanstalt untergebracht sind.

Mertens 2011

4

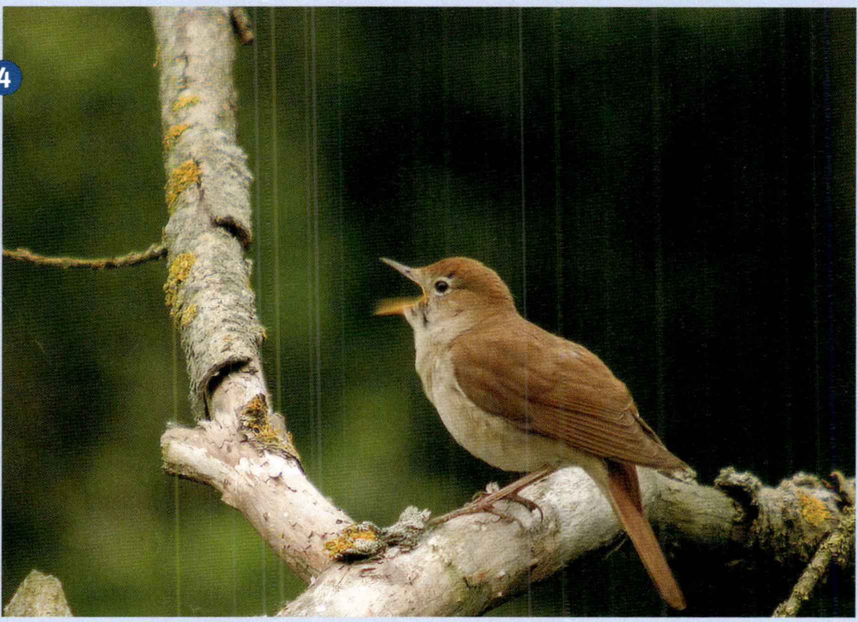

5

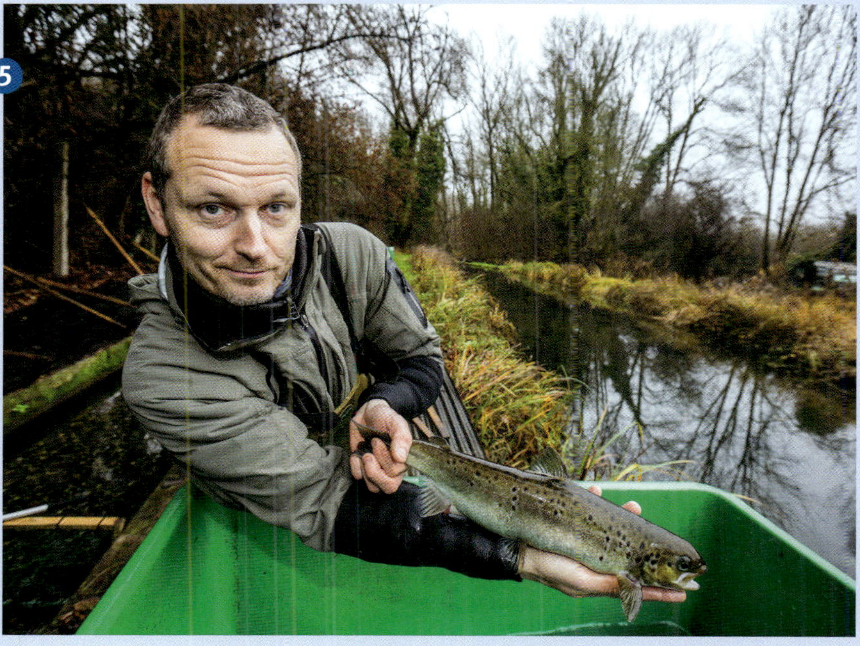

SEITENBLICKE

Die zweite Jugend des Restrheins

Für eine Neukonzessionierung des Kraftwerkes Kembs musste der französische Stromkonzern EdF Zugeständnisse machen. Seit 2006 zählt nun die Rheininsel zur Petite Camargue Alsacienne, wodurch sich das Naturschutzgebiet von einem auf neun Quadratkilometer vergrößerte. Noch befindet sich alles in der Umgestaltung. Wer die nächsten Jahre hier durchwandert, wird Augenzeuge bei der Entstehung einer neuen Auenlandschaft. Während die Radfahrer entlang der geteerten Inselstraße geleitet werden, schätzen Wanderer den »Sentier du Rhin vivant«, der sie über Wiesenlichtungen, die im Frühling mit unzähligen Orchideen begeistern, zu den Isteiner Schwellen führt. Zu den Zugeständnissen von EdF zählt auch, mehr Wasser in den Altrheinarm abzugeben. Denn nur durch natürliches Geschiebe können die einstige Furkationsaue wiederbelebt und damit wichtige Tierhabitate und Laichbiotope geschaffen werden. Furka bedeutet Gabel und bezeichnet die unzähligen Verästelungen des Flusslaufes, die der Rhein vor seiner Begradigung 1840 nach den Plänen des badischen Ingenieurs Johann Gottfried Tulla aufwies. Tulla wollte damit die Anrainerdörfer vor Hochwasser schützen und neue Landwirtschaftsflächen schaffen. Doch der Rhein, durch die Begradigung dermaßen verkürzt (um 81 km zwischen Basel und Bingen) und damit auch mehr Gefälle und mehr Fließkraft aufweisend, grub sich tiefer (bis zu 10 m) ein, als geplant. Die Folge: ein stark absinkender Grundwasserspiegel, der nicht nur die Feuchtgebiete der Auen trockenlegte, sondern auch der landschaftlichen Nutzung nicht zugute kam. Fischbestände und Artenvielfalt schrumpften massiv. Und bei Niedrigwasser war für die Schiffe an den Felsriffen der Isteiner Schwellen kein Durchkommen mehr. Die Lösung sollte ein parallel verlaufender Kanal schaffen, mit dem man zwei Fliegen mit einer Klappe schlagen wollte: freie Schifffahrt und Stromerzeugung. Dessen Umsetzung machte der nach dem Ersten Weltkrieg unterzeichnete Friedensvertrag von Versailles möglich, in dem Frankreich 1919 auch das alleinige Recht zur Nutzung der Wasserkraft am südlichen Oberrhein zugesprochen wurde. Der elsässische Ingenieur René Koechlin konnte seinen bereits schon 1902 vorgelegten Plan des mit mehreren Staustufen bestückten Grand Canal d'Alsace, auch Rheinseitenkanal genannt, 1927 bis 1933 zwischen Village-Neuf und Kembs realisieren. Bis 1959 wurde die »Betonröhre« bis Breisach verlängert. Derweil Frankreich ab 1932 kräftig Strom produzierte, verkümmerte der andere Strom zum kläglichen Restrhein. Nun soll mit dem sogenannten Integrierten Rheinprogamm (IRP) ein Ausgleich geschaffen werden. Gegenüber der Insel findet das wohl größte Renaturierungsprojekt Europas seine Fortsetzung auf der rechten Rheinseite. Das Ergebnis wäre ein abwechslungsreiches Mosaik aus Kiesbänken, Auenwaldhainen, Gewässerläufen und Quelltümpeln mit hoher ökologischer Wertigkeit.

→ www.restrhein.de
www.iksr.org

Badestadt für »müde Städter«

Schon der Anfang ist vielversprechend. Eine »Faltbootregatta, bei der ein Basler Herren-Zweier, der die Entfernung von Grenzach (14 km) in 45 Minuten zurücklegte, den 1. Preis errang«, so der *Oberländer Bote*. Und die Musikkapelle der Feuerwehr Maulburg spielt auf, als am Sonntag, den 1. Juli 1928, das Rheinstrandbad Märkt eröffnet. Tausende strömen herbei und der weite flache Sandstrand nahe der Kandermündung wird schnell zur gefragtesten Sommeradresse, gefördert durch einen Autopendeldienst Bahnhof Eimeldingen–Strandbad, sowie Extratriebwagen und Boottaxis ab Basel. Die *Basler Nachrichten* schwärmen vom Strand, den Schwimmstrecken, den Liegestühlen, die wie in einem Seebad gemietet werden können, dem schmucken Holzbau mit Umkleidekabinen, Duschen und Restauration. Acht Wochenendhäuschen, › die den müden Städtern ein längeres und wirksames Ausspannen ermöglichen«, können gemietet werden. Strandkonzerte und andere Attraktionen, wie Stromschwimmwettbewerbe oder die »Große offizielle Sanitätsübung« des Samaritervereins St. Johann aus Basel, begeistern die Gäste. Bauherr und Betreiber Heinrich Schmitt, in Weil ansässiger Ingenieur, möchte die Anlage gar zum Kurbetrieb mit großem Kurpark ausbauen. Doch der Bau des Stauwehrs Märkt macht ihm einen Strich durch die Rechnung. Wer vom Stauwehr etwa 150 Meter Richtung Kandermündung wandert, findet eine breite Treppe ins Nirgendwo – letztes Überbleibsel des romantischen Rheinstrandbads. Rechts davon, wo sich heute Wald ausbreitet, stand einst der Musikpavillon.

Schülin 1976

Dreiländergarten

13 Stadt Land Berg

Vom tiefsten zum höchsten Punkt

Hafen und Hochwald, Kunst im Park und Riehener Palazzi. Stramm geht es bergwärts zu Basels Bergdorf und zum schönsten Ausguck überm Rheinknie.

Iris Kürschner

In der Stimmung eines lauen Sommerabends bietet der Rheinhafen ganz vorne am Dreiländerspitz fast so etwas wie Romantik. Der Himmel glüht. Es riecht nach Meer. Zumindest ahnungsweise, wir befinden uns hier schließlich am höchstgelegenen Hochseehafen Europas. Rheinwasser schwappt träge ans Ufer. Gedämpftes Palaver klingt vom Rostigen Anker herüber. Gleichgesinnte. Genießer.

Tagsüber sieht die Sache ganz anders aus. Geschäftiges Treiben, rostige Waggons mit Bauschutt, stapelweise Container, Frachtschiffe, die im Hafenbecken 1 gelöscht werden. Und doch ist es auch für Naturfreunde unglaublich spannend, im Rheinhafen herumzustöbern. Wer hätte gedacht, dass sich genau hier (!) die größte botanische Vielfalt der Schweiz tummelt. Wärme und Trockenheit liebende Pionierpflanzen, die zwischen Pflasterungen, auf Betonklötzen, im Schotter der Gleisanlagen sprießen, sich in Teerritzen und an Böschungen krallen. Mauerpfeffer, Johanniskraut, Zaunrübe, Natterkopf, die stolze Königskerze, die gelbe Resede. Gänsefuß, Purpur-Storchschnabel ... viele Raritäten darunter und viele Einwanderer, die der Frachtverkehr aus aller Herren Ländern einschleust. Beim Bau von Hafen und Schienenareal hatte man sich am Material aus dem Rhein bedient, mit Schotter, Kiesen, Sanden – und damit ungewollt eine kleine Biotopsumsiedlung unternommen. Die artenreichste Fläche weist der ehemalige Rangierbahnhof der Deut-

Dreiländereck

Basler Rheinhafen, Bernoulli-Silo

schen Bundesbahn aus: rund vierhundert Pflanzenarten mit einem Anteil seltener und gefährdeter Arten – höher als in manchem Naturschutzgebiet –, wie aus dem Naturinventar des Kantons Basel-Stadt hervorgeht. Und das trockenwarme Klima – gemäß einer Studie von Meteo Schweiz sind Basels Sommertemperaturen jenen von Locarno nicht mehr fern – zieht auch ein Sammelsurium an unauffälligen Tierchen an. Statt der durchschnittlich 18,6 Grad rechnet man um das Jahr 2060 mit Temperaturen zwischen 20,4 und 22 Grad. Wer einmal an einem heißen Mittag über das DB-Areal stromert (der Schleicheingang befindet sich an der Freiburgerstraße gleich nach dem ersten Bahndamm links Treppe hoch), dem fliegen bei jedem Schritt scharenweise Heuschrecken um die Ohren, ebenso Unmengen an Schmetterlingen, darunter der seltene Kronwicken-Bläuling, der in der Schweiz nur im südlichen Tessin und im Kanton Genf vorkommt. Etwas genauer muss man schauen, um eine Gottesanbeterin zu sichten. Aber auch Smaragdeidechse (galt in der Basler Gegend lange als verschollen) und Schlingnatter leben hier. Wie lange sie das noch ungestört tun können, wird sich zeigen, soll ein großer Teil des DB-Areals doch für das Hafenbecken 3 draufgehen. Weil der Port of Basel langfristig mit einer Verdoppelung bis Verdreifachung des Containerverkehrs rechnet, will er ausbauen. Von einem trimondialen Terminal sprechen die Experten, von wo die Container direkt vom Schiff auf die Bahn oder LKW umgeladen werden können. Eine Investition von rund 160 Millionen Franken, die, wenn alles glatt läuft, bis 2025 umgesetzt sein könnte. Der andere Grund

Landschaftspark Wiese

des Umbaus: der Baurechtsvertrag mit der Stadt Basel, der 2029 ausläuft und auf dem unter anderem auch das Hafenbecken 1 verzeichnet ist. Die Stadt will den Vertrag nicht verlängern, weil sie das Areal gern als Wohnfläche nutzen würde. Damit wird die Westquaiinsel zum Entwicklungsgebiet. Wohnen am Wasser ist schick. Wilde Wellen hat die erste Visualisierung einer möglichen Wasserstadt geschlagen. »Rheinhattan« wurde zum Synonym für eine Hochhausinsel der Betuchten. Schnell formierten sich Gegner. »Greenhattan« zum Beispiel plädiert für ein Ökoquartier, autofrei und mit vielen Grün- und Freiflächen. Wie sich die Stadt bei ihrer Chance der Umnutzung anstellt, wird die nächsten Jahre für Spannung sorgen.

Den besten Überblick über das Areal verschafft man sich vom Bernoulli-Turm. Als ältestes Silo steht er unter Denkmalschutz. Von der Aussichtsterrasse des mächtigen Backsteinbaus (vermeintlich, denn er wurde in einer Zeit gebaut, als es noch Mode war, hässliche Nutzbauten mit hübschem Sichtschutz zu versehen; in Wahrheit also ein Stahlbetonbau mit Backsteinummantelung, der nach seiner Einweihung 1926 als modernstes und schönstes Lagerhaus im ganzen Rheingebiet galt, als größtes der Schweiz noch dazu) sieht man, wie der Hafen das ehemalige Fischerdörfchen Kleinhüningen fest verschlungen hält, ja fast verschlungen hat. Nur noch die Bürgins halten das letzte Fischereirecht in ihren Händen. Mitunter sieht man sie den Galgen (das Fangnetz) ins Wasser kurbeln, an ihrer »Salmewoog« an der Einmündung der Wiese. Die Familie ging als die ersten Fischer von Kleinhüningen in die Geschichte ein. Das Fischerhaus Bürgin steht immer noch, nur nicht mehr am selben Platz. Als der Hafen sich ausdehnte, stand es irgendwann einsam zwischen Lagerhallen. Für seine Rettung wurde eine Stiftung gegründet, die es Stein für Stein abtrug und an die heutige Stelle setzte. Vom Turm sticht es nur wenig links der Kleinhüninger Kirche ins Auge. Daneben die ehemalige clavelsche Villa (zu den Clavels kommen wir später). In der Ferne grüßt der Chrischonaturm auf dem Dinkelberg, das Ziel. Basels Mount Everest, ganz ohne Kletterstellen und Gletscherüberquerungen. Für den routinierten Berggänger also ein Klacks. Eine direkte Linie könnte durch den sehenswerten Dreiländergarten führen, doch ein paar wirklich hässliche Straßen stehen im Weg. Also bleibt nur die Wiesendamm-Promenade als grüner Schlauch durch die Betonwüste. Bevor wir uns aus dem Hafen schleichen, lohnt ein Besuch der Ausstellung »Verkehrsdrehscheibe Schweiz«, die Interessantes zur Hafengeschichte preisgibt. Wir erfahren da von der Mannheimer Akte, die seit 1868 der Schweiz via Rhein den freien Zugang zum Meer garantiert, die gesetzlich festhält, dass der Rhein von allen ohne Schifffahrtsabgaben genutzt werden darf. Wer sich also schon einmal gewundert hat, wie sich private Sportboote Schleusengänge leisten können – sie sind gratis. Und wem ein knallrotes, etwas merkwürdig anmutendes Boot auf dem Rhein noch nicht aufgefallen sein sollte, lernt die »Bibo Regio« kennen, ein sogenanntes Bilgenentölungsboot. Am tiefsten Punkt eines Schiffes, unter dem Maschinenraum in der Bilge, sammelt sich ein Wasser-Öl-Gemisch, das früher schonungslos in den Rhein abgelassen wurde. Seit 1978 pumpt es die Bibo kostenfrei ab zur fachgerechten Entsorgung. Gelebter Umweltschutz. Und Kapitän spielen (auf einem Frachtschiff heißt das Schiffsführer) darf man auch. In der Ausstellung lädt ein Simulator zum Navigieren ein.

Biotop DB-Rangierbahnhof

Dass auf der Wiese einst Fähren schipperten, ist längst vergessen. Der zwischen Brücken und Straßen eingepferchte Fluss (auf seinen letzten sechs Kilometern, auf denen der Fluss baselstädtisches Gebiet durchfließt, gibt es sage und schreibe 27 Brücken) leitet uns ins Grüne. Rauchzeichen steigen auf. Privatgrilladen. An warmen Sonnentagen verlegen viele Anwohner ihre Küche ans Ufer. Ein Kaleidoskop an Nationen, das Einblick in indische, asiatische, türkische, europäische Essgewohnheiten offeriert. Links und rechts die üppigen Wälder der Langen Erlen (Seitenblick 5 bei Tour 16) –

DREILÄNDERGARTEN

Mit der »Grün 99« entstand auch der Regiokunstweg, der die grenzüberschreitende Verknüpfung der Naherholungsgebiete symbolisieren soll. Da überrascht zum Beispiel das nach keltischem Baumalphabet gepflanzte »Haingedicht« von Barbara Meyer und Markus Gadient; oder mitten in der weiten Prärie des Mattfeldes die drei bauchigen, aus Ziegeln geschichteten Türme von Reiner Seliger. Pflanzen haben sich in den Ritzen eingenistet und schenken den rostroten Gestalten einen grünen Haarflaum. Ganz Landart eben. Im Sommer duften hier blumige Wiesen mit Rapsfeldern um die Wette. Ein Teil des Areals wird noch landwirtschaftlich genutzt.

Das herrschaftliche Gutsgebäude am Waldrand des Nonnenholzes, das vom Regiokunstweg ins Auge sticht, wird jedoch schon länger nicht mehr genutzt. Das könnte sich ändern. Geplant ist, das Anwesen in ein trinationales Innovations- und Begegnungszentrum für Umwelttechnologie und Naturschutz umzuwandeln. Nicht nur als neuer Sitz des Truz (Trinationales Umweltzentrum), das momentan noch im Hadid-Bau im Herzen des Dreiländergartens haust, sondern auch als Seminar- und Ausstellungsstätte, als Standort junger Unternehmen aus dem Ökobereich, dazu Café und Restaurant mit Biogastronomie. Und für die Anwohner rundherum kleine Mietgärten. Ein hübscher Gedanke.

Ein sehenswertes Freilandlabor des Truz befindet sich (beim »Platz der drei Länder« rechts) am sogenannten Sundgauhaus. Das über zweihundertjährige Fachwerkhaus stand einst im Elsass und wurde für die »Grün 99« am Mattraingraben wiederaufgebaut.

Einen Katzensprung entfernt: architektonische Kontraste. Das Kieswerk als Industriedenkmal wurde zur Künstlerhöhle umfunktioniert. Der Bildhauer Volker Scheurer und die Malerin Ania Dziezewska leben mit ihren Kindern darin. Ein Kronleuchter hängt im Baum, Glasspiele, Skulpturen stehen herum. Daneben die Betonfantasien von Zaha Hadid, der britisch-irakischen Stararchitektin, die sich schwungvoll in die Landschaft einfügen. Auf breiter Rampe lässt sich der Pavillon auch überschreiten. Nur mit der Bauausführung ist die Stadt Weil gar nicht glücklich, fressen doch jährlich jede Menge Mängel Gemeindegelder auf.

Themengärten weiter westlich (beim »Platz der drei Länder« links): Wassergarten, Keltengarten, Römergarten, Rosengarten. Unterwegs der Wasserspielplatz mit Tatzelwurm, den Kinder lieben. Und dann gibt es da noch die am Regiokunstweg platzierten Betonwürfel mit alemannischen Begriffen wie »Dildap«, »Blagööri«, »Muschkopf« als Ratespiel zum Schmunzeln.

Tatzelwurm

Kieswerk

ein Eldorado zum Abschalten, mit lauschigen Bänken, darunter die monumentalen Steinbänke, die ursprünglich (1858 bis 1905) zum Schutz gegen Hochwasser die Holzpfeiler der alten Rheinbrücke beschwerten.

Vielleicht kommt die Stadt ja einmal auf die Idee, den seit Langem stillgelegten Eisenbahndamm, der sich vom Tierpark durch die Langen Erlen nach Otterbach zieht, für das Fußvolk umzugestalten, als interessante Route in den Dreiländergarten. So muss über den Regiokunstweg ein etwas größerer Umweg gemacht werden, nichtsdestotrotz ein lohnender. Den Dreiländergarten, hervorgegangen aus der Landesgartenschau »Grün 99«, auszulassen, wäre einfach schade. Die Keimzelle des zwei Jahre später gegründeten Landschaftsparks Wiese, der auf rund 600 Hektar den ganzen Grünbereich der Wiesenebene umfasst. Auf dem Abstecher mag man gut und gerne einen halben Tag verbummeln. Also doch der Wiese folgen bis zur Schließi? Jedem, wie er will und kann.

Von der Schließi biegen wir ans linke Ufer des Riehenteichs (mehr über den Riehenteich bei Tour 16), orientieren uns nach der Einmündung des Mühleteichs links zum offenen Gelände der Spittelmatten, wo wir am Waldrand bei einem weiteren Kanal links ins Täuferwegli einbiegen. Woher kommt wohl der Wegname? Der Blick schweift zum Spittelmatthof, der einzige Bauernhof im Wasserschutzgebiet. Deshalb darf dort nur biologisch produziert werden, um das Grundwasser nicht zu gefährden. Ein uraltes Gut, dessen erste Pächterfamilie, die Hängers von Langenbruck, 1764 der Täufergemeinde angehörten Seit der Reformation wurden die Täufer als Ketzer verfolgt, im 18. Jahrhundert »schließlich allmählich geduldet, vor allem auch, da sie sich auf den meist abgelegenen Pachthöfen der Stadtbasler als zuverlässige Pächter unentbehrlich gemacht hatten«, verrät das Namensbuch.

Es zwitschert und summt auf dem Weg zu den Spittelmattweihern. Ein Refugium unzähliger Vögel und Amphibien im Altholzbestand jenseits des das Täuferwegli begleitenden Wasserkanals. Ein Schild von Life Science weist darauf hin, dass allein zwölf Libellenarten die Spittel-

Täuferwegli, Alter Teich

Dreiländereck–Riehen–St. Chrischona | **217**

mattweiher bevölkern. Verwunschen über Brücklein zum Entenweiher der Ornithologischen Gesellschaft Basel, wo eine Schautafel aufklärt, welche Wasser- und Hühnervögel wir sehen können. Da ein direkter Fußpfad zum Eisweiher fehlt, biegen wir linker Hand ins Erlensträßchen ein, beliebteste Radmeile zwischen Basel, Riehen und Lörrach, und dürfen die Kurve nach Riehen nicht verpassen. Noch vor dem Eisweiher, die meiste Zeit des Jahres eigentlich eine Spielwiese (mit rettendem Klohäuschen), lädt rechts das Biotop Wiesenmatten zum Beobachten von Amphibien ein. Die ersten Häuser von Riehen tauchen auf, die ersten sanften Höhenmeter. Falls man nicht zur Fondation Beyeler abgebogen ist, führt einen das Erlensträßchen zur Baselstraße. Rechts an der Ecke die Infothek, Anlaufstelle für Fragen, Führungen, Faltblätter. Für unsere Zwecke praktisch wären da zum Beispiel die zwei kostenlosen Faltpläne »Naturräume Riehen« und »Kulturräume Riehen«. Die Alte Kanzlei, ein Biedermeierbau, in dem sich neben der Infothek auch das Haus der Vereine befindet, entwarf Melchior Berri. So wundert es nicht, dass die Südseite des Hauses ein Berri-Briefkasten mit dem hübschen Basler Dybli schmückt. Seit dem 1. Juli 1845 bis heute in Funktion. Wer nun also einen Gruß zum Einwerfen hat, hier wäre die Gelegenheit in historischer Aura. Vor uns türmt sich Riehens Kirchenburg oder genauer, das, was übrig geblieben ist. Ein Blick zum hölzernen Sternenhimmel im Gotteshaus lohnt, auch ein Abstecher in die Kirchstraße, wo an den wichtigsten Häusern kleine Infotafeln aufklären.

Dem Kirchplatz schräg gegenüber lächelt Basels Ex-Bürgermeister und Riehens Ex-Obervogt von der Fassade des Wettsteinhauses herüber, sein Landgut beherbergt heute ein Spielzeugmuseum sowie das Dorf- und Rebbaumuseum. Kein Dorf in der Schweiz, das so viele Landgüter aufweist, zwanzig an der Zahl (fünf abgebrochen). Pflegte der Basler Daig doch gerne ein gediegenes »Nomadenleben« zwischen Stadthaus, Stadtvilla und Landsitz. Die Betuchten hatten freilich ihren eigenen Badezuber, während das Bauernvolk sich in der Schmiedgasse reinigte und gesund kurte.

Berri-Briefkasten

Wenkenpark, Riehen

Von der Schmiedgasse geht das Webergässlein ab. Gässlein war einmal. Wenn man alte Bilder anschaut, blutet fast ein bisschen das Herz ob der historischen Bausubstanz, die Mitte der 1960er-Jahre für ein Shoppingcenter weichen musste. Verständlich natürlich, dass die Gemeinde sich etwas hatte einfallen lassen müssen, um das Leben vor Ort zu halten, damit Riehen nicht zum Schlafdorf verkommt. Immerhin wurde der damit ausgelösten Verkehrsverstopfung 1977 mit einer Fußgängerzone entgegengewirkt. Der grünste Weg zum Bahnhof führt durch die Wettsteinanlage. Jenseits der Gleise leitet die Wenkenstraße ins Villenviertel. Wahres Lustwandeln dann auf dem Wenkenmattweg durch das Herz des Wenkenparks. Gewaltige Baumriesen rahmen englischen Rasen ein, eine Trauerweide kitzelt mit ihren Armen fast den verwunschenen Weiher. Die Tuffsteinbrücke liegt auf einer breiten Querachse. Links gleitet der Blick zur Reithalle, im Frühsommer flankiert von einem Flammenmeer an Rhododendren und Azaleen. Rechts liegen sich Alter und Neuer Wenken gegenüber. Der Alte Wenken schmückt als Erster das Basler Urkundenbuch, lange bevor Riehen Erwähnung findet. Die Urkunde von anno 751 verzeichnet ihn als eine Schenkung eines alemannischen Bauernpaars an das Kloster von St. Gallen – nicht etwa aus frommen Gründen, sondern um einer Enteignung während der Eroberungszeit der Karolinger zu entgehen. Im April 1113 kommt er in den Besitz des Klosters St. Blasien, Anfang des 17. Jahrhunderts dann in die Hände des Basler Daigs und 1714 schließlich in die Linie Burckhardt-Merian. Der eingeheiratete Zäslin ruft den Neuen Wenken ins Leben. Alexander Clavel tritt 1917 auf den Plan, kauft

Wenkenpark, Reithalle

erst den Neuen, später auch den Alten Wenken mit seiner Landwirtschaft hinzu. Die war schon längst ein Luxusunternehmen, wie Clavel schreibt, »das mich an diejenige meines Großvaters in Kleinhüningen erinnerte, der einmal seinen Gästen ein Glas Milch aus seinem Kuhstall und ein Glas Champagner offerierte mit dem Bemerken: Servez-vous à volonté, c'est le même prix!« Den Alten Wenken schenkt er der Stadt Basel. Für den Neuen Wenken richtet er 1954 die Clavel Stiftung ein, damit dieser Bereich für die Öffentlichkeit erhalten bleibt. Reithalle und englischer Landschaftspark gehen in den Besitz der Gemeinde Riehen. Erst als sich die Clavels 1968 ins Tessin zurückziehen, wird man aufmerksam auf die antiken Götter, die Zäslin einst nach dem Vorbild von Versailles hatte herstellen lassen. Es scheint, dass die Clavels den Statuen nicht sonderliche Bedeutung beigemessen haben, so wie sie da in allen möglichen Ecken des Parks vor sich hin moderten. Nach aufwendiger Restauration stehen die antiken Heroen wieder an ihrem angestammten Platz im Stilgarten. Darunter die *Venus avec les belles fesses* mit ihrem knackigen Hintern, zu besichtigen von April bis Oktober, wenn der französische Garten geöffnet ist. Seit 2008 befindet sich im westlichen Teil ein Schaugarten der Stiftung Pro Specie Rara mit alten und seltenen Pflanzen. Das »Lustschlösschen« im Empirestil sowie die Reithalle sind an Albrecht Catering verpachtet, die pompöse Events organisieren. So auch die Hochzeit von Tennisstar Roger Federer mit seiner Mirka am 11. April 2009 (bis ins kleinste Detail nachlesbar bei *Schweizer Illustrierte*).

Wenn der Wenkenmattweg auf den Hellring trifft, könnte man sich rechts noch einen Schwenk zum kleinen Waldhügel erlauben. Dort hatte Johann Jakob Merian-De Bary Ende der 1780er-Jahre einen kleinen englischen Garten anlegen lassen, »der als der früheste, in der Nachfolge der Arlesheimer Ermitage (1785) stehende Landschaftsgarten in Basel gelten darf«, schreibt Anne Nagel. Heute verwildert, Bäume haben sich breitgemacht. Noch steht der antike Säulenstumpf, den »der französische Architekt Aubert Joseph Parent in Augusta Raurica ergraben hatte«. Ebo und Odalsinde, in den Wegnamen überlebt, leiten uns zum Bettingerbach und am Spielplatz und Toilettenhaus vorbei wieder zum Wenkenmattweg, der emporstrebt nach Bettingen. Kühe wiederkäuen auf den Dorfwiesen teures Gras. Immobilienspekulanten zum Leidwesen, kaufte Bettingen das wertvolle Bauland der Stadt Basel ab, um den letzten Bauern am Ort zu halten, damit der Dorfcharakter erhalten bleibt. In seinem Wohnhaus (Brohegasse 9) beim Freibad war einst die von Spittler 1859 gegründete Taubstummenanstalt untergebracht. Gleich daneben das reformierte Kirchlein im schon etwas angemoosten Wellblechlook, seit 1963 ein Provisorium. Davor gab es überhaupt keine Kirche, gingen die Bettinger ins Gotteshaus von Grenzach oder Chrischona. Da lange zur Markgrafschaft gehörig, ist auch das historische Wegenetz des Dorfs »hauptsächlich in der Verkehrsrichtung gegen Grenzach und Chrischona orientiert«, so Chronist Iselin. Selbst als Bettingen 1513 von Basel gekauft wurde, blieb die kirchliche Verbundenheit. Bis 1848 musste die Gemeinde den Kirchenzehnten, eine Steuer aus Naturalien, Grenzach abliefern.

An der Buswendeschleife pulsiert Bettinger Dorfleben. Tratsch vor dem Dorflaade oder dem Café Wendelin. Ausflugsgäste streben dem Basler Hof zu. Kinder spielen um den Dorfbrunnen auf der Empore des Lindenplatzes. Fast könnte man den etwas zurückversetzten Dinghof mit der Hausnummer 8 übersehen, die Urzelle Bettingens. Nur noch die Jahreszahl 1371 erinnert an den abgebrannten Vorgängerbau. Der Hof, zu dem auch die Hausnummern 10 und 12 gehörten, wurde 1835 originalgetreu wiederaufgebaut und steht seit 1965 unter Denkmalschutz. Aber auch andere historische Bauernhäuser, wie jene am Jägerweg Ecke Obere Dorfstraße, sind wunderschön erhalten geblieben. Natürlich wundert man sich, dass die Bauherren von damals den schattigen, klammen Teil am Berghang wählten und nicht die Sonnenseite. Doch die war der Landwirtschaft vorbehalten, mit der man sein täglich Brot verdiente. Andere Zeiten, andere Sitten. Längst sind die Sonnenplätze zugebaut, für Chemiker und Professoren, für solche, die sich den Luxus »Wohnen im Grünen« leisten können. Wer es nicht geschafft hat, mag Bettingen als »Bonzenalp« belächeln. Vom Wiesenhang am Kaiser nochmals ein

Venus avec les belles fesses

letzter Blick auf das idyllische Dorfensemble, bevor Wald die Sicht nimmt. Vom Riesiwegli gehts in den Totenweg, »auf welchem die Leichen der Verstorbenen zum Friedhof auf St. Chrischona hinaufgetragen wurden«, schreibt Iselin in der Dorfchronik. Erst 1881 wurde in Bettingen der Gottesacker Im Silberberg eingerichtet. Wir haben ihn zuvor beim Freibad passiert.

Plötzlich öffnet sich der Wald und wir stehen vor der Chrischonakirche. Eine heilige Stätte, der heiligen Gebeine Chrischonas wegen, die Kardinal Peraudi 1504 als Reliquien verwahren ließ (Seitenblick Tour 15). Die Geschichte berichtet von unzähligen Heilungswundern. Der Volksglaube empfahl einen Besuch vor allem auch zur Linderung von Zahnweh. Ein Wallfahrtsort, der vielleicht so berühmt wie Einsiedeln hätte werden können – wenn nicht die Reformation dazwischengekommen wäre. Alles, was an den Katholizismus erinnerte, verschwand aus der Kirche. Dann die Verwüstungen im Dreißigjährigen Krieg. Jahrhundertelang siechte sie als Ruine dahin, bis Spittler das Gotteshaus entdeckte und zum Sitz der Pilgermission erkor. Fünf Franken Miete pro Jahr, ein Schnäppchen könnte man meinen, das noch bis 1965 andauerte, dann schenkte Basel die Kirche der Chrischona-Gemeinde zum 125. Jubiläum. Heute so groß wie ein Dorf, doch in welch ärmlichen Verhältnissen der Beginn. In der Kirche wurde nicht nur gepredigt, sondern auch geschlafen, gekocht, gegessen. Den Lebensunterhalt verdienten sich die ersten Chrischona-Brüder mit Knopfmacherei, Korbflechten und Arbeit beim Bauern nebenan. Elf Jahre Männerhaushalt, bis sich endlich eine Frau fand, die den engen Räumlichkeiten gewachsen schien. Christiane Pregizer trat 1951 ihr Amt an. Lohn lehnte sie ab, allein Kost und Logis genügten ihr für Gottes Werk. Wo sie denn schlafe, wollte die neue Hausmutter wissen. Das Massenlager der Männer? Keine Option, so baute man ihr eine Bretterwand ein. Wie eng es damals zugegangen ist, kann man sich verdeutlichen, wenn man die Tür zum Turmeingang öffnet. Dahinter befand sich die Küche, Christiane Pregizers Reich. Nur Mut, die Stiege hinauf in den Dachboden. Bis 1860 schliefen dort noch 42 Männer. Die heute leere, verwunschene Mansarde gibt in alle Himmelsrichtungen einen wundervollen Blick preis. Kein Wunder, dass sich da gerne Verliebte treffen. Die Holzdielen haben schon so manche Heiratserklärung gehört. Auf Chrischona läuten Hochzeits- und Taufglocken oft, fruchtbarer Boden eben. Ein Stockwerk des Turms verbirgt auch ein kleines Museum, zugänglich für solche, die sich einer Führung anschließen. Wir treten wieder an die Frischluft und spazieren über den Campus. Die Eben-Ezer-Halle, zum 50. Jubiläum der Chrischona-Gemeinde 1890 ganz in Holz erbaut, steht immer noch (Denkmalschutz). Sie beherbergte einst auch die Kaffeehalle zur Bewirtschaftung des Ausflugsvolks, bis Beschwerden wegen mangelnder Aussicht zum Bau des Restaurants Waldrain führten. Das Brüderhaus mit Uhrtürmchen birgt im Foyer Fresken, darunter das sehr seltene Motiv des Lammes am Kreuz. Der Kräuter- und Blumengarten am Wegesrand lullt mit Düften und Farbenpracht ein. Es gibt tatsächlich immer noch Einheimische, die sich fragen, was die Chrischona-Gemeinde eigentlich darstellt. Heute nennt sie sich Chrischona International und ist auf der ganzen Welt verstreut. Eine freie Kirche, also weder katholisch noch reformiert, weder Sekte noch Hare-Krishna-Bewegung. Hier werden junge Frauen und Männer zu Theologen, Missionaren und Gemeindepädagogen ausgebildet. Gleichzeitig agiert Chrischona als Verleger und Buchhändler, seit 1909 mit den Alpha-Buchhandlungen in Deutschland, seit 1920/21 mit dem Brunnenverlag in Gießen und Basel.

Mitunter möchte man auf dem heiligen Hügel gar nicht herumspazieren, sondern einfach nur sitzen auf der Kirchterrasse unter den Kastanienbäumen, träumen, nachdenken, den umfangreichen Weitblick genießen, der vom Tödi bis zur Jungfrau, über den Jura und die Vogesen reicht. Ein Kraftort. Es geschehen immer wieder Merkwürdigkeiten. Dass jemand umkippt oder sich plötzlich vitaler, mit Energie aufgetankt fühlt oder mit unterdrückten Gefühlen, Problemen konfrontiert wird. Ein Ort der Klärung eben, sagen die Chrischonisten. Es wäre interessant, hier einmal die Bovis-Einheiten messen zu lassen.

Alpenblick von der Chrischona

ROUTE 13

Ausgangspunkt
Dreiländereck (Haltestelle Kleinhüningen, Tram 8 / Bus 36, dann noch 10 Min. zu Fuß den blauen Schildern nach)

Endpunkt
St. Chrischona (Bus 32)

Zeit
3 h 30 bis 4 h 30

Unterwegs
Restaurant Treibgut (fest installiertes Gastroschiff): www.dasschiff.ch

Restaurant Rostiger Anker: www.rostigeranker.ch

Naturinventar: Übersichtskarte der schützenswerten Flächen unter www.stadtplan.bs.ch und im Menü rechts bei Thema »Natur, Wasser & Geologie« anklicken.

Ausstellung »Verkehrsdrehscheibe Schweiz«: www.verkehrsdrehscheibe.ch

Bernoulli-Silo Aussichtsterrasse, leider nur noch per Führung zugänglich: www.portofbasel.ch

Fischerhaus Bürgin: www.fischerhaus-kleinhüningen.ch

Tierpark Lange Erlen (siehe auch Seitenblick 3 Tour 16): www.erlen-verein.ch

Wiese: www.landschaftsparkwiese.info

Dreiländergarten: www.truz.org; www.kieswerk-open-air.de (Kino); www.spectaculum.de (Mittelalterfest)

Restaurant Schließi: www.restaurant-schliessi.ch

Infothek Riehen: www.kulturbuero-riehen.ch

Fondation Beyeler (s. Variante): www.fondationbeyeler.ch

Bistro Reithalle: www.reithalle-wenkenhof.ch

Café Wendelin (Mo–Fr vormittags) gegenüber dem Bettinger Dorflaade

Restaurant Baslerhof: www.baslerhof.ch

Restaurant Waldrain beim Chrischonaturm: www.waldrain.ch

Routen-Telegramm

Dreiländereck – Riehen: Rheinhafen – Westquai – Wiesendamm-Promenade – Restaurant Schließi – rechts Wildschutzweg – nach Brücke links – am Waldrand links Täuferwegli – Spittelmattweiher – Reservat Entenweiher – erst links, dann rechts Erlensträßchen ❶ – bis Riehen Zentrum (Infothek) an der Baselstraße – geradeaus Schmiedgasse ❷ – und am Gemeindehaus rechts zur Wettsteinanlage oder rechts an Kirche und Wettsteinhaus vorbei und nach dem Lüschergut durch das gusseiserne Tor in die Wettsteinanlage – Brunnwegli – Bahnhofsunterführung

Riehen – St. Chrischona: Bahnhofsunterführung – Eisenbahnweg – Wenkenstraße – Wenkenmattweg ❸ – Silberbergweg – Bettinger Gartenbad – Brohegasse – an der Polizeistation Treppe hoch zum Lindenplatz – geradeaus Brunnengasse – links Obere Dorfstraße – Hauptstraße kurz rechts, dann links am letzten Haus in den Treppenweg den Wiesenhang hinauf – Riesiwegli – Totenweg – St. Chrischona ❹

Einsteigen/Aussteigen

Start (oder Abbruch) am Dreiländergarten, Bus 55 Haltestelle Grün 99 zwischen Otterbach und Weil

Abstecher

Dreiländergarten: Wiesendamm-Promenade – beim Eisernen Steg am orografisch rechten Ufer in den Pirolweg – dann links Regiokunstweg, Zeit: 0 h 30

Fondation Beyeler: Erlensträßchen – links Hutzlenweg – links Bachtelenwegli – rechts Bachtelenstraße – Fondation Beyeler ❶ – Überquerung Baselstraße und links zum Sarasinpark – an der Musikschule (im ehemaligen Elbs-Birrschen Landgut) rechts Rössligasse – Fußgängerzone Webergässchen – am Gemeindehaus in die Wettsteinstraße – Wettsteinanlage – Brunnwegli – Bahnhof. Zeit: 0 h 10

Seitenblicke

❶ Vom Glück des Schauens
❷ Wo man sich lecken ließ
❸ Der Wenkengeist
❹ Wo es funkt

Restaurant Rostiger Anker

SEITENBLICKE

Vom Glück des Schauens

Hier hat man nicht die Kunst ans Gebäude, sondern das Gebäude der Kunst angepasst. Tagelang saß Ernst Beyeler vor einem Modell und hantierte mit Kopien seiner Sammlung, um die optimale Wirkung herauszubekommen. »Man muss alles tun, um einem Bild, einer Skulptur die bestmöglichen Bedingungen zu schaffen, den richtigen Raum, das vorteilhafteste Licht«, gab er in einem Interview mit der Zeitschrift *DU* preis. Während der Drucklegung der Heftnummer im Februar 2010 verstarb der 88-jährige leidenschaftliche Kunsthändler, der zum Museumsdirektor wurde. Die Autorin Annemarie Monteil schreibt: »Von ihm lernten wir die Kunst und das Glück des Schauens.« Sie spricht damit vielen Menschen aus der Seele. Ernst Beyeler hat sich einen Ruf erarbeitet, der weit reicht, und blieb dennoch bescheiden. Schulden nahm er auf sich, weil er sich von manchem Bild nicht trennen konnte. Echte Passion eben. Als seine Sammlung in Madrid ausgestellt wurde, kam die ganze Dimension zum Vorschein und die Idee eines eigenen Museums war geboren. Im Oktober 1997 eröffnete die Fondation Beyeler im Park des Berower Guts an der Baselstraße. Architekt: Renzo Piano, der schon mit dem Centre Pompidou in Paris Aufmerksamkeit erregte. Dass es Piano und Beyeler gelungen ist, Natur, Tageslicht und Kunst in ein spannendes Verhältnis zu setzen, bestätigen die hohen Besucherzahlen. Das Gebäude wirkt trotz seiner Größe leicht und luftig, wie ein Gartenpavillon. Gedämpftes Oberlicht dringt durch das Glasdach. Jedes Bild hängt an seinem idealen Platz. Henri Rousseaus Urwaldbild setzt sich im üppigen Grün des Parks fort, über Claude Monets *Nymphéas* huschen die Lichtreflexe des Seerosenteichs... Die Westfront erlaubt Ausblicke über Obstbaumwiesen zum Tüllinger. Im Winter 1989 bot sich da ein bizarres Bild, als Christo und Jeanne-Claude 178 Bäume verhüllten – Kunstwerk und Plattform für Greenpeace und WWF gegen das Abholzen von Regenwäldern. Mit interessanten Aktionen wartet die Fondation Beyeler immer wieder auf. Jüngst im Gespräch, einen Teil des angrenzenden Landguts aufzukaufen für ein neues Ausstellungsgebäude und damit auch den großartigen, bisher privaten Iselin-Weber-Park der Öffentlichkeit zugänglich zu machen.

→ www.fondationbeyeler.ch

Wo man sich lecken ließ

Mit ihrer Laterne »Riehen-Les-Bains« gewann 1908 die Basler Mittwoch-Gesellschaft den ersten Platz. Die Fasnachtsclique nahm da die Riehener auf die Schippe, weil ein erneutes Thermalbad nicht zustande kam.

»D'Bure wärde Baderknecht – im Kurgast goht's erbärmlig schlächt!« Kein Wunder, wenn man sich das Berufsbild des Baders anschaut. Ein Bader betreute nicht nur die Badestube, er schnitt auch Haare, entlauste, rasierte Bärte, ließ zur Ader, setzte Schröpfköpfe oder Blutegel, zog Zähne, verarztete Wunden, Geschwüre, Knochenbrüche, war als Geburtshelfer und Chirurg tätig – das alles ohne medizinische Ausbildung. Es herrschte lange die Meinung, Hauptursache aller Krankheiten sei dickes Blut und vom Baden werde es dünn. Großer Beliebtheit erfreuten sich Schwitzbäder. Die Badegäste saßen in einem geschlossenen Raum, in dem der Baderknecht durch Übergießen heißer Steine gehörig für Dampf sorgte. Dabei ließ man sich »lecken«, das heißt vom Baderknecht mit einer Quaste aus Eichenlaub schlagen, um die Entschlackung zu fördern. Die Ofenbank wurde als »Leckbank« bezeichnet. Das heutige Wort »Sauna« klingt freundlich. Nach dem Bade folgte gewöhnlich das Schröpfen. Die mildere Form des Aderlassens, aber doch unangenehm, wie aus einem Brief von Bürgermeister Rudolf Wettstein hervorgeht: »Heute habe ich schräpfen lassen. Der hat mir den Rücken mit einem getrüllten Lumpen so zerrieben und zerfetzt, dass ich zum dritten Mal zurückgegriffen und gefühlt, ob auch noch etwas vom Fell vorhanden sei.« Die Saugglocken zur Blutentnahme ließ sich Wettstein kein zweites Mal ansetzen.

Die erste Badestube in Riehen taucht 1533 urkundlich auf und befand sich in der Schmiedgasse 14. Bis zur Reformation vergnügten sich dort beide Geschlechter. Das Wasser lieferte der Immenbach, dessen Heilwirkung 1752 zu einer chemischen Analyse veranlasste und sich bestätigte. Von der beliebten Badestube überlebte nurmehr ein gotischer Torbogen mit dem Baderwappen, den findet, wer die Papeterie Wetzel betritt. Schräg vis-à-vis eröffnete um 1685 ein gewisser Lorenz Weissenberger in der Schmiedgasse 21 ein weiteres Dorfbad. Seine Nachkommen stellten über zwei Jahrhunderte die Bader von Riehen. Aus der Familie sticht Heinrich Weissenberger hervor, der sich eine Konzession für die Nutzung des Immenbachwassers verschaffte und 1844 ein Kurhaus an der Bahnhofstraße / Ecke Brunnwegli baute. Neben Riehener kam gleichfalls Grenzacher Heilwasser zum Einsatz, eigens in Fässern herbeigeschafft. Möglicherweise brachte die Konkurrenz des Emilienbades (Seitenblick Tour 14) den Bädertourismus in Riehen zum Erliegen. 1952 wurde das Haus abgerissen. Aber das Badbrünnli mit Heilwasser vom Immenbach gibt es noch, dort wo das Brunnwegli in der Wettsteinanlage beginnt. Wers nach altem Rezept probieren möchte: Zucker und etwas Riehener Kirsch hinein!

Neeracher 1933, Meier 1982

SEITENBLICKE

Der Wenkengeist

3 Reiche Menschen tragen manchen Spleen. Wie es scheint, auch Johann Heinrich Zäslin, der sich im Stile Louis XIV. ein Lustschlösschen und einen französischen Garten bauen ließ und selbst gerne wie der Sonnenkönig herumlief, wie unschwer auf einem Gemälde im Neuen Wenken (besagtes Lustschlösschen) erkennbar ist. Von 1735 bis 1752 prägte Zäslin, durch Salzhandel und Eisengießereien zu enormem Vermögen gekommen, den Wenkenhof. Ein seltsamer Vogel mit ausschweifendem Lebensstil, der auch nach seinem Tod keine Ruhe finden will. Er zeigt sich gerne späteren Besitzergenerationen, »die Empfinden für das Geheimnisvolle haben«, schreibt Alexander Clavel-Respinger, dem der Geist zweimal erscheint. »Man dürfe den vornehmen Kavalier in feiner Rokokotracht dann nicht anreden, sondern nur mit einer stummen Verbeugung begrüßen...« Der Seidenfabrikant und seine Frau Fanny lassen sich 1917 im Wenkenhof nieder und geben ihm seine heutige Gestalt. So versuchen sie, alte Pläne studierend, das Lebensgefühl des Dixhuitième, das Zäslin verkörperte, wieder herzustellen und aufzufrischen. Ob wegen der schönen Fanny oder dem Wenkengeist, Rainer Maria Rilke weilt gerne zu Gast. Von allen guten Geistern geritten, bauen die Clavels das Gut zum Reiterparadies aus. Galopppisten, wo sich heute Spazierwege durch den Landschaftspark winden, die dreiflügelige Reithalle, in der nun ein Parkettboden für festliche Anlässe glänzt. Von der Reithalle fällt der Blick schnurgerade über den »rondpoint« mit Weiher und Tuffsteinbrücke zum Bronzepferd auf der Belvedere-Terrasse. Mit dem Bau dieser Achse geben die Clavels dem Wenkenpark eine neue Dimension. Sie schaffen es sogar, dass die Bettingerstraße verlegt wird und nicht mehr dicht am Alten und Neuen Wenken vorbeiführt. Das schlossähnliche Portal wird zur Herausforderung, vor allem die zwei goldenen Hirsche, die es flankieren. Denn der Transport der in Paris gefertigten 2,80 Meter hohen Sechzehnender gestaltet sich haarig, verfangen sie sich doch immer wieder mit Geweih und Ohren im Astwerk der Alleen. Es folgen Schwierigkeiten an der Grenze, die Clavel ganz raffiniert löst. Die viertausend Franken Einfuhrzoll (der nach Gewicht geht) für die Bleistatuen sind ihm zu hoch. Er schenkt die Hirsche der Stadt Basel, die somit zollfrei eingeführt werden dürfen. Die Stadt muss sich allerdings verpflichten, »dass die dekorativen Figuren auf ewige Zeit den Eingang des Wenkenhofs an der Bettingerstraße schmücken.« Zu guter Letzt müssen die Hirsche auch noch geköpft werden, weil sie nicht durch die Unterführung am Badischen Bahnhof passen. Wieder perfekt zusammengeflickt blicken sie bis heute in Richtung Basel. Ihr Ebenbild, von dem sich Clavel inspirieren ließ, steht übrigens im Park des Château d'Anet (Normandie). Jener Hirsch, an den sich die Konkubine von Heinrich II. entblößt anschmiegt. Ob Zäslin nun fremdgeht?

📖 Clavel-Respinger 1957

Wo es funkt

④ Im Grunde wäre der Chrischonaturm der höchste Punkt der Fußreise, der als höchstes Bauwerk der Schweiz wie eine Rakete 250 Meter in den Himmel schießt. Immerhin darf man im Rahmen einer Führung auf 137 Meter hinauf. Ein Aufzug bewältigt die 799 Stufen in 40 Sekunden. Für einen ungewöhnlichen Apéro kann das Sitzungszimmer eine Etage höher im 47. Stock gebucht werden. Die Chrischonasiedlung wirkt wie Liliput, von einem Waldgürtel umkränzt, im Dunst der Talschaften das Häusermeer von Basel und Co., in der Ferne Alpen, Jura, Vogesen, Schwarzwald. Schon 1954 gab es hier einen ersten Funkturm, der dazumal für 76 Fernsehgeräte im gesamten Baselbiet ausstrahlte. Später kam Radio hinzu und 1961 ein 136 Meer hoher Stahlfunkturm, recycelt von einem bekannten Sendeplatz der Innerschweiz, im Bettinger Volksmund »Rosthaufen aus Beromünster« genannt. Die rasende Entwicklung der Telekommunikation machte 1980 einen neuen Turmbau nötig. Der 13 Meter tiefe Unterbau schluckt mehr als 50 Prozent der 23 000 Tonnen schweren Beton- und Stahlkonstruktion, um Standhaftigkeit auch bei Erdbebenstärke von 8 auf der Richterskala zu gewährleisten. Orkan Lothar mit seinen 220 km/h Windgeschwindigkeit brachte die Antennenspitze lediglich 40 Zentimeter zum Schwanken. Rund 50 Satellitenschüsseln schmücken den Turmkorb wie einen Christbaum. Der dunkle Behälter mittendrin funktioniert als Wasserreservoir, birgt zwei Bassins zu je 100 Kubikmeter und versorgt die wasserarme Chrischonasiedlung mit Trinkwasser.

→ www.swisscom.ch/broadcast

Basel vom Hornfelsen aus

14 Basel Rhein Ost

Alles im Fluss – ein Rheinkrimi

Von der Hightech- in die Römerzeit, Chemie neben Biotopen – krasse Kontraste beim Bummel am Rhein zu den Nachbargemeinden.

Iris Kürschner

»Qualitative Verdichtung« nennt sich charmant der Abriss platzverschwenderischer Objekte (z.B. Villen oder Schrebergärten), um neuen Wohnraum zu schaffen. Basel stößt im wahrsten Sinne des Wortes an seine Grenzen. Er ist nicht nur der kleinste Kanton der Schweiz, sondern auch der am dichtesten besiedelte und zählt mehr Einwohner als der größte Kanton Graubünden. Grundfläche ist rar und teuer, so wird vermehrt in die Höhe gebaut. Der 2014 in die Höhe geschossene Roche-Turm (178 m) wird bald einen noch größeren Bruder (205 m) bekommen. In den nächsten zwanzig Jahren, haben findige Statistiker errechnet, wächst die Basler Bevölkerung um sechs Prozent. Werden sich in Zukunft Wohntürme (Zonenplan Basel Ost) im Grüngürtel zwischen Rankhof und Friedhof Hörnli in den Himmel bohren? Im Herbst 2014 stimmte die Bevölkerung ein klares Nein. Doch die Diskussion ist noch lange nicht zu Ende.

Des Weiteren schielt man ins angrenzende Ausland. »Die Wyhlener Wiesen sind unternutzt und halten durch ihre isolierte Lage ein großes Potenzial an entwicklungsfähigem Raum verborgen«, lässt sich aus einer Diplomarbeit des ETH Studio Basel (betreut von den Stararchitekten Herzog & de Meuron) zum Thema »Wohnen am Rhein« vernehmen. Diese bildet die Grundlage für das Projekt Lagune. Luxusappartements,

Hafen

die Yacht vor der Haustür und eine Brücke über den Rhein, um schnell zur Arbeit zu kommen. Soll da ein Klein-Dubai zwischen Grenzach und Wyhlen entstehen? Ein Prestigeobjekt für die IBA 2020?

Auf unserer Tour wird uns einiges sauer aufstoßen über Projekte und Skandale, auch wenn man das vorerst nicht sieht oder nicht mehr sehen kann. Noch beginnt die Wanderung gefällig mit denkmalgeschütztem Snack- und Toiletten-Stopp. Der Kiosk an der Grenzacherstraße greift sehr schön die Architektur des Birsfeldener Kraftwerks auf, überrascht mit Bullaugen. Jogger, Radler, Spaziergänger bevölkern den Zugang zur Kraftwerksinsel. Thementafeln klären über das Kraftwerk auf, über die Fisch- und Vogelwelt. Der hier gestaute Rhein dient zahlreichen Vögeln als Winterrast oder Brutplatz. Eigens für die Flussseeschwalbe dümpelt ein Nistfloß am Inseli.

Jenseits der Schleuse hielt die letzten Jahre das »Biotop am Stausee« die Anrainer des Quartiers Sternenfeld in Atem, was sich ausführlich in der Chronik unter biotop-birsfelden.ch nachlesen lässt Aufgrund von »qualitativer Verdichtung« steht die über dreißigjährige Weiheranlage immer mal wieder auf dem Spiel, trotz der Aufnahme 2006 ins Naturinventar der Gemeinde Birsfelden. Quartier Sternenfeld zur Hälfte Hafen- und Industrieareal. Noch bis 1950 rumpelten da Flugzeuge über ein freies Feld. Bilder des ersten Basler Flughafens hängen im Restaurant Sternenfeld. Wir halten uns am Rhein, falls der Bermenweg nicht geschlossen ist. Ein Schild warnt: »Unfallgefahren wegen Rheinufer und Güterumschlag. Rettungsringe beachten!« Wem das nicht geheuer ist, folgt den Wanderschildern zum Restaurant Waldhaus. Der Bermenweg gibt an Werktagen Einblick in die Geschäftigkeit des Birsfelder- wie des Auhafens, sprich der wichtigsten Ölhäfen der Schweiz (sie decken dreißig bis vierzig Prozent des eidgenössischen Jahresverbrauchs von Brenn- und Treibstoffen). Aber auch Trockengüter werden umgeladen, wie Metalle, Getreide, Futtermittel, Dünger, Baumaterialien und chemische Erzeugnisse. Kräne rotieren, Schläuche pulsieren, Sand oder was auch immer rieselt aus Baggerschaufeln. Dazwischen liegt der Hardwald mit dem Restaurant Waldhaus als Ruhepol. Den brauchts auch, um sich von den psychischen Torturen (wohlgemerkt nur werktags, an Wochenenden droht keine Gefahr) zu erholen.

»Dieselöl in den Rhein geflossen. Grund: Der Schlauch war nicht richtig montiert. Wegen der starken Strömung konnte die Ölwehr allerdings keine Ölsperre errichten.« Solche Notizen gehören zum Alltag der Häfen. Und immer wird die Bevölkerung beruhigt, besteht natürlich keine Gefahr. So wie damals bei der Sandoz-Katastrophe, als in der Nacht des 1. Novembers 1986 auf dem Gelände der Schweizerhalle 1351

Tonnen Chemikalien verbrannten und sich der Rhein rot färbte. Abgetan von Behörden und Chemie zunächst als ganz gewöhnliche Begleiterscheinung. »Der mitten in der Nacht aufgebotene Beamte des Baselbieter Umweltamts schlägt denn auch nicht Alarm, sondern geht schlafen, nachdem der Großbrand gelöscht ist«, findet Martin Forter heraus, dessen Buch *Falsches Spiel* einem die Sprache verschlägt. Anhand von unzähligen Belegen deckt der Altlastenexperte darin die Machenschaften und die Vernebelungstaktik der Basler Chemie auf. Unglaublich, vor der Brandkatastrophe gab es keine behördlichen Kontrollen, es wurde an die Eigenverantwortlichkeit der Industrie appelliert. Die Giftmischer durften quasi im rechtsfreien Raum operieren. Und das hieß vor allem billig produzieren. Das schadstoffreiche Abwasser ging bis 1982 ungefiltert in den Rhein oder versickerte im Boden, den hochgiftigen Chemiemüll verbuddelte man ungeschützt in Kiesgruben wie Feldreben, Margelacker und Rothausstraße. Alles in unmittelbarer Nähe vom Hardwald – wohlgemerkt Grundwassergebiet. Weil das Grundwasser seit Jahrzehnten nicht mehr natürlich fließt, muss es für die Trinkwassernutzung künstlich angereichert werden. Um das zu erreichen, pumpt die Hardwasser AG Rheinwasser ab, leitet es in offene Gräben und Teiche, »wo es im sandig kiesigen Boden des Hardwaldes versickert. Das derart stark vermehrte Grundwasser fasst die Hard-

Rheinuferweg

Grenzach, alter Ortskern

wasser AG in Brunnen und verkauft es ohne weitere Aufbereitung als Trinkwasser. Sie gewinnt aber weniger Trinkwasser, als sie Rheinwasser im Boden versickern lässt. So verbleibt im Untergrund ein Wasserüberschuss, der sogenannte Grundwasserberg. Dieser soll seit fünfzig Jahren die Trinkwasserfassungen in der Muttenzer Hard schützen, indem er verhindert, dass Schadstoffe aus den Chemiemülldeponien, den Chemiefabriken in Schweizerhalle und dem Auhafen am Rhein ins Trinkwasser von 200 000 Menschen gelangen«, erklärt Forter. Das Gleiche gilt für die gegenüberliegende Rheinseite, denn das Grundwassersystem ist unter dem Rhein verbunden. Zur Kühlung ihrer Produktionsanlagen saugt die Industrie große Mengen Wasser ab. An Wochenenden oder Feiertagen stehen die Kühlwasserpumpen still. »Stoppt die Hardwasser AG ihrerseits die künstliche Grundwasseranreicherung, bricht der Grundwasserberg früher oder später ein, der das verschmutzte Grundwasser verdrängen soll. Damit ist für die Schadstoffe der Weg zu den wenige Hundert Meter entfernten Trinkwasserbrunnen der Gemeinden Muttenz und Grenzach-Wyhlen sowie der Hardwasser AG weitgehend offen.« Analysen von Ciba-Geigy und Novartis bestätigen, dass das Grundwasser schon vor der Brandkatastrophe verschmutzt ist, mit krebserregenden Schadstoffen, mit Leber- und Nierengiften. Besorgniserregend, weshalb diese Untersuchungsberichte als »vertraulich« in den Akten verschwinden. Erst durch die heftigen Reaktionen der Bevölkerung, den massiven Druck der Öffentlichkeit sieht sich die chemische Industrie gezwungen, in Umwelt- und Sicherheitsvorkehrungen zu investieren. Doch sie lässt nichts unversucht, zu manipulieren. Was Forter da zusammenträgt, liest sich spannend wie ein Krimi – ein echter Krimi, denn es betrifft alle Anwohner im Raum Basel, egal ob links- oder rechtsrheinisch.

Lassen wir das Grübeln im Moment, es ist ein strahlender Tag, die Terrasse des Waldhaus idyllisch, der Rhein fließt träge dahin, und wenn wir die Industriebauten wegbeamen, ists fast so wie damals, als die Rheinfähre zwischen der Au und Grenzach noch fuhr. Der Bau des Auhafens 1938 und die damit verbundene Ausbaggerung nimmt der Fähre die notwendige Strömung. Zudem läge die ursprüngliche Anlegestelle nun im Hafenareal, wo Privatpersonen nichts zu suchen haben. Es bedeutet das Aus einer Fähre mit fast achthundertjähriger Tradition. Zeitsprung zurück ins Heute. »Schön, dass es das Restaurant Auhafe noch gibt! Auch wenn ich längst nicht mehr in Basel bin, ist es für mich der einzige Ort mit echter Hafenatmosphäre«, gibt ein Eintrag aus dem Gästebuch preis. Das Restaurant Auhafen ist das proletarische Pendant zum Waldhaus, nur fünf Minuten entfernt. Biker und Büezer schätzen die ordentlichen Tellerportionen zu anständigen Preisen. Sonntags kann man sich mit einer Dschungge zum Brunch abholen lassen und im August sorgt ein Country-Festival für ausgelassene Stimmung.

Schleuse, Kraftwerk Augst-Wyhlen

Auch wenn sich an den Auhafen Schweizerhalle anschließt, der Rheinpfad gibt sich nun bis zum Kraftwerk Augst-Wyhlen wildromantisch. Herrschaftliche Bäume und Buschwerk kaschieren weitgehend das, was man nicht sehen will. Im Frühling wuchert Bärlauch am Wegesrand und überdeckt diverse chemische Gerüche. Fischergalgen reihen sich am waldigen Ufer, heute Wochenendhäuschen, vor dem Bau der Rheinkraftwerke brachten sie einträgliches Lachsgeschäft ein. Die MS Christoph Merian schnauft vorbei, kämpft gegen die Strömung. Wir müssen uns sputen, wollen wir den Schleusenvorgang beobachten. Am Wasserkraftwerk Augst-Wyhlen drängen sich schon Schaulustige auf der Brücke. Für Jung und Alt stets ein Ereignis, das Manöver eines wuchtigen Schiffes in die schmale Schleuse. Erst seit 1994, im Zuge der Renovierung des Kraftwerks, ist die Grenzüberschreitung möglich. Bis dahin behalf man sich mit der Fähre Kaiseraugst-Herten, die immer noch fährt und nun eine feine Rundwanderung am Altrhein erlaubt. Mit der Rheinstauung geflutet die Insel Gewerth. Die Insel, die man heute sieht, entstammt dem Aushubmaterial vom Bau des Kraftwerks. Wir biegen links in die etwas oberhalb verlaufende Straße Am Wasserkraftwerk. Noch ein paar Meter den Degussaweg entlang, fädeln wir vor dem ersten Firmenzaun in den Rheinuferweg ein und nähern uns dem Südpol Baden-Württembergs. Diese geografische Besonderheit war der Gemeinde Grenzach-Wyhlen ein eigenes Schild inklusive Sitzbank wert, um die vom Landesamt für Geoinformation bestätigten Koordinaten 7°41'32,4''47°31'56,5 für den südlichsten Punkt auch gebührend zu würdigen.

Weiter durch den Uferdschungel, vorbei am Asphaltwerk, öffnet sich bald der Blick nach rechts über Wiesen und Äcker. Doch wie lange noch? Der Baselbieter Immobilienunternehmer Gérard Benone sieht hier neunstöckige Wohntürme mit 500 bis 600 Luxusappartements an einer künstlichen Lagune. Geschätzte Kosten für Ausbaggerung und Anlegung des Geländes 43 Millionen Euro, für die Immobilien 300 bis 400 Millionen Euro. Genießen wir den Hochrheinwanderweg, solange er noch so ist, wie er ist: ein bisschen wild, ein bisschen matschig. Über

Biotop Kiesgrube Wyhlen

Naturschutzgebiet Altrhein Wyhlen

akkurate Reihen knackiger Salate (je nach Saison auch anderes) schweift der Blick zum mit Chrischonaturm gekrönten Dinkelberg. Seit einigen Jahrzehnten bewirtschaftet eine Riehener Gärtnerei die Felder hier im Wasserschutzgebiet. Als Schweizer Gemüse dürfen die Produkte verkauft werden. Ein Handelsabkommen erlaubt im grenzüberschreitenden Zehn-Kilometer-Bereich den zollfreien Warenaustausch. Wir passieren den Ruderclub. Das Wirtshaus am Rhein kommt sehr gelegen. Auf der Terrasse mediterrane Atmosphäre, die Küche exzellent und unter der Balustrade lockt das Schwimmbad – eines der attraktivsten der Umgebung mit weitläufigem Park und Fünfzig-Meter-Becken. Der prächtige Baumbewuchs blendet die Industrie aus.

Die Rheinallee empfängt mit Düften, die dann nicht mehr unbedingt der Nase schmeicheln. Auch dem Auge nicht, zumindest rechter Hand. Ein verchromtes Ungeheuer voller Rohre und brummender Kessel. Bis 2003 die Vitamindivision von Hoffmann-la-Roche, dann übernahm der holländische Life-Science-Konzern DSM die Produktion und avancierte zum größten Vitaminhersteller der Welt. Ein Milliardengeschäft, das nur den Konzernen nützt, denn langjährige Studien haben längst ergeben, dass regelmäßiger Konsum von Vitaminpräparaten das Krebsrisiko und die Sterblichkeitsrate erhöht. Wir beißen da lieber in einen knackigen Apfel oder eine saftige Tomate, was nicht nur besser schmeckt, sondern auch wirksamer ist.

Dort, wo die Rheinallee nach rechts schwenkt, erinnert nur noch ein Brunnen an die alten Zeiten, als hier die sogenannten Rheinhäuser

Vitaminbastion DSM, Grenzach

der Grenzacher Fischer standen und einen der romantischsten Plätze bildeten. Der Bau der Wasserkraftwerke nahm den Fischern ihre Grundlage. Weder Lachs noch Salm (beides übrigens der gleiche Fisch, der eine mager, der andere fett) schaffte es, durch Schleusen oder über Fischtreppen rheinaufwärts zu gelangen. Normalerweise würde man an der Anlegestelle wieder auf den Rheinuferwanderweg einschwenken. Doch für die nächsten Jahre wird dieser gesperrt bleiben. Ein hoher, mit Eisenspitzen versehener Zaun riegelt das Gelände ab. Hochsicherheitszone. Der Giftmülldeponie Kesslergrube auf dem Areal von BASF und Roche steht die Sanierung bevor. Dabei wollte sich die BASF, Rechtsnachfolgerin von Ciba-Geigy, herauswinden und verpachtete ihr Gelände einem Unternehmen für Sondermüllaufbereitung. Mit dem kritischen Hinterfragen der Bevölkerung hatte man wohl nicht gerechnet. Einsprache auch seitens der Schweiz, die ihre Trinkwasserfassungen gefährdet sah. Der massive Protest erwirkte im März 2013 eine Veränderungssperre des BASF-Areals. Ein wichtiger Schritt in Richtung nachhaltige Zukunft. Raus mit dem Dreck und Umwandlung zum Gewerbe- oder Wohngebiet fordert die Bürgerinitiative »Zukunftsforum Grenzach-Wyhlen«. Beides funktioniert nur bei Totalsanierung. Wieder stellt sich BASF in den Weg. Während Roche auf ihrem Gelände den Giftmüll vollständig ausheben und extern entsorgen möchte, besteht BASF auf Einkapselung ihres Anteils der Kesslergrube. Die Roche-Variante würde mindestens sieben Jahre dauern und rund 239 Millionen Euro netto kosten, die BASF-Variante zwei Jahre und etwa 28 Millionen Euro netto (inklusive Betriebskosten für einen Zeitraum von fünfzig Jahren). Peanuts für BASF, eine Firma, die zwischen 2009 und 2013 circa 22 Milliarden Euro Überschuss erwirtschaftete. Nun streiten die Einheimischen mit der BASF um den Begriff der Nachhaltigkeit.

»Flachdenker« hätte wohl Jacob Burckhardt (1818–1897) solche, die für eine Einkapselung plädieren, genannt. Wenden wir uns etwas Erheiterndem zu und folgen den Spuren des Basler Kunst- und Kulturhistorikers, der Grenzach so liebte, den Wein und die Beizenvielfalt. Also schnurstracks durch die Gerücheküche der Rheinallee zur Bahnhofsunterführung, was gottlob nicht weit ist.

ehemaliges Gasthaus Krone in Grenzach

Jenseits der Gleise strebt die Jacob-Burckhardt-Straße zur Kreuzung am Gasthaus Ziel (Ziel steht für Grenze, in diesem Fall für die ehemalige Grenze zwischen der Markgrafschaft und Vorderösterreich, die das Dorf bis 1741 teilte), in dem der Gelehrte (dessen Porträt seit 1995 die 1000-Franken-Note ziert) sich gerne mit seinen Freunden traf. Eigentlich müsste die Fortsetzung auch noch seinen Namen tragen, denn in der Hauptstraße ein paar Meter nach der Post befand sich Burckhardts Lieblingsbeiz. Mit der aus Bettingen stammenden Wirtstochter Luise Schlupp pflegte er zu musizieren, doch vor allem war er dem Liebreiz von deren Cousine Bäbeli Richter verfallen, die oft im Gasthaus Krone bewirtete. Seine Sehnsucht nach Grenzach zwickte ihn bei seinen Auslandsreisen, selbst im »göttlichen Südland«, wo sein bedeutendstes Werk, *Die Kultur der Renaissance in Italien,* entstand. So dichtete er dort heimwehgeladen: »Wie tausendfach mich lockt des Südens Pracht,/ Viel heiliger ist Grenzach's Sternennacht!« Zu Burckhardts Bestürzung gab Luise Schlupp 1887 die Wirtschaft auf. »Sie glauben gar nicht, wie wehmüthig das Haus jetzt ohne die stattliche herausgehängte Krone anzuschauen ist«, schrieb er an einen Freund. Die Krone hängt wieder, nur gewirtet wird seit den Schlupps leider nicht mehr. Fast wäre das historische Haus einem Abriss zum Opfer gefallen, hätten sich nicht ein paar heimatverbundene Grenzacher eingesetzt.

Schräg gegenüber schützt ein adretter Holz-Glas-Bau die Römervilla. Falls offen, unbedingt einen Blick hineinwerfen. Schleckermäuler lassen auch den Surdmann nebenan nicht unbeachtet. Berliner, Apfelkrapfen oder Linzer Torte munden nirgends so gut wie beim letzten echten Grenzacher Bäcker. Kleine Stärkung für den Hang, an dem das

Vorzeige-Grenzach klebt. Der alte Dorfkern mit seinen Gassen ist klein, aber fein. Steigen wir zum Rathaus auf, dem spätklassizistischen Bau, der uns in Pastellfarben entgegenblitzt, und biegen in die Rebgasse. Kein Durchgangsverkehr stört die Dorfidylle. An der evangelischen Kirche vorbei setzt sich etwas oberhalb die Rebgasse links fort. Hier haben die Weinreben längst Wohnhäusern Platz gemacht. Einst erstreckte sich ein Traubengürtel den ganzen Südhang des Dinkelbergs vom Grenzacher Horn bis Wyhlen entlang.

Wir schlendern am Friedhofszaun vorbei. An seinem Ende würde ein absteigender Treppenweg einen Abstecher zum Emilienpark erlauben, doch die Mineralquelle, die Grenzach fast zum Kurort gemacht hätte, wird leider nicht mehr unterhalten. Gegen Ende der Rebgasse verwildertes Kulturland, lauschige Ruhebänke mit Blick zum Grenzacher Schlössle (vom 15. bis 18. Jahrhundert die Residenz der Bärenfels) und zum Emilienpark. Wo die Rebgasse in den De-Bary-Weg übergeht, erinnern noch Reste einer Parkanlage unter alter Kastanie an das Anwesen der De-Bary-Villa. Die Villa musste 1976 einem Einfamilienhaus weichen. Wenig später, endlich, begleiten uns die vermissten Reben, die sich bald zum Hornfelsen aufschwingen. Die südlichste Reblage Badens brachte schon immer einen begehrten Tropfen hervor. Der geschützte Sonnenhang, aber auch der Kalkstein, der nachts die gespeicherte

Grenzacher Hornfelsen

RÖMISCHER HOTSPOT

Kaum eine Region, in der man auf so viele römische Funde stieß wie im Hochrheintal. In der vom 1. bis ins 3. Jahrhundert währenden Friedenszeit ließen es sich die Römer hier gut gehen. Sie machten Augusta Raurica, das zur Blütezeit 15 000 bis 20 000 Einwohner zählte, zur bedeutendsten Stadt am Rhein oberhalb Straßburgs und zur größten Stadt der heutigen Schweiz. Das Volk vergnügte sich im Theater, flanierte über herrschaftliche Plätze, schwelgte in öffentlichen Bädern und betete sich in opulenten Tempeln von den Sünden rein. Highlights waren Tierhatzen und Gladiatorenkämpfe in der großen Arena am Südrand der Stadt. Erst in den 1980er-Jahren wurde das Amphitheater freigelegt und rekonstruiert. Heute ein einmaliger Ort für Freilichtkonzerte, Bühnenstücke und das alljährlich im August stattfindende Römerfest.

Dass dazumal Brücken auf die rechtsrheinische Seite führten, beweist der Brückenkopf gleich an der deutschen Anlegestelle der Fähre Kaiseraugst-Herten. Ein weiterer Brückenpfeiler befindet sich seit der Rheinstauung durch das Kraftwerk Augst-Wyhlen im Jahre 1912 unter Wasser, und zwar auf der heute nur noch als schmaler Streifen sichtbaren Insel Gewerth. Auf der Insel gabelte sich die Straße. Die Hauptroute setzte zum Auhof über und führte entlang der heutigen Ritterstraße zum Grenzacher Horn. Sie war »Teilstück jener römischen Fernverkehrsstraße, die von Norditalien kommend über den Großen Sankt Bernhard durch das Schweizer Mittelland, dann über den Hauensteinpass nach Augusta Raurica führte, dort den Rhein überquerte und über Weil, Badenweiler, Offenburg, Ladenburg zur Provinzhauptstadt Mainz führte«, schreibt der Archäologe Bernhard Greiner. »Die Reisezeit einer Truppe betrug in römischer Zeit 20 bis 30 km pro Tag, sodass jede mögliche Abkürzung einen nicht unerheblichen Zeitgewinn bedeutete und genutzt wurde. Durch den Brückenschlag bei Augusta Raurica wurde also etwa ein Viertel Tag Reisezeit eingespart, da man nicht über Basilea (Basel) um das Rheinknie herummarschieren musste, und durch den Trassenverlauf rechts des Rheins bis Straßburg kam gut nochmals ein eingesparter Tag hinzu.«

Die zweite römische Straße vermuten die Archäologen entlang der heutigen B 34 über Wyhlen und Grenzach. Als Nebenstraße verband sie Gutshöfe, die Augusta Raurica mit Lebensmitteln wie auch mit handwerklichen Erzeugnissen belieferten. Villa rustica nannte man die einzelstehenden Gutshöfe. Eine der größten und prächtigsten stand in Grenzach – die Säulenvilla des Carantius, die dem Ort auch den Namen gegeben haben soll. Dank den Erdrutschungen und Abschwemmungen durch die Hanglage am Dinkelberg sind die Fundstücke ausgezeichnet konserviert worden und deuten auf einen sehr wohlhabenden Bürger von Augusta Raurica hin, der die Villa als seine Sommerresidenz nutzte. Seit 1986 ist die Anlage im alten Dorfkern an der Hauptstraße überdacht und entführt auf spannende Zeitreise in die Welt der Römer. Dazu noch gratis (Spenden sind natürlich willkommen).

Wärme an die reifenden Trauben abgibt, sorgen für hohe Öchslegrade. Im altehrwürdigen Waldhorn am Grenzübergang – wir werden uns nicht von der Beschilderung »Kungfu-Haus« abschrecken lassen – wollen wir am Ende der Tour, wie schon Burckhardt und Hesse, einen kippen, mit dem guten Grenzacher anstoßen, der dort trotz chinesischem Restaurant immer noch angeboten wird. Weit ist es nicht mehr. Liegt noch eine Besteigung des Hornfelsens drin? Von den zwei Sitzbänken zwischen der Rebanlage führt ein Pfad hinauf. Vor einigen Jahrzehnten übrigens ein begehrter Platz, um die Geschehnisse auf dem vis-à-vis des Rheins liegenden Flugplatz Sternenfeld zu beobachten, vor allem die Zeppelinfahrten und Flugshows. Tempi passati auch die Kutschgespanne und Flaneure auf der Rheinuferstraße. Längst stockt dort gerne der Verkehr in Form stinkender Blechkolonnen. Menschen, die zum Aldi streben, wo bis 1974 das beliebte Gasthaus Rheinlust stand. Immerhin hat das Waldhorn überlebt. Hesse lässt seinen Camenzind dort pausieren, Wein genießen. Und Burckhardt, der »Beizenbummler«, war sowieso Stammgast. Gleich vis-à-vis im Zollhaus verbrachte ein anderer Weltstar vier Jahre seines Lebens. 1949 wurde Klaus Maria Brandauer von seinem Vater, einem deutschen Zollbeamten, aus dem österreichischen Altaussee ans Hörnli geholt. Der Sechsjährige ging in Grenzach zur Schule, wo man stolz darauf ist, seiner Laufbahn eine Richtung gegeben zu haben. Im Theaterstück *Struwwelpeter* spielte Klaus Maria die Titelrolle und nach der Aufführung gab der Direktor den Eltern seine Anerkennung zum Ausdruck: »Aus dem Jungen wird mal ein Schauspieler.« Darauf stoßen wir an!

Wyhlener Wiesen

Richter 1984, Greiner 1997, Kemkes 2012, Forter 2010

→ www.zukunftsforum-gw.de, www.kesslergrube.de

ROUTE 14

Ausgangspunkt
Bushaltestelle Allmendstraße
(Bus 31 oder 38)

Endpunkt
Hörnli Grenze (Bus 31 oder 38)

Zeit
5 h 30 bis 6 h

Unterwegs
Kraftwerk Birsfelden: www.kw-birsfelden.ch

Biotop am Stausee: www.biotop-birsfelden.ch

Führungen Flusskraftwerke und Trinkwasseraufbereitung Hard: www.linie-e.ch

Hotel Restaurant Waldhaus:
www.waldhaus-basel.ch

Restaurant Auhafen: www.auhafe.ch

Gasthof Solbad, Sommerpark am Rhein:
www.gasthofsolbad.ch

Schweizer Rheinsalinen, Museum
in der Villa Glenck, geöffnet nur auf
Voranmeldung: www.salz.ch

Salzladen, geöffnet Mo–Fr, 13.30–18.30 Uhr:
www.salzladen.ch

Dampfbetriebene Gartenbahn am Rhein,
östlich der Villa Glenck: Fahrtage zwischen
April und Oktober an diversen Samstagen
von 11 bis 18 Uhr, www.ysebaehnli-am-rhy.ch

Römerstadt Augst: www.augustaraurica.ch

Römerfest Augusta Raurica: www.roemerfest.ch

Römervilla Grenzach, geöffnet von April
bis 1. November an Sonn- und Feiertagen von
15 bis 18 Uhr, im Juli/August auch mittwochs
von 17 bis 19 Uhr: www.vfhg-grenzach-wyhlen.de/roemervilla

Gaststätte im Grenzacher Schwimmbad:
www.wirtshaus-am-rhein.de

Pizzeria Bella Italia im ehemaligen Ochsen,
Hauptstr. 20, Tel. 07624/9848022

Gasthaus Waldhorn am Hörnli:
www.kungfuhaus.de

Routen-Telegramm

Grenzacherstraße – Augst: Bushaltestelle Allmendstraße ❶ – Kraftwerksbrücke über den Rhein ❷ – dann links immer am Rhein entlang (Birsfelder Rheinhafen – Waldhaus – Auhafen – Gasthof Solbad – Villa Glenck ❸) – bis zum Kraftwerk Augst-Wyhlen

Augst – Hörnli Grenze: Auf der deutschen Uferseite rheinabwärts – Grenzacher Schwimmbad – Rheinallee – Bahnunterführung – Burckhardt-Straße – Hauptstraße ❹ – Rathaus – Rebgasse ❺ – De-Bary-Weg ❻, ❼ – Baselstraße – Hörnli Grenze ❽

Tipps

Tipp 1: Start am Bushalt Rankstraße und durch die Rheinhalde zum Kraftwerk bummeln. Zeit: 0 h 15

Tipp 2: Badesachen einpacken und beim Park des Gasthofs Solbad vom Rhein abbiegen. Wenn man denn schon im Kurhaus Solbad Schweizerhalle nicht mehr baden kann, so gibt es eine Alternative. Am Bushalt Saline in die Düngerstraße (wo sich auch der Salzladen befindet) und bei den Gleisen links in den Dammweg, der über die Autobahn direkt zum Aquabasilea an der Hardtstraße führt (0 h 15). Beheizt wird der Wellnesstempel (das Beste sind Hamam und Saunalandschaft) übrigens mit der Abwärme der umliegenden Industrie sowie einer Solaranlage auf dem Dach des dazugehörenden Hotels:
www.aquabasilea.ch

Tipp 3: Rheinaufwärts wandern (bis Kraftwerk Augst-Wyhlen 2 h 30, Abstecher Augusta Raurica 0 h 20) und mit dem Schiff zurück oder umgekehrt. Fahrpläne: www.bpg.ch

Tipp 4: Mit dem Bus zum Kraftwerk Augst-Wyhlen, eine Runde am Altrhein drehen (Vogelbeobachtungsposten, römische Brückenköpfe an der Fährstelle), schließlich am deutschen Rheinufer über Grenzach zurück

Seitenblicke
- ❶ Naturschutzpioniere
- ❷ Der Traum vom Fliegen
- ❸ Gesalzene Geschichte
- ❹ Ein Römer ist s
- ❺ »Mineralsprings and Emiliabath at Grenzach on the Rhine«
- ❻ Die »Jumpfere De Bary«
- ❼ Der Monte Krenzach
- ❽ Die Heilige vom Hörnli

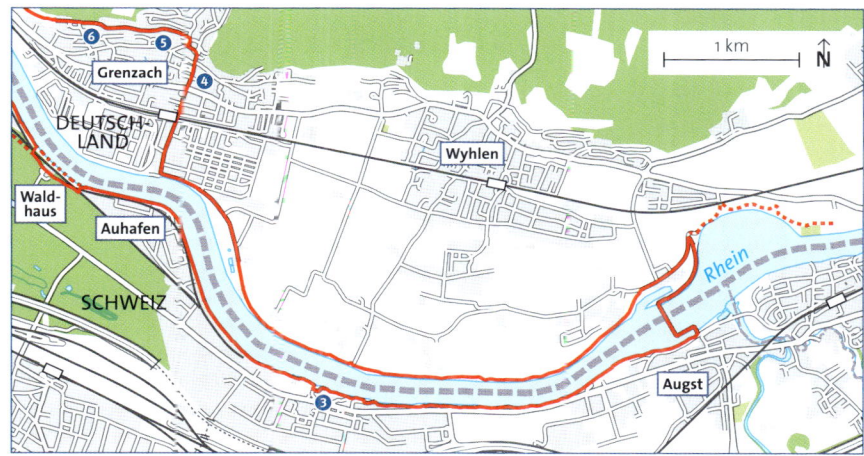

Grenzacher Hörnli, Zollhaus, Gasthaus Waldhorn, vom Inseli gesehen

SEITENBLICKE

Naturschutzpioniere

1 Wo liegt das älteste offizielle Naturschutzgebiet der Schweiz? In Graubünden, werden die meisten vermuten. Noch ein Jahr vor dem Schweizer Nationalpark fällte aber der Regierungsrat von Basel-Stadt am 12. Februar 1913 den historischen Beschluss für die Rheinhalde – dank der Bemühungen der Schweizerischen Naturschutzkommission, deren Präsident, der Basler Naturforscher Paul Sarasin, seine Hände auch bei der Gründung des Schweizer Nationalparks mit im Spiel hatte. Im Jahr 1917 schickte er einen Biologen zur floristischen Untersuchung des Uferstreifens an der Grenzacherstraße zwischen Schwarzwaldbrücke und Hörnli Grenze. Dieser kartierte 485 verschiedene Tier- und Pflanzenarten, eine erstaunliche Vielfalt für einen nur etwa 1,6 Kilometer langen und 30 bis 40 Meter breiten Streifen. Flussschotter verbacken mit Kalk, sogenannte Nagelfluhköpfe, die sich bei Sonne aufheizen, sorgten für das ideale Habitat Wärme liebender Pflanzen. Der Rhein pflegte quasi das Biotop. Seine hohe Fließgeschwindigkeit sorgte für Erosion, sodass sich kein Humus bilden konnte. Die Rheinregulierung durch die Kraftwerke beendete diesen natürlichen Prozess. Mit dem Humus kam der Wald und im Schatten der Bäume verschwand die Vielfalt. Einmal jährlich räumen nun Forstdienst und Stadtgärtnerei mit Zivildienstlern kräftig auf, um der Vielfalt eine neue Chance zu geben. Vertriebene Seltenheiten wie Eselsdistel und Feldquecke tauchen wieder auf. Ein Bummel lohnt vor allem zwischen Grenzacher Promenade/Rankhof und Kraftwerk, zumal die Säuberungsarbeiten auch wieder Rheinblicke freigeben.

Der Traum vom Fliegen

2 Am 28. Oktober 1928 darf Béa das »Basler Dybli« taufen. Champagner beweiht unter Applaus auf dem Sternenfeld das erste Clubflugzeug des Aero-Club Basel. Béatrice Simonius-De Bary strahlt vor Stolz. Als erste Frau in der Schweiz hält sie das Flugbrevier in den Händen. Gemeinsam mit ihrem Mann wirkt sie mit bei der Gründung der Balair 1925 (Balair vereinigt sich später mit der Zürcher Luftverkehrsgesellschaft Ad Astra Aero zur Swissair) und des Aero-Club Basel 1928. Eine neue Ära ist angebrochen, in der das bisher den Privilegierten vorbehaltene Fliegen zum Allgemeingut wird. Auf dem seit 1920 eingerichteten Flugplatz Sternenfeld, anfangs nicht viel mehr als eine Wiese, tut sich was. Das Sternenfeld fungiert bis zum Zweiten Weltkrieg als zweitwichtigster Flugplatz der Schweiz.

Aufgrund der engen Platzverhältnisse und Plänen für Kraftwerksbau, Schleuse und Birsfelder Rheinhafen sucht man lange nach einem alternativen Areal, liebäugelt mit Gempenplateau, Bruderholz, Hardwald. Im August 1950 dann der Abschied vom ersten Basler Flugplatz. Der Spatenstich für den neuen Ersatz in Blotzheim war bereits am 8. Mai 1946 erfolgt. Heute der EuroAirport Basel-Mulhouse-Freiburg.

Gesalzene Geschichte

Glenck ließ buddeln und bohren wie ein Berserker. Fünfzehn erfolglose Bohrversuche allein in der Schweiz, die den deutschen Bergbauingenieur fast in den Konkurs trieben. Dann endlich stieß die Equipe am 30. Mai 1836 beim Muttenzer Rathaus auf das ersehnte »weiße Gold«, ein Salzlager in 135 Meter Tiefe. In der Region brach Goldgräberfieber aus, denn Salz bedeutete Reichtum. Damit konservierte man nicht nur Lebensmittel, sondern es war auch für Mensch und Tier lebensnotwendig. Glencks Fund war ein Segen für den noch jungen ärmlichen Landwirtschaftskanton Baselland; die Gewinne so reichlich, dass die Bürger bis 1892 gar von der Staatssteuer befreit waren.

In Anlehnung an Hall, den alten Ausdruck für Salz, nannte Carl Christian Friedrich Glenck seine Saline Schweizerhalle. Schnell entdeckte man auch den Wert von Solheilbädern. Drei Jahre nach Rheinfelden eröffnete 1850 das Kurhaus Solbad Schweizerhalle. Der Badebetrieb erfreute sich großer Beliebtheit, sodass 1873 mit einer Dependance, das heutige Gasthof Solbad, erweitert werden konnte. Salz als wichtiger Rohstoff in der Chemie gab die Richtung der Entwicklung. Immer mehr industrielle Bauten machten sich breit und das Kurhaus musste den Rang an das attraktivere Rheinfelden abtreten. Das Solbad kam an die Säurefabrik, diente ihr als Kantine. Der kleine Park zwischen Gasthof Solbad und Schiffslände erinnert noch an die einstige Kurepoche. Und in der Villa Glenck kann man im Museum Die Salzkammer (nur auf Voranmeldung) sein Wissen vertiefen. Übrigens das schrägste Museum der Schweiz: Es wurde über zwei Bohrlöchern gebaut, was die Schieflage erklärt.

Ruetz 2009

SEITENBLICKE

Ein Römer ists

4 Kommt Grenzach von Grenze? Könnte man meinen, ist Grenzach doch von der Grenze geprägt. Ein Grenzdorf am Bach vielleicht, weil die Silbe -ach aus dem germanischen aha (= Gewässer) hervorgeht. Gemäß dem Grenzacher Heimatforscher Erhard Richter kann das aber nicht sein. Das Wort »Grenze« hat sich aus dem altslawischen »granica« entwickelt, das erst im 16. Jahrhundert durch Luther in die deutsche Sprache Einzug fand. Grenzach, urkundlich schon 1275 erwähnt, schrieb man dazumal aber mit K, C oder Ch. Namensgeber ist »Carantiacum«, das Gut eines gewissen Carantius, dessen herrschaftliche Römervilla 1983 im Bereich des heutigen Dorfkerns ausgegraben wurde. Auf die Römer folgten im 3. Jahrhundert die Alemannen als neue Herren des Landes. Diese transformierten das Wort in ihre Sprache und so wird es auch heute noch mundartlich gesprochen: Chränzach.

Im Übrigen verdrängte »Grenze« das althochdeutsche »Mark«. »Markgraf« und »Markgräflerland« haben es überlebt.

Richter 1962

»Mineralsprings and Emiliabath at Grenzach on the Rhine«

5 Eine Sensation, als man im Frühjahr 1863 bei einer Bohrung an der Schlossgasse auf eine Fontäne stieß, die pro Stunde über 3000 Liter kohlensäurereiches, temperiertes, bitter schmeckendes Wasser lieferte. Die chemische Analyse brachte eine Mineraliendichte zutage, die den weltberühmten Heilquellen von Karlsbad, Marienbad, Franzensbad und Tarasp entsprach. Damit begann die gewerbliche Nutzung des Grenzacher Mineralwassers. Ein gewisser Emil Ferdinand Schoch errichtete 1878/79 ein Kurhaus, das er nach seinem Vornamen »Emilienbad« taufte. Postkarten, Prospekte (auch auf Englisch), dem Wiener Hofbuchhändler Leo Woerl ist es gar einen eigenen Führer über Grenzach wert, der 1890 in der Reihe Woerl's Reisehandbücher erscheint (und auch heute noch in der Buchhandlung Merkel erstanden werden kann). Geschwärmt wird von der »Lage dieses Kurortes in anmutigster Gegend«, von den »üppigen Weinbergen« und »entzückenden Aussichtspunkten«. An das Kurhaus im Schweizer Stil mit Bädern, Speisesaal, Gesellschafts- und Lesesalon schließt sich eine »Parkanlage mit hübscher Trinkhalle und Pavillon an. Im Parterre der Trinkhalle befindet sich die Mineralwasserquelle, darüber auf einer Empore ein größeres Orchestrion, die Stelle einer teuren Kurkapelle vertretend und den im geräumigen Pavillon oder vor demselben stehenden, mit Reben überspannten Laubgange sich aufhaltenden Gästen Unterhaltung verschaffend.« Welch ein Satz! Schön muss es gewesen sein. Auch die Basler kamen »in hellen Scharen jeden Morgen zur Quelle«, wie die *Kurzeitung* von 1922 verkündet, und »entströmten dem Kurpark mit zufriedenen Mienen, wie nach einer guten Predigt einer bis zum letzten Platz gefüllten Kirche«. Und dennoch, den diversen Anstrengungen, aus Grenzach einen renommierten Kurort zu machen, kamen der Erste Weltkrieg und das größere Gewicht einer Industrieansiedlung in die Quere. 1966 wurde das Kurhaus abgerissen. Doch noch immer florierte der Versand des Wassers, auch als Brauselimonaden mit Zitronen- oder Orangengeschmack. Das Aus kam 1972, da die Wasserausschüttung zunehmend abschwächte. Eine Zeit lang floss das Heilwasser noch aus einem öffentlichen Brunnen am Altersheim Emilienpark, bis 2006 eine EU-Richtlinie mit neuen Grenzwerten aufgrund von zu viel Radon den Betrieb untersagte.

Richter 1999, Woerl 1890

Die »Jumpfere De Bary«

»Mitten in dem sonnigen Rebhügel, der sich vom Hornfelsen gleich unterhalb des Waldes gegen das Dorf Grenzach hinzieht, liegt das frohmütige Heimwesen, das allen, die je dort Gastfreundschaft genossen haben, unzertrennbar scheint mit dem Bild seiner freundlichen Besitzerin, der ›Jumpfere De Bary‹!« In schwärmenden Worten hält Luise Schäfer-Schmidt 1915 die Erinnerungen an eine Frau wach, die ihr ganzes Leben der Nächstenliebe und Wohlfahrt widmete und deshalb unverheiratet blieb.

Maria De Bary wurde am 15. Februar 1837 in eine reiche Seidenband-Fabrikantenfamilie hineingeboren, die als Religionsflüchtlinge Anfang des 17. Jahrhunderts nach Basel kam. Im Familienbesitz befand sich auch ein Grundstück mit Häuschen am heutigen De-Bary-Weg in Grenzach, das zu einem prächtigen Landsitz ausgebaut wurde, in dem Maria die Sommer verbrachte. Bei den Grenzachern war die hilfsbereite, stets zu einem Schwätzchen aufgelegte Dame beliebt. Maria De Bary kümmerte sich um die Kinder- und Krankenpflege der Arbeiter im Familienunternehmen, war Mitbegründerin sozialer Frauenvereine, arbeitete für die Basler Mission sowie für das Diakonissenhaus in Riehen. Für ihre Aktivität während des Deutsch-Französischen Krieges 1870/71 beim Basler Hilfskomitee erhielt sie die Gründungsmedaille der Genfer Konvention.

Maria De Barys Wohltätigkeitsgedanke ging über ihren Tod im März 1913 hinaus. Mit ihrem stattlichen Vermögen bedachte sie nicht nur ihre Familie, sondern auch Freundinnen, Dienstboten, die Rebleute von Grenzach, Arme und Gebrechliche, sowie 32 Vereine, Organisationen, Spitäler, Schulen und Heime. Für ihr Begräbnis am 25. März konnte nicht einmal die zweitgrößte Kirche Basels

groß genug sein. Die Elisabethenkirche platzte aus allen Nähten, die ganze Stadt wollte von einer der »letzten Wohltäterinnen großen Stils« Abschied nehmen.

Schäfer-Schmidt 1915, Amstutz/Strebel 2002

SEITENBLICKE

Der Monte Krenzach

7 Gipsgruben, Steinbrüche, Galgen, Wall- und Wehranlage, Weinperle – am Monte Krenzach, der längst nur noch Hornfelsen heißt, bunkert sich Geschichte. Die über Jahrhunderte ausgebeuteten Steinbrüche formten ihn zu einer weithin sichtbaren felsigen Nase. Unzählige Basler Häuser, die Stadtmauer wie auch Vaubans Festung in Hüningen sind mit diesen Steinen gebaut worden. Zwischen dem 14. und 18. Jahrhundert gab es unterhalb des Horns ein Hochgericht. »Drie galgen do gehebt hant und lüte dar An erhengket wurdent«, wie eine Urkunde von 1365 festhält. Im Jahre 1947 entdeckten Forscher auf dem Hornfelsen Mauerreste einer mittelalterlichen Wallanlage. In Kriegszeiten durchbohrte man den Fels (die Löcher sind noch sichtbar) für eine Wehranlage – die südlichste des sogenannten West-walls, den Hitler zwischen 1938 und 1940 errichten ließ, eine Anlage von über 18 000 Bunkern mit Gräben und Stollen entlang der Westgrenze des Deutschen Reichs.

Doch wenden wir uns etwas Erfreulicherem zu: dem himmelhoch gelobten Grenzacher Wein. Der auch Joseph Victor von Scheffels Gaumen dermaßen beglückte, dass er ihn in seinem berühmten Werk *Trompeter von Säckingen* verewigte: »...'s ist ein alter auserlesener Wein von Grenzach. Glänzend blinkt er im Pokale, schwer, gediegen, lauterm Gold gleich.«

Seit dem Wandel vom Bauern- und Weindorf zur Industriegemeinde ist der Rebanbau in Grenzach drastisch geschrumpft. Von den 61,5 Hektar, die 1882 verzeichnet wurden, sind heute knapp zwei Hektar am Hornfelsen geblieben. Vermutlich wäre auch dieser Rest verschwunden, wenn nicht die Gemeinde das Areal gekauft hätte. Im Auftrag der Pächter, der Winzergenossenschaft Markgräflerland, bewirtschaftet seit 2002 die Familie Lang aus Winterswiler den Rebberg. Angepflanzt sind 80 Prozent Blauer Spätburgunder und 20 Prozent Cabernet-Carol. Der jährliche Ertrag von im Schnitt 8000 bis 9000 Liter reift als Cuvée in der Bezirkskellerei in Efringen-Kirchen vier bis fünf Jahre zu einem begehrten (und raren) Tropfen.

Die Heilige vom Hörnli

8 Von Tausenden fast wie eine Heilige verehrt und wie eine Mutter geliebt. Auf der anderen Seite von Behörden gemaßregelt, von der Polizei verfolgt, in vielen Büchern als Heuchlerin und Marktschreierin gebrandmarkt, als halb wahnwitzige Frau belächelt. Was muss das für eine Frau gewesen sein, die so viele kontroverse Gefühle auslöste? Baronin Juliane von Krüdener, Deutschbaltin aus Riga, lässt als Vierzigjährige von ihrem schillernden Leben voller Verschwendungssucht ab und fühlt sich fortan als Mystikerin von Gott berufen. Arme und Adelige zieht sie in ihren Bann, darunter den Zaren von Russland, den sie zum Pakt der »Heiligen Allianz« ermuntert.

Im Herbst 1815 reist sie mit ihrer Anhängerschaft ans Rheinknie. »Schnell spricht es sich in der Stadt herum, dass ›die Prophetin des Zaren von Russland‹ in Basel eingetroffen ist, wobei einer der anderen in Wundernachrichten von ihren ›Heilungen und Totenerweckungen‹ zu überbieten sucht«, schreibt Joachim von Kürenberg in seiner Biografie *Das Sonnenweib. Der Juliane von Krüdener seltsame Irrfahrt*. In einer Zeit von Hungersnot und Epidemien findet sie bei ihren öffentlichen Predigten im Wilden Mann reges Gehör, zumal sie den Armen auch warme Mahlzeiten spendert. Der Andrang nimmt solche Ausmaße an, dass die Polizei einschreiten muss und Juliane von Krüdener per Dekret auffordert, das Baselbiet zu verlassen. Auf badischem Boden im Gasthaus Waldhorn am Grenzacher Hörnli setzt sie ihre Tätigkeit im Januar 1816 fort. Krüdeners Vermögen ist aufgebraucht, doch noch ihre letzten Juwelen veräußert sie. »Oft lagen Hunderte von Hilfsbedürftigen vor dem Haus, um auf Essen und Kleidung zu warten«, so Joachim von Kürenberg. »Viele sind so ausgehungert, dass sie Hunde einfangen und schlachten.« Die Anwohner sind verängstigt, verlassen ihre Häuser nicht mehr. Die Lage spitzt sich zu; es kommt zu Verhaftungen durch die Landjäger von Lörrach. Predigten gegen Gewalt und Polizei wiegeln Herumlungernde auf, die sich mit den Landjägern in Kämpfen verstricken. Die Folge: Krüdener wird im Februar 1817 aus dem Großherzogtum Baden ausgewiesen. Auch Basel verweigert ihr den erneuten Eintritt. »Die so Abgewiesene ist sehr ärgerlich über die ›gottlosen Baseler Geldsäcke‹, über diese Stadt, die ›Millionen besitzt‹ und doch ›nur die Armen für die Armen und die Reichen unter sich selbst sorgen lässt‹.« Mit List schafft es der Krüdener Trupp bei Laufenburg über die Grenze. Doch egal, wo sie auftritt, jeder Kanton weist sie aus. Als gejagte Frau kehrt sie in ihr Heimatland zurück.

📖 Kürenberg 1940

Ruschbachtal

15 Die Grenze entlang

Fluchtwege

Mal Schweiz, mal Deutschland. Verwirrend der Grenzverlauf, der in Kriegszeiten über das Schicksal entschied

Iris Kürschner

Grüne Grenze ob Basel

Der Rhein als Grenze wäre logisch. Warum aber schwappt die Schweiz am Basler Knie rechtsrheinisch über? Wie eine Faust mit erhobenem Finger bohrt sie sich ins Deutsche hinein. Der Grund liegt in der Expansionspolitik der Stadt. Seit dem 13. Jahrhundert gehörten dem Bischof von Basel Besitztümer auf rechtsrheinischer Seite. Ab dem 14. Jahrhundert emanzipierte sich die Stadt zunehmend vom Bischof, trat 1501 der Eidgenossenschaft bei und kaufte ihm nach Kleinbasel (1392) auch die Dörfer Bettingen (1513) und Riehen (1522) ab. 1640 kam noch Kleinhüningen hinzu. Seitdem ist die Landesgrenze so gut wie unverändert geblieben.

Bis ins 19. Jahrhundert war diese Grenze für die Einheimischen kein Problem. Man pflegte enge Kontakte, war oft auch verwandtschaftlich verbunden, hatte Land da und dort, arbeitete hüben wie drüben oder tauschte Waren aus. Erst seit dem Beitritt Badens 1835 in den Deutschen Zollverein werden Zölle erhoben und erst seit 1914 mit dem Beginn des Ersten Weltkriegs auch Personen kontrolliert. Seither ist es jeder Heimische gewohnt, seinen Ausweis stets mit sich zu tragen und mit den Zollbestimmungen etwas Schabernack zu treiben. Schmuggel hat hier Tradition. Zucker, Kaffee, Zigaretten aus der Schweiz oder Milchprodukte, Alkohol, Fleisch aus Deutschland. Je nachdem, wo was gerade billiger ist. Mit dem Schengener Abkommen änderte sich einiges, wird nur noch sporadisch kontrolliert, die Patrouillen an der grünen Grenze sind verschwunden, die Zollhäuschen dort längst abgebaut. Die grüne Grenze zwischen Riehen, Bettingen und Grenzach-Wyhlen lädt heute zu malerischen Spaziergängen ein, doch in der Zeit um den Zweiten Weltkrieg hat sich dort Erschütterndes zugetragen. Als Kinder haben wir im Grenzwald gespielt, als Jugendliche Geheimbünde geschworen, heimlich geraucht oder Verehrer getroffen. Ahnungslos, während in der Schule ganz nach Lehrplan die Nazizeit durchgekaut wurde. Abstrakt, weit weg. Dabei zog sich für Jahre ein gewaltiger Stacheldrahtverhau durch unseren Wald, spielten sich Schicksale vor der Haustür ab. Das hatten die Pauker nicht erwähnt. Außerhalb der Lehrplanspflicht wird nicht gerne über diese Zeit gesprochen. Man übt sich in der Kunst der Verdrängung: »Das isch doch scho so lang her«, der Schuldabweisung: »Andri hänn au schlimmi Sache gmacht.« Nur allzu schnell verschwanden nach dem Krieg Akten, wurde verharmlost, abgelenkt. Viele Nazischergen verwandelten sich wieder in ehrbare Bürger.

Vergessen? Es schadet unserer Zukunft. Das dachte sich auch die Riehener Historikerin Lukrezia Seiler und sammelte Zeitzeugenberichte. Dokumente, die ergreifen. Die Grenze bekommt plötzlich ein ganz anderes Bild.

Am Bahnhof Riehen starten wir unsere Grenzwanderung. Eine verwirrende Konstellation: ein Schweizer Dorf, doch der Schienenstrang gehört der Deutschen Bahn. Die Züge wiederum werden von den SBB betrieben. Die Wiesentalbahn bringt deutsche Studenten zur Basler Uni oder Schweizer Hausfrauen zum Markt nach Lörrach. Ganz ohne Kontrolle. Die Vögel zwitschern Frieden von den Bäumen, und das Erinnern macht ihn noch wertvoller.

Bahngleise Riehen

Am 14. März 1933 flattert am Bahnhof von Riehen neben der deutschen erstmals auch eine Hakenkreuzfahne. Werner Hungerbühler, Redakteur der damaligen *Arbeiter-Zeitung,* traut sich als Erster, das symbolträchtige Stoffstück herunterzureißen. Seit Hitler sechs Wochen zuvor zum Reichskanzler ernannt wurde, tauchen vermehrt Hakenkreuzwimpel an den Fahrzeugen diverser Grenzgänger auf, was in Riehen immer wieder für Auseinandersetzungen sorgt.

Am Bahnsteig halten wir uns rechts, überqueren die Gleise und biegen ins Spittlerwegli ein, das den schicksalsträchtigen Gleisen der Wiesentalbahn gen Lörrach folgt. Flüchtlinge sprangen aus den Zugfenstern in die rettende Schweiz oder wurden von Zöllnern entdeckt und wieder zurückgestellt, zurück ins Verderben. An der dritten Querstraße auf Höhe der »Tagesstätte für Betagte« taucht jenseits der Gleise das ehemalige Bahnwärterhäuschen der Deutschen Reichsbahn auf. Frisch renoviert. Seit 2011 befindet sich darin eine Gedenkstätte für Flüchtlinge. Dort stoßen wir auch auf das Buch *Fast täglich kamen Flüchtlinge* von Lukrezia Seiler und Jean-Claude Wacker, das die Kriegssituation des Stadtkantons schonungslos darstellt, untermauert durch nachdenklich stimmende Zeitzeugenberichte, die uns auf unserem Grenzgang über Chrischona nach Wyhlen begleiten werden.

»DAS BOOT IST VOLL«

Mit der Machtergreifung Hitlers am 30. Januar 1933 begann der Terror gegen Andersdenkende. Bücherverbrennung, Schreib- und Lehrverbote, Boykott gegen jüdische Geschäfte, Enteignungen, Zwangssterilisation – die Verbrechen häuften sich. Und damit die Fluchtversuche über die Grenze in die rettende Schweiz. Doch nur mit viel Glück gelang das einigen wenigen. Man munkelt von 35000 Abgewiesenen, doch die Dunkelziffer wird höher sein. Akten über Ausweisungen fehlen, obwohl doch sonst immer alles gewissenhaft protokolliert wird.

Die Schweizer Flüchtlingspolitik spielte mit im Antisemitismus. So war das »neutrale« Land 1938 an der Kennzeichnung der Pässe deutscher Juden durch den »J«-Stempel beteiligt (was die Einreise in alle Länder der Welt erschwerte, wenn nicht gar verunmöglichte) und an der Einteilung der Juden weg von »politischen Flüchtlingen«, die aufgenommen worden wären, zu »Flüchtlingen nur aus Rassegründen«, die strikt an der Grenze abzuweisen waren. Zahlreiche Schweizer Firmen profitierten vom Hitlerreich, beispielsweise lieferte Ciba-Geigy die Farbstoffe für Hakenkreuzfahnen und Uniformen. Sie waren sich nicht zu schade, jüdische Mitarbeiter zu entlassen.

Trotz der angespannten Situation, denn in Riehen und Bettingen wusste jeder, dass im Falle eines deutschen Angriffs die Rheinbrücken gesprengt würden und die Schweiz sie nicht verteidigen würde, gab es viele Fluchthelfer. Aber auch solche, die mit den Deutschen sympathisierten. Und Pflichtbewusste, die aufgegriffene Flüchtlinge dem Polizeiposten meldeten, im Glauben, diese kämen in ein Internierungslager. Stattdessen wurden die Gejagten in den meisten Fällen an die Grenze zurückgebracht, zurück in die Hände ihrer Peiniger.

Mit Kriegseinbruch im September 1939 verschärfte sich die Situation. Grenzüber-

In der kritischen Zeit, im Mai 1940, verließen etliche Familien Riehen, um sich irgendwo in der Innerschweiz in Sicherheit zu bringen. Jedermann in Riehen wusste, dass die Rheinbrücken in Basel mit Sprengstoff geladen waren und beim Einmarsch der Deutschen sofort gesprengt worden wären. Unsere Eltern hätten das Geschäft natürlich nicht verlassen können, aber wir Kinder wären im äußersten Notfall nach Arosa zu Verwandten geschickt worden; jedes von uns hatte sein »Fluchttäschchen« bereit, und die Mutter hatte jedem einen Rucksack mit dem Notwendigsten gepackt.

Niklaus und Johannes Wenk, geboren 1927 und 1930 in Riehen

Von der Gedenkstätte an der Inzlingerstraße über den Bahnübergang zurück biegen wir in den Steingrubenweg ein, der sich bald von den Gleisen abwendet und ins Wohngebiet dringt. Das bordeauxrote Schul-

tritt nur noch mit Visum, Verwandtschaftsbesuche nicht inbegriffen. Familien wurden für Jahre auseinandergerissen. Fatal der Sommer 1942, als die Nationalsozialisten begannen, den Grenzverlauf auf deutscher Seite mit Stacheldraht abzuriegeln. Der gewaltige Stacheldrahtverhau zog sich auf achtzehn Kilometer Länge von Kleinhüningen bis zum Grenzacher Horn. Doch es gab eine Schwachstelle: die Eiserne Hand, wie sich der Schweizer Geländestreifen am Maienbühlhof nennt, der wie ein knorriger Finger in deutsches Gebiet zeigt. Weil sich die deutschen Behörden die mühsame Umzäunung der teilweise nur hundert Meter breiten und etwa zwei Kilometer langen Eisernen Hand sparen wollten, stellten sie ein Gesuch an die Eidgenossen, mit der Legung des Stacheldrahts über das kurze Stück Schweizer Boden die Eiserne Hand abtrennen zu dürfen. Die Schweiz blieb eisern. Das Gesuch wurde abgewiesen und die Stelle ohne Abriegelung belassen. Ein Nadelöhr für Flüchtlinge, höchst gefährlich, war die Lücke doch besonders stark und mit den gefürchteten Hundepatrouillen bewacht.

Im August 1942 rechtfertigte Bundesrat Eduard von Steiger die Grenzsperre mit der schlechten Ernährungslage. Sein Ausspruch: »Das Boot ist voll.« Der 2002 veröffentlichte Bergier-Bericht der unabhängigen Expertenkommission, der 1996 von der Bundesregierung zur Aufarbeitung der eidgenössischen Machenschaften während des Zweiten Weltkriegs in Auftrag gegeben wurde, kommt zu dem Schluss, weder sei die Versorgungslage prekär gewesen, noch habe militärischer oder politischer Druck von außen bestanden. Was man zunächst für Gerüchte hielt, weil sie so unvorstellbar waren, war spätestens Mitte 1942 auch den Schweizer Behörden klar gewesen durch regelmäßige Rapporte des Schweizer Konsuls in Köln und Bilder von Massenexekutionen, die Bern erreichten. Und dennoch hatte der Bundesrat im Sommer 1942 das strikte Einreiseverbot für Juden beschlossen.

Dass sich der Kanton Basel-Stadt nicht immer an die radikale Asylpolitik aus Bern hielt, ist sicherlich dem Umstand zu verdanken, dass Regierungsrat Fritz Brechbühl als Verdingbub aufgewachsen war und humaner dachte. Er widersetzte sich so manchen Ausweisungsbefehlen und versuchte mit den lokalen Flüchtlingsorganisationen zu kooperieren.

Wiesental, Blick von der Bischoffhöhe Riehen

haus Hinter Gärten wird noch passiert, dann gibt links der Bischoffweg ein paar Höhenmeter auf. Der Blick wird freier, gleitet über das Stettenfeld mit seinen Freizeitanlagen zur Tüllinger Höhe, über Lörrach zur Burg Rötteln und den Hügelwellen des Schwarzwalds, darunter der mit Sendemast gekrönte Blauen. Ruhebänke laden zum Verweilen ein.

Da die meisten Männer im Felde waren, hatten die Stettener Bauernhöfe polnische Zwangsarbeiter zugeteilt erhalten zur Mithilfe. Die vier Stettener Polen waren fleißige Leute, nette Kerle, mit denen wir Buben oft zusammensaßen. Wenige Tage vor Kriegsende spielte ich mit meinen Kameraden in einem Schopf nahe der Grenze, Wir kletterten, wie schon oft, im Heu herum. Plötzlich hörten wir Schritte näher kommen. Wir schauten zwischen den Brettern des Lattenverschlags hinaus und sahen einige Männer daherkommen – den Kriminalpolizisten, den Volkssturmführer, einen Gestapomann und mit ihnen unsere Polen, die Koffer trugen. »Das sind doch unsere Polen, was geht da vor?«, fragten wir uns. Die Männer gingen am Schopf vorbei, etwa fünfzig Meter weiter bis zur Straßenkreuzung und dann zum Schützengraben an der Grenze. Dort mussten die Polen ihre Koffer abstellen und sich an den Rand des Grabens stellen; die Uniformierten gaben allen einen Genickschuss, warfen sie in den Graben und schaufelten Erde darüber. Wir saßen starr vor Schreck in unserem Versteck. Als wir am Mittag wieder ins Dorf zurückkamen, sagten die Bauernfrauen: »Sie haben unsere Polen geholt, die durften heim, durch die Schweiz.«

D.D., geboren 1931 in Stetten

Unmittelbar nach dem Rechtsknick der Straße zieht der Bischoffweg (der Name erinnert noch an den wichtigsten Grundeigentümer von einst) links in offenes Gelände, windet sich durch die Schrebergärten des Lärchengsang an Obstbaumhainen vorbei und mündet schließlich in den Stettenlochweg. In der Äckern bergwärts taucht der erste Grenzstein auf. Dem zweiten kommt unsere Route schon ganz nah. Die Nr. 47 aus dem Jahr 1600 zeigt auf der einen Seite den Baselstab, auf der anderen Seite das Wappen der Herren von Schönau. Jeder Stein ist nummeriert, vom Rheinbord in Kleinhüningen mit Nr. 1 bis zum Grenzacher Hörnli mit Nr. 151. Hinzu kommen 67 Nebensteine, die mit a und b gekennzeichnet sind. Während der Baselstab stets die Schweizer Seite repräsentiert, wechseln auf deutscher Seite immer wieder die Herrschaftsverhältnisse und damit die Wappen. Erst Dorfkönige wie auf Stettener Seite die Herren von Schönau, auf Inzlinger Seite die Herren von Reichenstein. Dann geht die Markgrafschaft 1806 ins Großherzogtum Baden über, geht 1871 im Deutschen Reich auf, wird 1918 Republik und kommt 1949 zur Bundesrepublik.

Grenzstein Nr.66a

Wir haben das Sträßchen verlassen, nehmen auf einem Trampelpfad Kurs gen Osten. Unmerklich passieren wir dabei die Grenze. Die Grenzsteine, von den Wiesen fast verschluckt, befinden sich nun rechter Hand. An der Ruhebank mit Kreuz Ecke Unterer Maienbühlweg folgen wir dem Teerweg bergwärts. Nach ein paar Höhenmetern zwischen Waldrand und Wiese überquert dieser die Grenze und das ominöse Waldstück der Eisernen Hand – das Nadelöhr für Flüchtlinge, die freie Lücke im Stacheldrahtverhau Auf der anderen Seite des kurzen Waldstücks taucht der Maienbühlhof auf.

Eiserne Hand

In all den Kriegsjahren waren wir sehr isoliert. Unser Hof lag in der Sperrzone. Um uns zu besuchen, mussten die Leute immer zuerst einen Ausweis auf der Gemeinde oder dem Polizeiposten holen. (…) Als Erstes habe ich die Flüchtlinge immer verpflegt, mit Milch und Brot, das war ja wohl das Nötigste. Sie waren enorm dankbar, und die Freude, sich in Sicherheit zu fühlen, war groß. Oft wollten sie mir alles, was sie hatten, geben – Schmuck, Uhren, Goldstücklein. Aber ich hätte nie etwas nehmen können; ich dachte, das brauchen sie doch noch, wenn sie nach Hause kommen und dort vielleicht gar nichts mehr haben. (…) Gezwungenermaßen musste ich dann jeweils der Polizei oder dem Zoll telefonieren, welche die Flüchtlinge hier abholten. Auch die Grenzwächter brachten Überläufer, die sie im Wald aufgegriffen hatten, zu uns ins Haus, um von hier aus auf den Posten zu telefonieren. Aber – es ist furchtbar – am Abend wurden viele Flüchtlinge wieder an die Grenze gestellt. Das habe ich lange nicht gewusst. Ich nahm an, dass sie in der Schweiz in Internierungslager kämen.

Marie Schmutz-Rüegsegger, geboren 1920 in Solothurn,
lebte seit 1936 im Maienbühlhof, wo sie 2013 verstarb

Die späteren Vorwürfe, dass man mehr hätte helfen können, haben Marie Schmutz-Rüegsegger nach den Zeitzeugeninterviews sehr mitgenommen, sagt der Sohn. In sicherem, sattem Zustand (oder auch, wenn man die Kriegssituation nicht selbst erlebt hat) ist es leicht zu urteilen.

Wir nehmen die weitere Verfolgung der Grenzsteine auf. Eine Schautafel am Waldrand des Maienbühlhofs gibt Aufschluss über den Verlauf der Eisernen Hand. Kühe muhen, Schweine grunzen, Hühner gackern – heute wie damals. Doch wie lange noch? Der Maienbühlhof ist einer der sieben noch bestehenden Bauernhöfe von Riehen. In Bettingen gibt es nur noch zwei, in Inzlingen nur noch einen Landwirt. Am Maienbühlhof vorbei schwenken wir links in den Wolfenfroweg bergwärts. Bis zum Ende der Eisernen Hand wird es nun immer den Grenzsteinen nachgehen. Deshalb am Waldrand bei Grenzstein Nr. 74 rechts in den Feldweg einschlagen. Die zwei Ruhebänke bei Nr. 73 sind sicherlich nicht von Zöllnerpopos glatt poliert. Feuerstellen verraten beschauliche Stunden. In die Talfalte zu unseren Füßen schmiegt sich Inzlingen, und jenseits aus dem Waldrücken schießt der Chrischonaturm wie eine Rakete kurz vorm Abflug in den Himmel.

Eine Schwester meiner Mutter war in Lörrach verheiratet. Wir hatten sie und ihre Familie während des ganzen Krieges nie mehr gesehen, und auch nach Kriegsende blieb die Grenze geschlossen und jede Begegnung unmöglich. Endlich, am Sonntag, dem 3. März 1946, erteilte die französische Besatzung die Erlaubnis, dass Verwandte und Bekannte sich beim Inzlinger Zoll über den Stacheldraht hinweg begrüssen durften. Auch wir nützten diese Gelegenheit, um unsere Lörracher Verwandten zu treffen. Das Wiedersehen nach all den Jahren bewegte uns sehr. Offiziell war es verboten, Geschenke über den Stacheldraht hinüberzureichen, aber mit jedem Händedruck ging ein Päcklein Schokolade oder Kaffee von einer Hand zur andern. Wir haben uns an jenem Tag ungezählte Male die Hände geschüttelt – die Zöllner schauten diskret weg.

Adrian Stückelberger, Fotograf, geboren 1921 in Riehen und 2009 dort gestorben

Der Feldweg wird zum Zöllnerpfad, sobald er in den Wald eindringt. Nach starken Regenfällen ein matschiges Unterfangen. Wir pirschen von Grenzstein zu Grenzstein. Oberhalb von Grenzstein Nr. 72 am höchsten Punkt des Maienbühls gaben Ausgrabungen der Jahre 1966/67, die sich auf das 1. Jahrhundert n. u. Z. datieren ließen, Rätsel auf. Eine

Maienbühlhof, Riehen, Blick nach Basel

römische Militärstation, ein Ökonomiegebäude oder gar ein Tempel? Der Maienbühl ein Ort der Kraft? Gespenstisch knackts im Herrenwald. Dann wieder Totenstille. Wilde Geschichten spielten sich hier immer wieder ab. So nutzten RAF-Mitglieder, die teils aus Inzlingen (Adelheid Schulz) und Lörrach (Christian Klar) kamen, ihre Ortskenntnis aus, schleusten den entführten Hanns Martin Schleyer im September 1977 über die grüne Grenze, was eine Großfahndung auslöste.

Bei Nr. 68 mündet der Pfad in einen Forstweg ein. Der Blick nach rechts fällt auf den Rest eines Schildes »Halt Grenze!«, halb vom Baum verschlungen. Pfeilgerade weiter den Grenzsteinen nach bis zu einer Schranke. Dort markiert Nr. 64 das Ende der Eisernen Hand. Ein Dreibannstein, wie die Linien verraten, wo die Gebiete der Herren von Schönau, von Reichenstein und von Basel zusammenstießen. Hier soll über viele Jahre ein Wegweiser gehangen haben mit dem alten Herrschaftssymbol des bischöflichen oder markgräflichen Landesherrn, einem Handschuh. Daher der Name Eiserne Hand, vermuten Historiker. Tipp für Grenzstein-Fetischisten: Der älteste Grenzstein aus dem Jahre 1491, noch mit rotem Bischofsstab geprägt, also einen kleinen Abstecher wert, ist Nr. 61.

Östlich des Dreibannsteins schwenken wir in den Erstelweg. Bei den ersten Häusern von Inzlingen leitet links die Sonnhalde über einen kleinen Buckel ins Dorfzentrum. Vielleicht arbeitet der Künstler Max Meinrad Geiger gerade in seinem Garten. Ein Haus weiter das mit

Inzlingen

Chrischonaturm und Restaurant Waldrain

Türmchen gekrönte schmucke Alte Rathaus. Von der Dorfstraße schwenken wir am Brunnen rechts zum Inzlinger Wasserschloss. Pause gefällig, zum Beispiel ein Picknick auf der Tulpenbank von Max im Park des Wasserschlosses oder ein gehobenes Mittagessen? Im Halbrund um den Wassergraben beginnt am Bächlein ein Planetenweg, der zum Minigolf führt. Der Anstieg gen Chrischona, an der Minigolfanlage rechts der gelben Raute nach, ist kräftig, schließlich handelt es sich um den höchsten Punkt im Kanton Basel-Stadt. Die Flüchtlinge von damals hatten keine Muße, den Blick auf Inzlingen und sein adrettes Wasserschloss zu genießen. Schon verschluckt Wald den Wirtschaftsweg. Schnell gewinnen wir an Höhe, ist der Blick wieder frei über eine weite Insel an Wiesen und Äckern. Im Rücken der Tüllinger Berg, vor der Nase der Chrischonaturm. Erst auf der Kuppe taucht die Chrischonakirche auf, dazwischen liegt der Nasse Grund.

Die Gefahr, auf der Flucht von deutschen Wachtposten aufgegriffen zu werden, war groß; im Nassen Grund, in der Nähe des Chrischonatals, wurde einmal ein Franzose von den Deutschen erschossen. Bei diesen Aktionen spielte das Chrischonakirchlein eine große Rolle: Seine Uhr schlug – und schlägt auch heute noch – jede Viertelstunde mit hellem Klang. Die flüchtenden Kriegsgefangenen orientierten sich an diesem Ton, und wenn sie es fertigbrachten, bis zum Kirchlein zu kommen, wussten sie, dass sie in der Schweiz waren. Wenn sie klug waren, warteten sie dort, bis es Tag wurde, damit sie nicht wieder auf deutsches Gebiet kamen. (...) Ich erinnere mich, wie einmal der Fuhrhalter Emil Baier, der dort oben Wege ausbesserte, einen ganzen Schnappkarren voll Franzosen aus dem Wyhlengraben heraufbrachte.

Alfred Schmocker, Grenzwächter 1933–1976,
geboren 1912 in Iseltwald, gestorben 2000 in Riehen

Am Wegweiser führt uns links das Sträßchen zum Waldrand. 1940 hatte man alle Schilder entfernt, um den Flüchtlingen die Orientierung zu erschweren. Gleich hinter den ersten Bäumen schleichen wir rechts dem Pfad nach. Wieder tauchen Grenzsteine auf. Nicht die der Landesgrenze, sondern Bannsteine zwischen der Gemarkung Inzlingen und Wyhlen. Sicherlich verwirrend für Flüchtlinge. Die Einkerbungen auf den Steinköpfen weisen die Richtung zur Schranke am Landesgrenzstein Nr. 100, ein neueres Modell des ehemaligen Roten Bannsteins. Blutstein oder Schwedenstein hatte man ihn auch genannt, weil die Schweden während des Dreißigjährigen Kriegs an ihm ihre blutigen Schwerter gewetzt haben sollen. Heute ist die Strecke zwischen Chrischona und Rührberg eine beliebte Flaniermeile. Im Restaurant Waldrain, gleich hinter dem Chrischonaturm, lässt es sich auf der Terrasse bei Alpenpanorama ganz gluschtig speisen. Der Blick fällt dabei auch auf die Chrischonaklinik.

Viele hatten Plänchen oder Karten, auf denen der Grenzverlauf eingezeichnet war, aber es geschah doch immer wieder, dass sie den Weg verfehlten. Besonders schlimm war es im Wyhlengraben, dort, wo heute die Chrischonaklinik steht. Den Flüchtlingen wurde immer gesagt, dass sie sich nach der Chrischonakirche orientieren sollten. Aber der Grenzzipfel ist dort so schmal, dass viele nicht merkten, dass sie in der Schweiz waren, und wieder auf deutsches Gebiet übertraten. Der Wyhlengraben wurde sehr stark überwacht, dort wurden viele Flüchtlinge erschossen.

Paula Senn-Krebs, geboren 1906 in Bettingen und dort 2003 gestorben

Die Glocken der Chrischonakirche schlagen ganz nah, das Lied der Freiheit in den Ohren der Flüchtlinge. Den unbeschwerten Ausflügler von heute interessieren dort vor allem die Panoramatafeln, die verraten, welche Alpengipfel man sehen könnte. Ein Dorn im Auge des Krieges waren die vielen deutschen Mitglieder der Pilgermission. Selbst Lappalien konnten einen Spionageverdacht nach sich ziehen. Im Brüderhaus und im Waldrain hausten vorübergehend auch Soldaten. Wir patrouillieren mit ihnen von Grenzstein Nr. 100 zahlaufwärts, biegen an der Schranke also südlich in den Pfad ein.

Jeder Unbekannte musste mit dem Ruf: »Halt! Schweizer Grenzwache! Hände hoch!« angehalten und daraufhin informiert werden, dass bei jeder verdächtigen Handbewegung oder bei jedem Fluchtversuch geschossen werde.

Ulrich Götz, Grenzwachkommandant, geboren 1914 im Bergell, gestorben 2000 in Riehen

Der Pfad zieht in den Wyhlengraben. Grenzstein Nr. 101 verkündet mit rotem Wappen und weißem Querbalken, dass Wyhlen einmal zu Österreich gehörte (bis 1806 Vorderösterreich). An Nr. 102 kürzen Trampelspuren links ab zu einer Forstpiste mit Wegweiser »Bei den Ruschbachfällen«. Zu den Fällen wollen wir, auch wenn der nun auf der linken Seite des Grabens verlaufende, mit gelber Raute markierte Pfad bei matschigen Verhältnissen ein Balanceakt sein könnte. Wir sind mit gutem Schuhwerk gerüstet. Im Rucksack steckt das Notwendigste. Fluchtorganisationen schleusten damals in Konfitüren versteckte Kartenskizzen zusammen mit aus einer Rasierklinge gebasteltem Kompass als Kriegsgefangenenpost in die Lager ein.

Ruschbach

Ein sanftes Plätschern lässt das Wasser erahnen, das über zwei Stufen in die Tiefe stürzt. Ein friedlicher beruhigender Ort im Sound von glucksendem Rinnsal und Vogelgezwitscher. Nach starken Regenfällen lässt die Fortsetzung auch dem Abenteurer keine Wünsche offen: echtes Matschvergnügen. Man könnte auf den links etwas oberhalb verlaufenden Rudishauweg ausweichen, wo einst der Legende nach Chrischona mit einem Ochsenkarren auf den Berg gezogen wurde. Doch es wäre schade, den verwunschenen Pfad durch das naturgeschützte Ruschbachtal (auch Rustelgraben genannt) zu verpassen, das mit seiner üppigen und seltenen Waldflora begeistert. Kurz vor dem Waldrand spuckt uns der Graben am Rudishauweg wieder aus. Durch die Bäume schimmern die Häuser von Wyhlen.

Am Nachmittag des 24. April 1945 rollten französische Panzer über den Rührberg nach Wyhlen hinunter. Richard Wagner (nicht zu verwechseln mit dem berühmten Komponisten) stand vor dem Gasthaus Löwen, als sie einfuhren. »Einer hob mich auf sein Fahrzeug, zeigte mir eine große Landkarte und fragte in gebrochenem Deutsch: Sind wir hier in Deutschland oder in der Schweiz?«, erinnert er sich. Jubelnd warf die Bevölkerung den Franzosen blühende Fliederzweige entgegen und rief: »Unsere Befreier kommen.« Ein Franzose soll beschämt gesagt haben: »So haben wir 1940 die Deutschen nicht empfangen.«

Hornfelsen

Ruschbachtal

Eine Normalisierung der Lage während der Besatzungszeit? Pustekuchen. Die Franzosen beschlagnahmten nach Lust und Laune, plünderten so manchen Vorratskeller, bedienten sich an Frauen. Während die FFI-Truppen (die Force Française de l'Intérieur setzte sich aus Widerstandskämpfern zusammen) wie Herrscher auftraten, hatten immerhin die marokkanischen Soldaten ein Herz für Kinder, steckten diesen Schokolade oder Bananen zu. Die Hungersnot war groß, »Hamstern« gehörte zum Alltag. Aus Bucheckern gewann man Öl, gemahlene und geröstete Eicheln ergaben Kaffee, Löwenzahnblätter Salat, Brennnesseln Suppe. Für jeden Schritt außerhalb des Dorfes musste ein »Laisser passer«, ein Passagierschein, beantragt werden.

Einzelne Personen erhielten von den französischen Besatzungstruppen »permis«, die Schweiz zu betreten oder zu durchqueren. Ab (Ende) 1946 durften zum Beispiel Schüler aus Grenzach wieder das Gymnasium in Lörrach besuchen. Da keine Züge der Badischen Bahn mehr verkehrten, erhielten sie die Erlaubnis, Riehen zu Fuß zu durchqueren während einer knapp bemessenen Zeitspanne (für viereinhalb Kilometer stand eine Stunde zur Verfügung); Eintritt und Austritt wurden bei den Zollposten eingetragen. Einige der Jugendlichen aßen bei uns jeweils zu Mittag, einen Teller Suppe oder sonst etwas, das sie in der kurzen Zeit bewältigen konnten. Grenzgänger durften täglich ein Pfund genau definierter Lebensmittel über die Grenze bringen, und die Schüler anerboten sich, solche Pfundpakete mitzunehmen für Dritte gegen Entgelt. Bald nannte man ihren Schulweg den »Pfündlimarsch«. Doch für die übrige Bevölkerung blieb die Grenze hermetisch geschlossen, und Riehen war noch jahrelang vom Stacheldrahtnag umgeben.

Niklaus und Johannes Wenk, geboren 1927 und 1930 in Riehen

Erst mit der Währungsreform im Juni 1948 besserte sich allmählich die Situation. Der Stacheldrahtverhau blieb noch bis 1951, der Visumzwang mit Deutschland bis 1954.

Bei den ersten Häusern von Wyhlen kommt es zur großen Entscheidung. Sind die Füße müde, wird über Schneckenbergweg und Kantstraße die Bushaltestelle am Schulzentrum angesteuert, von wo der 38er-Bus zurück nach Basel fährt. Ist noch Entdeckungsfieber da, gibt der Buchswald ein feines Schlussbouquet her – er entführt uns ins Mediterrane, in die Wälder der Provence.

Seiler / Wacker 2013

BUCHSBUMMEL

Vom Eingang des Ruschbachtals der Ziegelhofstraße bergwärts folgen. Palmen und Zypressen in den Gärten. Dann verschluckt uns der Waldtempel. Wir folgen der roten Raute des Westwegs. Verschlungenes Dickicht. Es nimmt dem urbanen Grundrauschen des Hochrheintals etwas die Kraft. Was sind das für Buschleichen, die da plötzlich auftauchen? Katastrophensommer 2010. Die Kunde ging wie ein Buschfeuer durch die Gemeinde: unser schöner Buchswald kahl gefressen. Von einer nimmersatten Raupe, die sich in Schifffahrtscontainern aus Asien über den Rhein ins Land gemogelt hat. Der Buchsbaumzünsler frass sich dick und rund und vermehrte sich im Wonneklima am Südhang des Dinkelbergs prächtig. »Rund hundert Hektar Buchswald – Wahrzeichen Grenzach-Wyhlens und einmalig in ganz Deutschland – scheinen nahezu zerstört«, tönt es aus der *Badischen Zeitung* unter der Schlagzeile »Der Buchswald im Todeskampf«. Schon zuvor hatte ein Pilzbefall am Buchs den Förstern Sorge bereitet, nun misshandelte eine nimmersatte Raupe das Naturschutzgebiet zum »Opfer der Globalisierung«. Kopfzerbrechen bei Behörden und Naturschützern. Wie dagegen vorgehen? Gift spritzen? Abklauben? Beides keine gangbare Lösung. Man hofft auf die Selbstheilungskräfte der Natur. Und in der Tat sprießt schon wieder Leben am widerstandsfähigen Buchs, manche Abschnitte (je höher wir steigen) scheinen sogar völlig intakt.

»Nirgends sonst in Deutschland bildet der immergrüne Buchs so dichte, ausgedehnte Bestände, die dem Wald zu allen Jahreszeiten ein so eigenwilliges Aussehen geben. Thermophile Flaumeichenwälder, zahlreiche südlich geprägte Pflanzen (darunter das einzige deutsche Vorkommen des Frühlingsahorns!) und eine Vielzahl Wärme liebender Tierarten – genannt seien nur Zaunammer, Smaragdeidechse, Aspisviper, Gottesanbeterin und Weinhähnchen – verstärken den Eindruck, sich in einer mediterranen Gegend zu befinden«, schwärmt die Landesanstalt für Umweltschutz Baden-Württemberg, die allein dem *Buchswald bei Grenzach* einen 462-Seiten-Wälzer widmet. Darin erfahren wir auch von der sensationellen Entdeckung des Frühlingsahorns durch den Grenzacher Forstwart Arthur Richter 1934 beim Rötelsteinfelsen. Der Platz macht sich durch ein kleines Plateau bemerkbar, zu dem uns die rote Raute führt. Gleich hinter dem Wall, der den Südhang abriegelt, steht der prächtige Exot aus dem Mittelmeerraum. Man vermutet ihn als Abkömmling des nördlichsten Vorpostens der Schweiz, wo bei Arlesheim Frühlingsahorn und Buchs wachsen. Mittlerweile sind auch in Wyhlen im Gemeindewald Klosterhau einige Exemplare aufgetaucht.

Nun muss gut aufgepasst werden, den rechts abzweigenden Pfad gleich hinter dem Rötelsteinplateau nicht zu verpassen. Ansonsten landet man in Grenzach – interessant höchstens, wer nur eine kleine Stippvisite vorhat. Ein paar Kehren bergwärts und schon leitet nach links die rote Raute zur Bank der »Schönen Aussicht«. Weitblick (nur im Winter) über das Rheintal, wo sich die Schlote der Industrie in den Himmel recken. Je mehr Industrie, umso bedeutender der Buchswald als Naherholungsgebiet. Man verknüpfte die uralten »Hutpfade«, wo einst Waldhüter Forstfrevel und Wilderei nachgingen, mit neu geschaffenen Verbindungen, ergänzte mit Ruhebänken und Schutzhütten. Doch dem so beliebten Buchsen (der Ausschmückung mit Buchs für festliche Anlässe) musste beigekommen werden. Ob nun beim Besuch des Deutschen Kaisers 1893 oder dem des Badischen Großherzogs 1897, Lörrachs Plätze und Straßen wurden gerne mit Grenzacher Buchs dekoriert. Einen ersten Schritt in Sachen Naturschutz wagte der Kanton Basel-Stadt 1911 mit einer

Verordnung, die auch ein Verbot für den Verkauf von Buchs enthielt. In Grenzach wurden weiter fleißig Buchszweige abgeschnitten. Im Zeitraum von 1912 bis 1921 verzeichnete das zuständige Forstamt eine Buchsentnahme von 239,250 Kilo, was im Juni 1936 dann doch zu einem Sammelverbot führte. Der Einspruch einer ortsansässigen Gärtnerei bewirkte schnell schon die erste Ausnahmebewilligung. Erst am 4.5.1939 war sie amtlich, die Ausweisung des Buchswaldes als Naturschutzgebiet. Nur hatte in den Wirren kurz vor dem Ausbruch des Zweiten Weltkriegs in Grenzach niemand davon etwas mitbekommen. Die versäumte Verkündung in der Tageszeitung wurde acht Monate später nachgeholt.

Routen-Telegramm
Ziegelhofstraße – Rötelstein – Schöne Aussicht – Forsthütte Dengeligeistweg – Otto-Jäggi-Weg – Striegelbank – Erlenweg – Auweg – Im Proli – Schützenhaus – Hornfelsen

Zeit
1 h 30

Einstieg
Bushalt Wyhlen Schulzentrum (Bus 38) – Kantstraße – Schneckenbergweg – Ziegelhofstraße

Ausstieg
Hornfelsen – rechts zum Riehener Weg hinunter – links zum Bushalt Grenzach Im Rippel (Bus 38) oder rechts zum Hörnli Friedhof

ROUTE 15

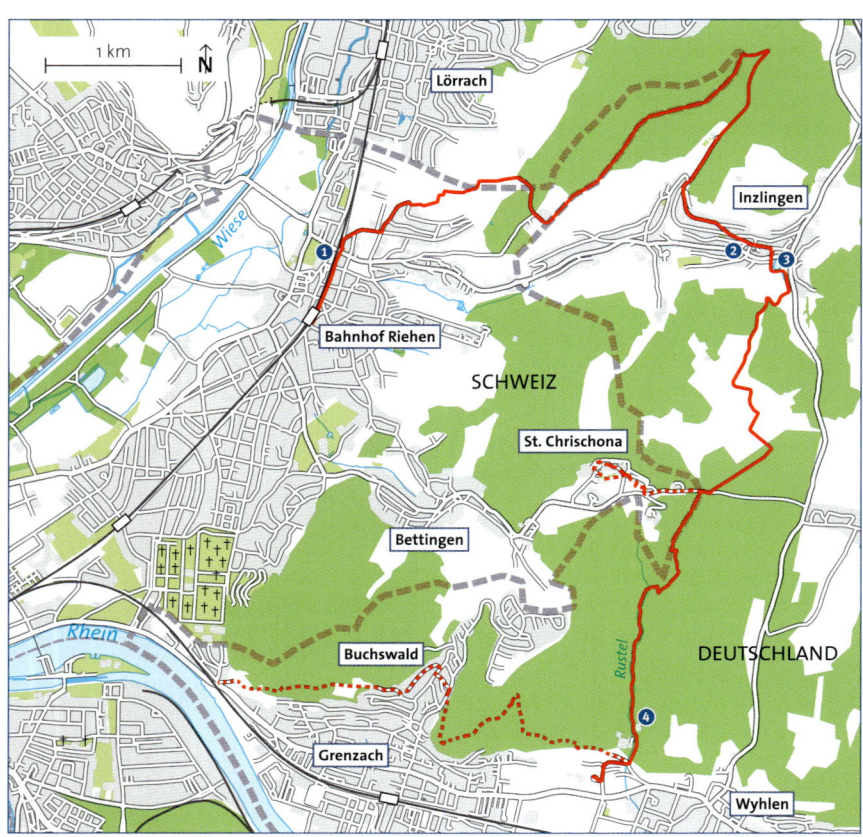

Ausgangspunkt
Bahnhof Riehen (S6)

Endpunkt
Wyhlen Schulzentrum (Bus 38)

Zeit
4 h bis 4 h 30

Unterwegs
Gedenkstätte für Flüchtlinge (täglich 9–17 Uhr offen, Eintritt frei): www.gedenkstaetteriehen.ch

Gourmetrestaurant Inzlinger Wasserschloss: www.inzlinger-wasserschloss.de

Minigolf: www.minigolf-inzlingen.de

Restaurant Waldrain St. Chrischona: www.waldrain.ch

Generationenparcours (Spielplatz der etwas anderen Art beim Restaurant Waldrain): www.generationenparcours.ch

Chrischona Highlights siehe auch Route 13

Routen-Telegramm

Riehen – Inzlingen: Bahnhof Riehen – am Bahnübergang Schmiedgasse links Spittlerwegli – Gedenkstätte Inzlingerstraße ❶ – Steingrubenweg – links Bischoffweg bis Beginn Bischoffhöhe und links weiter – hinter den Schrebergärten Lerchengsang rechts in den Stettenlochweg, dann aber am Rechtsknick geradeaus – Trampelpfad durch die Wiesen bis Maienbühlweg – rechts hoch zum Maienbühlhof – links Wolfenfroweg bis Grenzstein Nr. 74 – nach rechts den Grenzsteinen folgen bis Nr. 64 – rechts Eiserne Hand Weg – rechts Erstelweg – Waldstraße ❷ – links Sonnhalde ❷ – Altes Rathaus – links Dorfstraße – Inzlinger Wasserschloss ❸

Inzlingen – Wyhlen: Planetenweg – beim Minigolf rechts – Lohweg bis Wegschild auf der Kuppe – dort links bis Waldrand Ecke Fuchshaldenweg/Nassengrundweg – rechts Waldpfad zum Chrischonaweg – Grenzstein Nr. 100 – Abstecher Fernsehturm – Generationenparcours – Waldrain – Chrischonakirche – Grenzstein Nr. 100 – Pfad südlich bis Nr. 102 – links Forstwegkurve – rechts Ruschbachtal ❹ – Waldrand Wyhlen – Schneckenbergweg – Kantstraße – Bushalt beim Schulzentrum

Abstecher

Im Dreiländermuseum Lörrach widmet sich ein Bereich dem Nationalsozialismus: www.dreilaendermuseum.eu

Einsteigen/Aussteigen

Gedenkstätte in Riehen: Tram 6 bis Bettingerstraße, umsteigen in Bus 32 Richtung Rotengraben, Haltestelle Hinter Gärten

Inzlingen: Bus 3, Haltestelle Wasserschloss

Chrischona: Bus 32

Verlängern

Buchsbummel (siehe Kasten auf Seite 268): Ziegelhofstraße – Hornfelsen. Zeit: 1 h 30

Variante

Vom Chrischona-Bushalt den Grenzsteinen nach bis zum Hornfelsen. Zeit: 1 h 15

Seitenblicke

❶ Gedenkstätte für Flüchtlinge
❷ Der Tulpenmann
❸ »Reich heiß ich – Reich bin ich«
❹ Was die Ochsen mit Chrischona machten

SEITENBLICKE

Gedenkstätte für Flüchtlinge

1 »Will Riehen sich erinnern?«, schrieb *Die Zeit* in der Ausgabe Nr. 46 Anfang November 2013. »Die Gedenkstätte, die man kostenlos besuchen kann, ist in privater Hand, sie wird von der Öffentlichkeit mit keinem einzigen Franken unterstützt. Ein an sich unbegreiflicher Umstand.« Die Einrichtung, so wird den Initianten Rudolf Geigy und Johannes Czwalina vorgeworfen, sei unwissenschaftlich, rein emotional, unvollständig, ohne didaktisches Konzept.

Ursprünglich kaufte Czwalina das ehemalige Bahnwärterhäuschen, um darin ein Gästehaus für seine Consultingfirma einzurichten. Angehörige der Deutschen Reichsbahn, die während des Zweiten Weltkriegs in dem Gebäude wohnten, erzählten ihm von den Transporten aufgegriffener Flüchtlinge über die Grenze zurück nach Lörrach und damit in den sicheren Tod. Diese schockierenden Berichte änderten Czwalinas Pläne. Er wollte ein Mahnmal setzen, einen Ort des Nichtvergessens schaffen. »Ziel der Gedenkstätte ist kein umfassender historischer Rückblick, sondern einzelne authentische und emotionale Einblicke in diese schwierige Zeit«, zitiert ihn die *Basellandschaftliche Zeitung*. Genau dieser emotional motivierte Umgang mit Geschichte stieß auf Kritik. Das Institut für jüdische Studien an der Uni Basel wie auch die Israelitische Gemeinde und mehrere Stiftungen distanzierten sich aufgrund unterschiedlicher Geschichtsauffassungen von diesem Projekt. Nichtsdestotrotz eröffneten Geigy, der den Stallausbau und die Kunstwerke finanzierte, und Czwalina im Frühjahr 2011 die Gedenkstätte.

»Warum so viel Vorsicht, so viel Bedenken, so viel Nervosität? Warum wuchert Riehen (eine der reichsten Gemeinden der Schweiz) nicht mit seinen Pfunden und rühmt sich der Gedenkstätte? Wer Geld gibt, kann ja auch Einfluss nehmen. Man wird den Eindruck nicht los, dass dieses Bahnwärterhaus in Riehen den Einwohnerinnen und Einwohnern nicht ganz geheuer ist. Weil es sie an etwas erinnert, an das sie nicht erinnert werden wollen? Sollte dem so sein, hätte die Gedenkstätte einen Teil ihres Zwecks jedenfalls schon erfüllt«, endet der *Zeit*-Artikel.

→ www.gedenkstaetteriehen.ch
 täglich 9–17 Uhr, Eintritt frei

Der Tulpenmann

2 Max Meinrad Geiger ist ein Inzlinger Original. Wer den Künstler kennt, identifiziert ihn mit der Tulpe, obwohl er auch viele andere Kunstwerke kreiert. Das prägnante Symbol bleibt in den Köpfen. So an den Tagen der offenen Tür im Weil-Friedlinger Kesselhaus, wo Max viele Jahre sein Atelier betrieb. Oder auch im dortigen Kulturcafé, wo lange ein maxsches Tulpenbild hing. Bis die Lörracher Sparkasse es kaufte. »Immer wieder fragten die Leute, wo das Tulpenbild sei. Das brachte mich auf die Idee, Tulpen-Pins (Anstecknadeln) herzustellen. Die Nachfrage war enorm«, so Max. Der Tulpen-Hype begann. Auf dem ehemaligen Landesgartenschaugelände beim Zoll Weil-Otterbach lenkt eine überdimensionale Eisentulpe die Blicke auf sich, am Burghof in Lörrach lädt eine Tulpenbank zum Relaxen ein, am Inzlinger Wasserschloss ebenso, das Museum Beyeler in Riehen verkauft Tulpenbroschen in Silber. Und ein ganz besonderes Event ist der Feuertulpenturm im Grüttpark von Lörrach, der alljährlich zur Sommer- und Wintersonnenwende gezündet wird.

SEITENBLICKE

»Reich heiß ich, reich bin ich«

3 Wer im Dienst des Bischofs von Basel stand, hatte gute Karten. Die Ämter wurden vererbt und beschenkt. So auch die Kämmererfamilie Reich, denen der Bischof 1250 die Burg Ober-Birseck bei Arlesheim als Lehen vermachte. Fortan nannten sie ihr neues Zuhause Burg Reichenstein und sich selbst Reich von Reichenstein. Ihr Einfluss wuchs. Sechs Bürgermeister von Basel, ein Bischof und ein Rektor der Uni sind aus der Familie hervorgegangen. 1394 übernahmen sie die Lehensherrschaft von Inzlingen und bauten einige Jahre später das »Wasserhuus«. Wasserschlösser waren zu jener Zeit in Mode. In der Umgebung gibt es noch Schloss Bottmingen, Schloss Entenstein (Schliengen) und Schloss Friedlingen (leider plattgemacht → Route 12).

Das Bauernvolk von Inzlingen hatte es nicht leicht unter dem Zepter der Reich von Reichenstein. Immer wieder gab es Streit über ungerechte Abgaben und übermäßige Frondienste. In der zweiten Hälfte des 18. Jahrhunderts rissen die Beschwerden über die Willkürherrschaft dann überhaupt nicht mehr ab. Letztendlich nötigte Verschuldung die Lehensherren zum Verkauf ihrer Besitztümer. 1819 kam das Inzlinger Wasserschloss in private Hand. Der Basler Fabrikant Elias Kern richtete Anfang der 1840er-Jahre darin eine Seidenbandweberei ein. Unter der Solothurner Familie Saner wurde es landwirtschaftlich genutzt. Dann als Miethaus. Fast zu schade für ein solch geschichtsträchtiges Objekt. Mit Finanzhilfe erstand die Gemeinde das Schloss für 800 000 DM und steckte noch einmal einen ordentlichen Batzen in die Renovierung. Seit den 1970er-Jahren nun Gourmetadresse und Heiratsidyll. Die Räumlichkeiten teilen sich ein gehobenes Restaurant und das Rathaus.

Landesarchivdirektion Baden-Württemberg 1993

Was die Ochsen mit Chrischona machten

Unzählige Legenden ranken sich um die Jungfrau Chrischona. Eine Version gibt der päpstliche Kardinallegat Raymund Peraudi zu Protokoll. Der »Reliquienscharrer«, wie ihn sein Begleiter gerne nannte, hatte zuvor Deutschland bereist, um an diversen Orten die Gebeine von als heilig angebeteten Menschen zu »erheben«. Der päpstliche Auftrag zur Neubelebung von Wallfahrten durch Ausstellung solcher Reliquien brachte Peraudi 1504 auch nach Basel. Dort erfuhr er von dem Grab unter der Chrischonakirche und zog Erkundigungen ein. Christiana, aus der später Chrischona wurde und drei weitere Jungfrauen sollen auf einer Pilgerfahrt nach Rom auf einem Rheinschiff erkrankt sein, was sie zum Ausstieg bei Wyhlen zwang. Chrischona starb auf einem Feld zwischen Grenzach und Wyhlen, seither »Chrischonabettli« genannt. Da Uneinigkeit bestand, auf welcher Gemarkung die Leiche denn nun lag, schlug ein Greis vor, sie auf einen Ochsenkarren zu legen und die Tiere wählen zu lassen. Die Ochsen stapften bergwärts, den Rudishauweg hinauf und auf einen Kammweg, seither Chrischonaweg genannt. Am höchsten Punkt blieben sie stehen. Peraudi fand tatsächlich Gebeine unter der Chrischonakirche, und am 17. Juni 1504 kam es im Beisein des Bischofs von Basel und anderer Kirchenhäupter zur festlichen »Erhebung«. Der Grenzacher Historiker Erhard Richter vermutet, dass das Kreuz an der B34 zwischen Grenzach und Wyhlen auf dieser Legende beruht (wer mit dem 38er vom Gymnasium Richtung Grenzach fährt, sieht das Kreuz gleich nach der Kreuzung links).

Richter 1999

Lange Erlen, Riehenteich

16 Wiese und Wein

Basels grüne Lunge

Trinkwassergebiet, Rebenland und Idylle pur vom Stadtrand auf den Tüllinger Berg.

Iris Kürschner

Die Tour beginnt grün, und das wird auf der gesamten Strecke auch so bleiben. Von der Tramhaltestelle Eglisee sind es nur ein paar Meter in die Langen Erlen. Dichtes Blattwerk beschattet die lauschigen Wege. Ein Gewirr von Kanälen und Bachläufen durchzieht das ausgedehnte Waldstück. Fehlten nur die Gondolieri. Doch das Nass ist kostbar – Trinkwasser, mit dem nicht nur in Basel, Riehen und Bettingen, sondern auch in Lörrach und Weil unzählige Haushalte versorgt werden. Aufgrund des hohen Trinkwasserverbrauchs (pro Person und Tag 160 Liter) muss das natürliche Grundwasser angereichert werden. Man klaut dem Rhein Wasser, das die Trinkwasseraufbereitungsanlage der Langen Erlen erst vorreinigt, bevor es in den Wässerstellen des Parks zur Versickerung kommt, wo Milliarden von Bodenorganismen eine zweite Reinigung vornehmen. Mittels Grundwasserbrunnen wird das Wasser dann dem Pumpwerk zugeleitet, nochmals gereinigt und ins Leitungsnetz geführt – rund 25 Millionen Kubikmeter Trinkwasser pro Jahr (das entspräche einem wassergefüllten Roche-Turm von 7,2 Kilometer Höhe).

Nostalgie am Riehenteich. »Jetz, wo vom Riechedych nyt meh ibrig isch aß e bleede Fätze bis ans Bumpwärg, kunnt me-n-efange zer Ysicht, was me-n-an em verlore het«, um es mit den Worten des Kleinbasler Lokalpoeten Baldi Baerwart (1872–1942) auszudrücken. Viel ist nicht mehr von ihm übrig geblieben. Gerade einmal achthundert Meter zieht

Riehenteich, Lange Erlen

der vom Fluss Wiese abgeleitete Kanal zum alten Kraftwerk der Industriellen Werke Basel (IWB), wo er seit 1923 im Untergrund verschwindet, um wieder der Wiese zugeführt zu werden. »Was Rom ohni der Tiber und Ziri ohni der Zirisee wär, das isch jetz's Glaibasel ohni der Riechedych.« Einst fädelte sich der Kanal bis nach

Wassermeister und Wasserknecht am Riehenteich

Kleinbasel, wo er in verschiedene Arme verzweigte, die Räder zahlreicher Mühlen, Sägereien und anderer Betriebe in Schwung brachte, Waschanstalten und Färbereien, ja selbst eine Kuranstalt (das Clarabad, heute Hotel Pullmann Europe) mit »Heilwasser« versorgte, bevor er sich in den Rhein ergoss. Viel Kinderglück und Lausbubengeschichten hängen am Riehenteich. Auch Peter Zschokke (1898–1986) erinnert sich mit Wehmut und widmet dem Kanal gleich ein ganzes Buch: *Vom Riechedych und em alte Glaibasel.* Der spätere Großrat, Regierungsrat, Verfassungsrat, Präsident des Schweizerischen Kunstvereins, der Neuen Helvetischen Gesellschaft und Bruder des Bildhauers Alexander Zschokke (Seitenblick 1 Tour 1) wuchs am Riehenteich auf. Ungeliebt waren ihm die Familienspaziergänge »am Teich entlang an d'Schließi und zue de Dierli« nur, weil der »verhasste Sonntagsstaat mit seinem beengenden weißen Kragen mit der Lavaliere« ihn am Spielen hinderte.

Wir folgen seinen Spuren ganz ungezwungen, dem schnurgeraden Kanal zur Schließi hin. Enten ziehen ihre Bahnen. Ein Reiher setzt zum Landeflug an. Bei der zweiten Brücke wechseln wir ans andere Ufer. Wann genau der Kanal gebaut wurde, liegt im Dunkeln. Historiker vermuten, zur Zeit der Gründung Kleinbasels. Seine erste urkundliche Erwähnung datiert auf das Jahr 1251. Kurz vor der Wiese biegt sich der Kanal, läuft von rechts der Lörracher Teich (auf Riehener Bann Mühleteich genannt) ein. Dort stand einst das Wohnhaus des Wassermeisters und seines Knechts, die in Hochwasserzeiten den Kleinbasler Gewerbeteich zu regulieren hatten. Das Baudepartement ließ es – trotz Bedenken des Polizeidepartements, »weil bekannt ist, dass die entlegenen Theile der Langen Erlen zeitweise von Dirnen und Vaganten besucht und sogar vorübergehend als Aufenthaltsort benützt werden« – anno 1882 erbauen.

Ötlingen

Mit August Vuilleumier ging die Ära der Wassermeister zu Ende. Anfang des 20. Jahrhunderts kämpfte er gegen die Aufhebung des Riehenteichs und der Kleinbasler Teichkorporation, die die Interessen der Teichpächter vertrat. Durch die Verschiebung des Badischen Bahnhofs von der heutigen Mustermesse zur Schwarzwaldallee wurde der Riehenteich plötzlich zum »Hindernis für die bauliche Weiterentwicklung Kleinbasels und als eine Gefahr für die Bevölkerung bezeichnet«, schrieb der letzte Wassermeister erbost nieder. Hauptursache der Aufhebung war nach Vuilleumier nicht die vorgeschobene Beseitigung der hygienischen Übelstände, sondern das Ziel, »dem städtischen Wasserwerk die freie Verfügung über das Teichwasser zur unbeschränkten Speisung des Grundwassers fürs Erlenpumpwerk zu verschaffen.« Anstatt den Riehenteich nach durchgeführter Kanalisation zu sanieren und als Zierde von Kleinbasel weiterfließen zu lassen, siegte die billigste Lösung. Er wurde zugeschüttet und die Wasserrechte, deren Abtretung man von der Teichkorporation erzwungen hatte, vom Regierungsrat dem Wasserwerk überschrieben.

Wer an der Kanalbiegung nicht darauf achtet, passiert einen uralten Grenzstein ahnungslos. Er stammt aus der Zeit, als die Wiese noch unkorrigiert ständig ihre Ufer veränderte und damit auch die Grenze. Auf der einen Seite der Basler Stab, auf der anderen Seite das eingehauene Zeichen eines Fisches, das darauf hinwies, dass der Lohenstein im Wasser stand.

Wir erreichen die Wiese und damit das Wuhr der sogenannten Schließi, einst die beliebte »Kleinbasler Riviera« mit romantischem Badestrand. »Hier umfing uns eine gewisse Atmosphäre des Geheimnisvollen und Furchterregenden«, erzählt Zschokke, »denn das Wasser war tief unterhalb des Wuhrs und voller strudelnder Wirbel, sodass immer wieder einmal ein allzu kühn Badender ertrunken ist.« Die »Mannelotschi« also eine echte Herausforderung. Den flachen, ruhigen Teil oberhalb nannte der Volksmund »Buebelotschi«. Heute warnt ein Schild vor der »Lebensgefahr« und man begnügt sich dann doch lieber mit Sonnenbaden oder der Einkehr ins Restaurant Schließi. Nicht zu verwechseln mit dem Wildschutz-Baizli nebenan. Das ist Senioren vorbehalten, denen der Verein der Freunde der Schließi Speis und Trank zu besonders günstigen Preisen anbietet. Einen Blick in die Stube dürfen aber auch Jüngere wagen, dort hängt ein Foto vom Haus des Wassermeisters.

Wir halten uns taleinwärts und folgen auf einem Teilabschnitt des Hebel-Wanderweges dem Flusslauf unter ausladenden Baumriesen, den Tüllinger Berg mit dem Ottilienkirchlein im Blickfeld. Bald öffnet sich der Wald auch rechter Hand und schenkt freie Sicht über Grünflächen nach Riehen zum Beyeler-Museum, das Kunstliebhaber niemals auslassen (Seitenblick Tour 13). Ein Stück weiter fällt der helle Holzverschlag des neuen Naturbads am Schlipf ins Auge. Das 2014 eröffnete Ökobad von Herzog & de Meuron besticht nicht unbedingt durch den nackten Gitterzaun, der es von der Wiese trennt. Aber durch andere Qualitäten. So entschieden sich die Architekten für eine Holzkonstruktion in der Tradition der Badehäuser am Rhein. Weil es in der Gewässerschutzzone liegt, hat das Bad die Auflage, ohne Chlor und andere chemische Zusätze auszukommen. Ähnlich wie in den Langen Erlen wird mit einem separierten, mit Wasserpflanzen bewachsenen Bereich für eine biologische Reinigung des Badewassers und einen ge-

Weinlese am Tüllinger Berg

schlossenen Wasserkreislauf gesorgt. Dass die außerhalb des Badeareals gelegene Filteranlage, »dank sorgfältiger, organischer Formgebung«, wie es auf der Homepage so schön heißt, an »asiatische Reisterrassen« erinnert, ist vielleicht etwas zu hoch gegriffen. Aber davon kann sich jeder selbst überzeugen, der an der Weilstraße über die Brücke wandert und rechts des Volleyballplatzes schaut – genau dort, wo das 1898 erbaute Freibad von Riehen stand, das der Zollfreien Straße schließlich weichen musste.

Sie verschwindet, nur von Wissenden bemerkbar, einen Katzensprung entfernt im Untergrund und wir im Weinberg. Wie Grenzach ereilte auch Riehen das gleiche Schicksal: Die einst umfangreichen Rebflächen schrumpften auf einen kläglichen Rest. Dort am Hornfelsen, hier am Schlipf. Verzeichnen die Akten im Jahr 1770 noch 70 Hektar Rebfläche in Riehen, sind es 1979 gerade einmal 0,4 Hektar. Um das Kulturgut zu retten, beschließt der Einwohnerrat daraufhin, im Schlipf einen gemeindeeigenen Rebberg anzulegen. Ein Rebmeister wird eingestellt, der die Anbaufläche wieder vergrößert. Seit 2014 bewirtschaften Hanspeter Ziereisen, Topwinzer aus Efringen-Kirchen, und sein Exkellermeister Thomas Jost, ein Fricktaler Winzer, den 3,2 Hektar umfassenden Gemeinderebberg. Mit ihrer dafür gegründeten Weingut Riehen AG haben sie Großes vor. Vinifiziert wird nicht mehr in der Coop-Kellerei wie bisher, sondern mitten in Riehen in einem Nebentrakt der Mosterei beim Sarasinpark. Ein naturnaher Wein, ohne Beigabe von Reinzuchthefen, der nach der Vergärung unfiltriert in die Flaschen kommt und Namen trägt wie »Le Grand« und »Le Petit«. Welche Rebsorten hier wachsen, darüber klären Infotafeln am Weinweg auf. Neben Jost & Ziereisen agieren noch Profiwinzer Urs Rinklin sowie ein paar Hobbywinzer am Riehener Schlipf auf insgesamt 4,7 Hektar Reb-

Ötlinger Reblandschaft am Tüllinger Berg

fläche. Alle schwärmen sie von den kalkreichen Böden, vom milden Mikroklima der Burgundischen Pforte, was dem Wein eine niedrige Säure, ein fülligeres, weicheres Aroma schenkt. Doch dem Rebberg wurde immer wieder übel zugespielt, weil er eben »schlipft«. Dafür schätzen Raritäten das Gelände, wie die wilde Rebtulpe, die ihren zarten Duft im April verbreitet und mit ihren gelben Blüten zwischen den Weinstöcken das Auge erfreut. Es gibt nicht mehr viele Orte in der Schweiz oder in Deutschland, wo die *Tulipa sylvestris* wächst. Als besonders gefährdete Art steht sie auf der Roten Liste unter Naturschutz.

Dülliger-Landesgrenzstein-Bänkli

Die andere Farbenorgie spendet natürlich der Herbst. Je höher man den Schlipf emporsteigt, umso eindrücklicher kann der Blick über das goldene Mosaik schweifen, hinüber ins Wiesental, wo sich Lörrach einschmiegt, über die Wiesenebene und Riehen zur Chrischona und weiter nach Süden zur Silhouette von Basel, dahinter die Höhenzüge des Jura. Ein idealer Pausenplatz zum Genießen ist da das Dülliger-Landesgrenzstein-Bänkli gleich hinterm Schlagbaum, wo der Riehener in den Tüllinger Weinweg übergeht. Dort steht auch der älteste Grenzstein von 1491, geziert noch mit dem roten Bischofsstab von Basel, bergseitig das Wappen der Markgrafen von Baden. Knurrt der Magen oder dürstet der Gaumen nach einem guten Tröpfchen Wein, wäre ein Abstecher nach Tüllingen zu überdenken. Eine Straußi, ein Wiistübli – in Tüllingen gibt es deren vier. 1931 zählte das Dörfchen gar elf Straußen, was Tüllingen, wie in den Akten vermerkt, »moralisch und sittlich in Misskredit« brachte. Solche Auswüchse geselligen Treibens brachten dem Land Baden drei Jahre später sogar ein Verbot von Straußenwirtschaften ein. Die Gute-Laune-Stuben sind gottlob längst wieder erlaubt.

Mit dem Nachgeschmack von Tüllinger Sonnenbrunnen oder Weiler Schlipf wandert sichs ganz locker den Berg hinauf. Auf den »tullagh«, wie die Kelten den »schönen Hügel« nannten. Das Ottilienkirchlein in

Café Inka, Ötlingen

Obertüllingen besitzt denn auch den vielleicht schönsten, auf jeden Fall umfassendsten Ausblick übers Baselbiet und seine Ländernachbarn. Leicht vorstellbar, dass sich hier die drei Heiligen Jungfrauen in Augen- und Ohrenkontakt hielten, morgens mit Glockengeläut, abends mit einem Lichtlein, wie man sich erzählt. Um Margarethe, Chrischona und Ottilia ranken sich unzählige Legenden, so auch diese von drei Schwestern auf Schloss Pfeffingen: Drei Liebhaber, die auf die hübschen Mädels standen, mussten mit dem Leben bezahlen. Entsetzt zogen sich die drei in Einsiedeleien zurück, die eine auf den Bruderholz, die andere auf den Dinkelberg und Ottilia auf den Tüllinger, wo ihnen ewige Häuser – wie der Teufel prophezeit hatte – gebaut wurden. Als die Kirche in den 1950er-Jahren renoviert wurde, kamen uralte Fresken und ein Sakramentsschrein mit Heiliggrabnische zutage. Kenner nennen es das schönste Heilige Grab des Markgräflerlandes. Die Farben sind noch original, verblassen aber zunehmend. Vom Tageslicht etwas besser geschützt zeigt sich in kräftigeren Farben das Fresko in der Heiliggrabnische, das drei Frauen darstellt. Nicht die vermuteten. Historiker tippen auf Maria Magdalena, Salome und Maria Kleopas.

Wir schreiten hinauf zum unverbauten Lindenplatz auf der Tüllinger Höhe. Sehnsuchtsort für Liebespärchen, Sonnenuntergangsanbeter, Feuerwerksbewunderer (1. August, Silvester), Genusswanderer. Auch Hebel sehnt sich im Karlsruher »Exil« nach seinen Spaziergängen von Lörrach zu seiner Angebeteten nach Weil. »Aber freilich auf dem Tüllinger, wär es noch viel feiner und lieblicher, wo man doch auch Schnee sieht im Winter, und Blühten im Frühling«, gibt er in einem Brief vom 19. Februar 1792 an Gustave Fecht sein Heimweh zum Ausdruck. Den Heimatdichter verbindet eine innige Freundschaft mit der Pfarrersfamilie Güntert, vor allem mit der noch unverheirateten Schwägerin Gustave Fecht. Hebel gehört quasi zur Familie, hat ein eigenes Zimmer im Altweiler Pfarrhaus und wandert, sooft es ihm möglich ist, über den Tüllinger hinüber. Doch seine Berufung führt ihn nach Karlsruhe, und es bleibt ohne die entscheidenden Worte, auf die Gustave vielleicht gewartet hatte, bei einem 35 Jahre andauernden Briefwechsel. Liebespech, Kampfgebrüll (Schlacht am Käferholz) – der Tüllinger birgt viele Schicksale. Mit Weitblick schlendern wir über den Höhenrücken, tauchen ein in den Wald, dann wieder in die Reben (rund 90 Hektar Rebfläche verzeichnet der gesamte Tüllinger Berg) und nähern uns Ötlingen, das fotogen über dem Rheintal balanciert. Dem Weindorf haben sich auch Künstler verschrieben. Skulpturen zieren die Vorgärten, Gemälde die Fassaden der denkmalgeschützten Häuser. Auf der Ochsen-Terrasse herrscht an sonnigen, warmen Wochenenden Hochbetrieb. »Deutsch-Schweizer Geselligkeit findet hier einen idealtypischen Nistplatz«, so Wolfgang Abel, der bekannte Beizenkritiker der Region. Traumlage mit Baselblick unter Schatten spendenden Linden, wo sich leicht die Zeit verbummeln lässt. Die ungewöhnlichste Geschichte eines Lokals führt jedoch schräg vis-à-vis in einen Hinterhof. Eigentlich war gar kein Café geplant, sondern nur die Sanierung des kogerschen Hauses. Wäre da nicht im Sommer 1988 ein historischer Schatz in der Abstellkammer aufgetaucht. Dass es sich da um eine Tapete von besonderem Wert handelte, war dem Leiter des Landesdenkmalamtes sofort klar. Über hundert Jahre vergessen und verborgen hinter Schränken und allerlei »Kruscht«. Der ursprüngliche Plan der Familie Koger, drei Wohnungen einzuziehen, wendete sich hin zur Restaurierung der Tapete und der Anbringung an ihrem Ursprungsort: dem Festsaal des Ochsen, der erst um 1840 auf die andere Straßenseite zügelte. Das Café Inka war geboren. Keine gläserne Schutzwand behindert die Schau auf die farbenfrohen, lebendigen Szenerien aus dem Leben der Inkas, als ihr Reich noch intakt schien, bevor die Spanier es zerstörten. Als Vorlage diente Jean-François Marmontels Roman *Die Inkas oder die Zerstörung des Imperiums von Peru*, 1777 ein Bestseller. Hergestellt wurde die Panoramatapete in der Pariser Manufaktur Dufour & Leroy. Mehr als zweitausend hölzerne Druckstöcke in 83 Farben zauberten die Wandmalereien. Doch warum die damals schon kostspieligen Papierbahnen von Paris nach Ötlingen gelangten, bleibt ein Rätsel, in das man sich bei wunderbaren hausgemachten Kuchen und Wähen vertiefen kann.

ROUTE 16

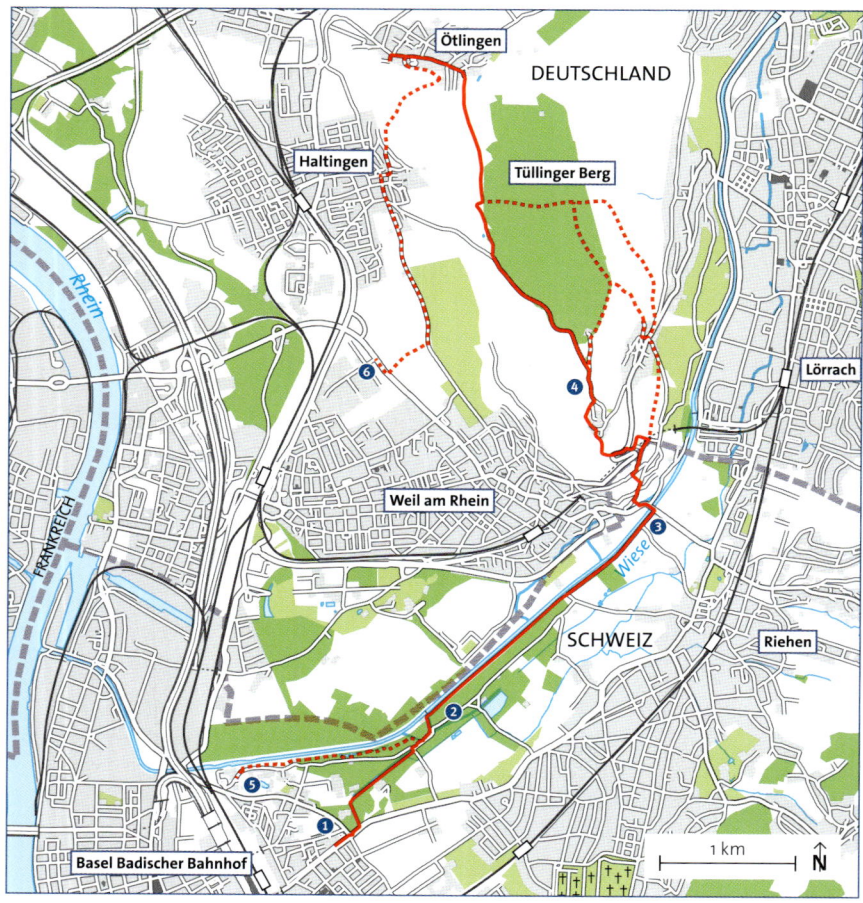

Ausgangspunkt
Tramhaltestelle Eglisee (Tram 2, 6)

Endpunkt
Ötlingen (Bus 12 bis Weil Bahnhof, umsteigen in Tram 8 oder Zug; außerhalb der Busfahrzeiten Anrufsammeltaxi (AST) Tel. 07621/3332)

Zeit
3 h bis 3 h 30

Unterwegs
Landschaftspark Wiese:
www.landschaftsparkwiese.info

Tierpark Lange Erlen: www.erlen-verein.ch

Führungen zur Trinkwasseraufbereitung:
www.linie-e.ch

Restaurant Schließi: www.restaurant-schliessi.ch

Naturbad am Schlipf: www.naturbadriehen.ch

Straußen & Weinschenken in Tüllingen:
Wiischänk zum Dülliger Schnägg:
www.schnaeggestraussi.de
Probierstube Weinbau Ruser:
www.weinbau-ruser.de

St. Ottilienkirche, Obertüllingen

Lindemer Straußi und Trefzers Wistübli:
www.bz-straussenfuehrer.de

Künstlerdorf Ötlingen: www.art-dorf.de

Gaststätten in Ötlingen:
Gasthaus Ochsen:
www.gasthaus-zum-ochsen.de
Gasthaus Dreiländerblick:
www.drei-laender-blick.de
Café Inka: www.cafe-inka.com

Routen-Telegramm

Eglisee – Riehener Schlipf: Tramhalt Eglisee ❶ – über die Fasanenstraße und nach der Tramschleife links in den Waldweg zum Riehenteich – am Riehenteich entlang (bei der zweiten Brücke Ufer wechseln) zur Wiese ❷ – Restaurant Schließi – Wiesendamm-Promenade – Am Wiesengrieuer bis Weilstraße – links über die Brücke zum Naturbad am Schlipf ❸

Riehener Schlipf – Ötlingen: Am Naturbad Schlipf Treppenweg bergwärts – Riehener Weinweg – Tüllinger Weinweg – St. Ottilienkirche/Obertüllingen – von der Kirche zur Straße und links der roten Raute nach – rechts Tüllinger Höhe/Lindenplatz ❹ – Tüllinger Weg – abwärts durch Wald bis zur Bank am Waldrand, dort rechts ins Märkgräfler Wiiwegli (rote Raute mit gelber Traube) – Ötlingen

Abstecher

Tierpark Lange Erlen: Riehenteich – zweite Brücke Ufer wechseln und am Überlaufkanal Wildschuss links – auf halber Strecke des Seitenkanals zur Wiese links in den Pfad, der bald in einen breiteren Weg einmündet – am Bach entlang, vorbei an idyllischer Weiheranlage mit Grillplatz – der Wiese nach – unter Bahndamm durch – gleich dahinter befindet sich ein Seiteneingang in den Tierpark ❺. Zeit: 0 h 20

Verlängern

Vitra-Design-Museum, Weil ❻: Von Ötlingen auf einem der Rebwege nach Haltingen runter – links Große Gaß – geradeaus Weilweg (Radweg) – beim erkletterbaren Kunstwerk (ein Stuhl natürlich) rechts in den Verner-Panton-Weg – Vitra. Zeit: 0 h 30

Variante

Tüllingen – Hornbrunnenweg – Haltinger Weg (bzw. Marktfrauenweg, den einst Haltinger Marktfrauen zum Lörracher Markt nahmen, unterwegs passiert man noch eine alte Sitzbank, wo diese mit ihrem schweren Gepäck ausruhten) – am Wegweiser »Marktfrauenweg 364 m« auf der Westseite des Tüllinger dann rechts ins Markgräfler Wiiwegli – Ötlingen. Zeit: 1 h

Seitenblicke

❶ Badefreuden ganz ohne Egel
❷ Wilde Wiese
❸ Da weint nicht nur der Eisvogel
❹ Schibi, Schibo
❺ Der Platzhirsch
❻ Ein Stuhl geht um die Welt

SEITENBLICKE

Badefreuden ganz ohne Egel

1 Nur noch der Name erinnert an den Waldsee, wo sich einst Blutegel wohlfühlten. Aus Egelsee wurde Eglisee, hat also nichts mit Egli, dem wohlschmeckenden Flussbarsch, zu tun. Zu jener Zeit breitete sich hier noch die sumpfige Auenlandschaft der Langen Erlen aus, die durch die Korrektur des Wiese-Flusslaufs trockengelegt wurde. Als dann, aufgrund der Verlegung des Badischen Bahnhofs 1906, das beliebte Badhysli am Riechedych (Riehenteich) weichen musste, sorgte die Stadt 1911 für Ersatz. Das Luft- und Sonnenbad Egliseeholz, in dem es natürlich separate Männer- und Frauenbadestunden gab, stieß bald an seine Kapazitätsgrenzen und erfuhr 1930 den Ausbau zum modernen Gartenbad Eglisee. Mit drei Fünfzig-Meter-Becken, Zehn-Meter-Sprungturm, einer Tribüne (»Affenfelsen«) für tausend Zuschauer, Liegewiese und Park mit altem Baumbestand setzte es neue Maßstäbe im Schwimmbadbau. Die Idee des getrennten Badens wird fortgesetzt im »Fraueli«, das sich hinter der denkmalgeschützten Fassade der alten Badi im östlichen Part der Anlage verbirgt. Immer noch bezieht das Eglisee sein Wasser aus der Wiese, mit dem Unterschied, dass es den Kreislauf einer Reinigungsanlage durchläuft. Eine weitere Besonderheit ist die ganzjährige Nutzung der Badeanlage. Im Winter verwandelt sie sich in die »Kunschti«, auf der Schlittschuhläufer ihre Pirouetten kratzen und Eishockey-Turniere für Spannung sorgen.

→ www.badi-info.ch

Wilde Wiese

2 Des »Feldbergs liebligi Tochter«, wie Hebel die Wiese nannte, benahm sich alles andere als lieblich, je näher sie dem Rhein kam. In Hochwasserzeiten sorgte der Fluss immer wieder für wilde Verwüstungen, sodass er in mehreren Etappen bis Ende des 19. Jahrhunderts begradigt wurde, was die Entsumpfung der Auenlandschaft zur Folge hatte. Die Erlen, die ihre Wurzeln gern in Wasserbädern tränken, verschwanden zunehmend. Heute findet man in den Langen Erlen nur noch selten die Namensgeber, sondern Buchen, Eichen, Pappeln, Rosskastanien, Robinien, aber auch Exoten wie Tulpenbäume, Sumpfzypressen, Roteichen, Mammutbäume, Zuckerahorne, Eisbeerbäume. Der Sammeleifer der Gärtner hat seinen Ursprung in der zweiten Hälfte des 19. Jahrhunderts. Mit der Industrialisierung wuchs Basel, die Stadtmauern wurden geschleift, die Gräben aufgefüllt und der Wert von Erholungsflächen erkannt. Doch zunächst sollte der Rat eines Fachmanns eingeholt werden. Der unter König Ludwig II. tätige Münchner Hofgärtner weilte 1860 zwei Wochen in Basel und sein Urteil über die Grünanlagen der Stadt fiel mitunter vernichtend aus. »Das Klima trägt wohl am wenigsten Schuld an dem kümmerlichen Aussehen vieler Bäume, an den verwachsenen Gestalten der einen und dem vorzeitigen Altern der anderen«, hält er in seinem Gutachten fest und liefert auch gleich Pläne für die Verschönerung. Der Basler Kunstgärtner Heinrich Theiler setzte zwischen 1863 und 1867 Effners Anregungen in den Langen Erlen um: breitere Fußwege, Brücken, lauschige Picknickplätze. Der einstige Nutzwald, in dem sich gerne auch Holzfrevler, Lumpengesindel und Dirnen herumtrieben, ja selbst tödliche Duelle stattfanden, hat sich zu einem beliebten Park gemausert.

Da weint nicht nur der Eisvogel

Der direkte Weg von Lörrach nach Weil versperrt, 735 Meter Schweizer Grund liegen dazwischen. Also muss man umständlich über zwei Zollstationen vor einem deutschen ins andere deutsche Städtchen. Mit dem Schengener Abkommen wäre das im Grunde kein Problem mehr gewesen. Dennoch hat sie sich durchgesetzt, die Zollfreie, und über Jahrzehnte die Gemüter erhitzt.

Da gibt es einen Staatsvertrag von 1852 über die Errichtung des Badischen Bahnhofs, in dem die Eidgenossen dem damaligen Großherzogtum Baden auch das Recht zum Bau dieser Straße zusprechen. Es gibt einen zweiten Staatsvertrag von 1977, in dem beim Bau des Autobahnzolls auf deutschem Grund die Straße erneut fixiert wird. Und es gibt Umweltschützer, die ein Stück Natur retten wollen, das beim Bau der Straße verschwinden soll. Am 17. Januar 2004 eröffnet der Basler Arzt Martin Vosseler am Wiese-Ufer ein Zeltdorf des Widerstands, tritt in einen Hungerstreik und hält in der Basler Leonhardskirche dreimal täglich Andachten ab. Gekämpft wird für den letzten auenähnlichen Raum des Kantons Basel-Stadt und damit letztes Refugium von Eisvogel, Pirol, Wendehals und anderen vom Aussterben bedrohten Vogelarten. Tatsächlich erreicht Vosseler an seinem 26. Fastentag einen Baustopp. Doch die Diskussion auf politischer Ebene fällt immer wieder zugunsten der Zollfreien aus. Eisvogel & Co. sind eben nicht rechtlich verankert. Noch vor der Volksabstimmung zur »Wiese-Initiative« im Februar 2006 schafft die Basler Regierung Fakten und lässt über hundert Bäume roden. Ein Großteil der Bevölkerung ist entsetzt. Das Basler Stimmvolk gibt danach ein klares Ja zum Schutz des Wiese-Ufers. 4. Oktober 2014. Die Zollfreie wird eingeweiht. Staatsvertrag bleibt eben Staatsvertrag.

Weiher in den Langen Erlen

SEITENBLICKE

Schibi, Schibo

4 »Schibi, Schibo«, schallt es vom Tüllinger, während Feuerbälle durch die Nacht sausen, als sei ein Inferno ausgebrochen. »Die Schiibe soll go, die Schiibe soll suure, im Dingsbums (hier ist der Name des Opfers zu ergänzen) an d'Schnuure, die Schiibe soll danze, im Dingsbums an Ranze!« Nicht nur Rügen, auch Segenssprüche können mit den Scheiben in den Himmel geschlagen werden, wenn am Funkensonntag die Fasnachtsfeuer auf den Bergen lodern. Im Markgräflerland und Schwarzwald ist der uralte Brauch des Scheibenschlagens noch verbreitet, auch in Vorarlberg, Südtirol und im Bündnerland. Im Baselbiet wird er nur noch in Biel-Benken praktiziert. Dort heißt er Reedlischigge. Einst flogen die glühenden Reedli auch von der Riehener Bischoffhöhe, bis die Überbauung dem ein Ende setzte. Selbst mitten in Basel pflegte man im Mittelalter den Brauch, zogen junge Burschen mit Fackeln zum Münsterplatz, wo sie Feuer anzündeten und Scheiben schlugen. Der Basler Rat setzte extra Stadtknechte ein, die darauf achten mussten, dass kein Feuer ausbrach, wie das im März 1090 in Lorsch bei Worms geschah, als eine Feuerscheibe das Kloster in Brand setzte. Es ist der älteste Hinweis auf das Ritual. Winteraustreibung, Fruchtbarkeitskult, Abwehrzauber, Reinigung – Deutungen gibt es viele. Schicksalsräder, deren Flug durch die Lüfte das Auf und Ab des Lebens symbolisiert?

Zimmer 2005

Der Platzhirsch

5 »Unzufrieden sind die Verehrer der Langen Erlen, weil die Ingenieure des neuen Badischen Bahnhofs an der Schwarzwaldallee vom Kleinbasler Paradies ein Stück wegzwackten. An der gleichen Stelle, wo jetzt lauschige Bänklein zu poetischem Stelldichein einladen, rasseln prosaische Eisenbahnwagen Basel–Hamburg vorbei. Am meisten werden sich die Berliner freuen, die via Lange Erlen in die Schweiz fahren. Sieht ein neugebackener Ehemann daselbst vom hohen Damm in den Tierpark hinunter, so wird er seinem Weibchen zuflüstern: ›Juste, kiek mal da; wir sind schon im Hochjebirge, wo sich Jemsen und Steinböcke rumtreiben!‹« So hallte der Proteststurm über den neuen Bahndamm in den Basler Nachrichten wider. Hatte der Tierpark nach zähem Ringen um Geld und Gelände aufgrund der Verschiebung des Badischen Bahnhofs im Herbst 1909 umziehen müssen, drohte just danach der Bau eines Bahndamms, der das neue Parkareal durchschneiden und damit auch die schöne Aussicht auf die Rheintalhöhen rauben sollte. Es half kein Ringen, der Damm wurde gebaut. Nichtsdestotrotz verhalf das ganze Prozedere dem ältesten Tierpark der Schweiz zu seiner heutigen Größe. Er wuchs von nur wenig mehr als einem Hektar auf fast sechs Hektar. Seit Anbeginn, seit seiner Gründung 1871, ist der Erlen-Verein der Träger des Tierparks und bleibt seinem Grundsatz treu, den Besuchern kostenlos die einheimische Tierwelt näherzubringen. Viel hat sich in den letzten Jahren getan. Die Gehege sind größer, offener geworden. Nach wie vor sind die Hirsche das Aushängeschild, und die Weiheranlagen vermitteln mit ihrer Vielfalt an Wasservögeln eine Ahnung von der ehemaligen Auenlandschaft. Im Erlebnishof tummeln sich vom Aussterben bedrohte Nutztiere: Bündner Strahlenziegen, Diepholzer Gänse, Wollschweine, Walliser Landschafe, Poitou-Esel, Sardinische Zwergesel, aber auch Ponys, Kaninchen, Meerschweinchen. Der Bauerngarten zeigt in Vergessenheit geratene Gemüse- und Beerensorten. 2008 zog der Luchs ein, 2011 die Europäische Wildkatze. Kaum ein Tier unserer Breitengrade, das hier nicht zu entdecken wäre.

→ www.erlen-verein.ch

Ein Stuhl geht um die Welt

6 Alles begann mit einem Stuhl, den Willi Fehlbaum 1953 in New York sah, woraufhin er beschloss, Möbelhersteller zu werden. Nur innovative, mutige Designer mit ausgeprägter Handschrift bekamen die Entwurfsaufträge, wie Charles & Ray Eames oder Georg Nelson, deren Stühle heute Ikonen des Fünfzigerjahre-Designs sind. Vitra-Stühle revolutionierten die Möbelwelt. Doch dabei blieb es nicht. Das Unternehmen, das 1957 in Birsfelden und Weil am Rhein begann, setzte auf Gesamteinrichtung. Der Vitra-Campus, wie sich das Areal heute nennt und das auf dem Weg von Obertüllingen nach Ötlingen ins Auge sticht, lohnt nicht nur für Möbel-Fans einen Besuch. Architektur, die Grenzen sprengt, mit neuen Perspektiven überrascht, vereint sich auf dem Campus. Darunter die Schöpfungen von sieben Pritzker-Preisträgern (sozusagen der Nobelpreis für Architektur). Manchen Gebäudekreateuren hat erst Vitra zu Weltrang verholfen, wie Zaha Hadid, deren Handschrift das ungewöhnliche Feuerwehrhaus trägt.

Das 1989 eröffnete Vitra-Design-Museum, von Frank Gehry entworfen, beherbergt unter anderem die Stuhlsammlung von Rolf Fehlbaum, Chef des Vitra-Imperiums bis 2013. Herzog & de Meuron konnten sich 2010 im Vitra-Haus verwirklichen. Seit Juni 2014 offeriert der Vitra-Rutschturm von Carsten Höller einen Adrenalinkick. Vom 30,7 Meter hohen Kunstwerk lässt sich aber auch ohne Rutschpartie durch die enge Kurvenröhre ganz einfach eine neue Perspektive genießen.

→ www.vitra.com, www.design-museum.com
Rutschturm bei guten Witterungsverhältnissen Mo–So, 12–16 Uhr geöffnet

Rheinschwimmer unterhalb der Mittleren Brücke

17 Rheinschwimmen

Alles geht bachab

Ein kurzer »Stadtspaziergang« mit minimaler Ausrüstung, ein kleines Stück in Richtung Holland.

Freddy Widmer

Am schönsten ist es morgens um sechs, sagt einer. Dann gehöre der Rhein ihm allein. Das Wasser sei ganz ruhig, die Stadt ganz still, noch nicht mal am Erwachen. Ein schönes Licht, das allmählich von Osten her in die Stadt sickert, aber noch nichts Geschäftiges, außer für den Hund, der ausgeführt wird; noch nichts in Bewegung, außer den zwei Joggerinnen; noch kein Verkehr, außer einem scheinbar verirrten Lastwagen auf der Schwarzwald- und einem leeren Tram auf der Wettsteinbrücke.

Am schönsten ist es am Abend, sagen viele. Sich mit all den anderen dem Sonnenuntergang entgegentreiben lassen und wissen: Die Tasche mit dem Picknick wartet am Ufer; dort treffen wir uns dann. Einer hat die Gitarre dabei, ein anderer ein Bier oder zwei. Fast ein bisschen Ferien. Zumindest der perfekte Feierabend.

Am schönsten ist es immer, sagen einige wenige. Und mit »immer« meinen sie nicht Tages-, sondern Jahreszeiten. Es sind, so scheint es zumindest, mehrheitlich Frauen, die auch im Dezember und im Januar und im Februar im Rhein baden gehen, Grüppchen von Frauen. Anzahl Grad der Luft gleich Anzahl Minuten, die sie im Wasser bleiben, das ist

Einstieg unterhalb der Wettsteinbrücke

für sie die ungefähre Faustregel. Und das Beste daran – hm, wie soll das einer beschreiben, der es nicht am eigenen Leib und Gemüt erfährt?

Historisch waren beim halbwegs institutionalisierten Baden im Rhein allerdings die Männer zuerst dran. 1831 wurde auf Initiative der Gesellschaft für das Gute und Gemeinnützige (GGG) bei der Pfalz unterhalb des Münsters ein Bad für Männer eröffnet; sechzehn Jahre später nahm gleich nebenan eine Frauenbadeanstalt den Betrieb auf. »Anstalt« – das sagt schon, dass das damalige Baden im Rhein mit dem heutigen wohl nur schwer zu vergleichen wäre. Gegen Ende des 19. Jahrhunderts kamen zwei weitere Rhybadhysli dazu, 1886/87 jenes im St. Johann, 1898 jenes in der Breite. Diese beiden bestehen noch, wenn auch nicht mehr in ursprünglicher Form und ursprünglicher Größe, das Pfalzbadhysli dagegen wurde 1961 abgerissen.

Abriss hatte auch den beiden andern Badhysli gedroht. Die miserable Wasserqualität des Rheins wie auch vieler anderer Schweizer Gewässer – Stichworte: Düngung in der Landwirtschaft, Abwässer aus Siedlung und Industrie – war mittlerweile alles andere als einladend, die Schulen verlegten den Schwimmunterricht in die Gartenbäder. 1973 strich die Finanzkommission des Kantons die Beiträge für beide Badehäuser; aber private Vereine gründeten sich, die den Betrieb aufrechterhielten. In den Achtzigerjahren wurde das Baden im Rhein mit verbesserter Wasserqualität wieder populärer, dennoch hätte das Breite-Bad in den Neunzigerjahren ein zweites Mal abgerissen werden sollen, diesmal wegen baulicher Mängel. Und ein zweites Mal dachte das Volk anders als die Behörden und die Politiker: Zehntausend Menschen unterzeichneten die an den Regierungsrat gerichtete Petition »Rettet das Rheinbad Breite«. Unter Federführung der Christoph Merian Stiftung und mithilfe weiterer Institutionen wurde das Breite-Badhysli redimensioniert, saniert und 1994 wiedereröffnet – und durfte dabei seinen vorgestrigen Charme weitgehend behalten. Der Einzug des Restaurants Veronica und einer winterlichen Temporärsauna haben geholfen, die Institution Breite-Badhysli weiter zu stärken – so weit zu stärken, dass der Verein Rheinbadhaus Breite, unterstützt von Sympatisanten und Quartierbewohnern, nun sogar ein provisorisches Baubegehren für eine Erweiterung seines Badhysli eingereicht hat. Im Winter 2011/12 wurde auch das »Santihans« saniert; die Frauenzeitschrift *Annabelle* reihte es unter die zehn schönsten Schweizer Freibäder ein und verlieh ihm die Prädikate »urban, historisch, gemütlich«. Den Habitués allerdings fiele noch einiges mehr ein, aber sie behalten es auch ganz gern für sich, weshalb sie liebend gern hierherkommen – Menschen müssen dabei eine ganz wesentliche Rolle spielen.

Auffallend: Alle vier Rhybadhysli standen oder stehen am Großbasler Ufer, wir aber empfehlen hier einen nassen Spaziergang ausschließlich auf der in Fließrichtung rechten Seite. Selbstverständlich ist das Baden auch auf Großbasler Seite erlaubt und beliebt, rund um die beiden Badhysli natürlich oder auf einer etwas längeren »Bahn« vom Birskopf bis zur Wettsteinbrücke. Aber hier, am Großbasler Ufer, ist die Schifffahrt ziemlich nahe, hier sind die guten Ausstiegsorte rar und nicht so komfortabel, hier ist weniger Sonne – und hier ist weniger Betrieb.

Ein paar Faktoren sind zusammengekommen, um das Baden am Kleinbasler Rheinufer, zumindest bei entsprechendem Wetter, zum selbstverständlichen Alltagsvergnügen zu machen. Erstens (und wohl auch zweitens und drittens) die verbesserte Wasserqualität. Zudem wurde die Uferzone zwischen der Mittleren Brücke und der Dreirosenbrücke neu »möbliert«; diese baulichen Maßnahmen haben dort nicht nur die Ausstiege verbessert, sondern auch neue Liege- und Aufenthaltsmöglichkeiten geschaffen. Ferner hat der seit 1996 in der Schweiz lebende deutsche Designer Tilo Ahmels den »Wickelfisch« erfunden, einen wasserdichten Badesack, in dem vom Portemonnaie über Schuhe und Kleider bis zum Handy alles trocken mitschwimmen kann. Und schließlich ist der »Bach«, wie die Basler ihren Rhein nennen, der Ort, wo man sich trifft, das sommerliche Kleinbasler Rheinufer ist so etwas wie Basels grosse Piazza. An schönen Abenden und Wochenenden ist es ein endloses Vergnügen, sich bachab treiben zu lassen – endlos ist die Prozession, die sich trocken in Richtung Schwarzwaldbrücke bewegt, und ebenso endlos ist die Prozession, die sich treiben lässt; und es ist ganz und gar nicht nur ein physisches Sich-treiben-Lassen. Ein letztes Indiz dafür, weshalb das Baden im Rhein für die Basler auch in anderem Wortsinne ein reines Vergnügen ist: Fast alle kommen sie mit dem Velo an den »Bach«.

📖 Degen/Maeder 2011
→ www.badi-info.ch/bs

Kleinbasler Rheinufer

Rheinbad Breite

Kiesstrand Kleinbasel–rheinabwärts

ROUTE 17

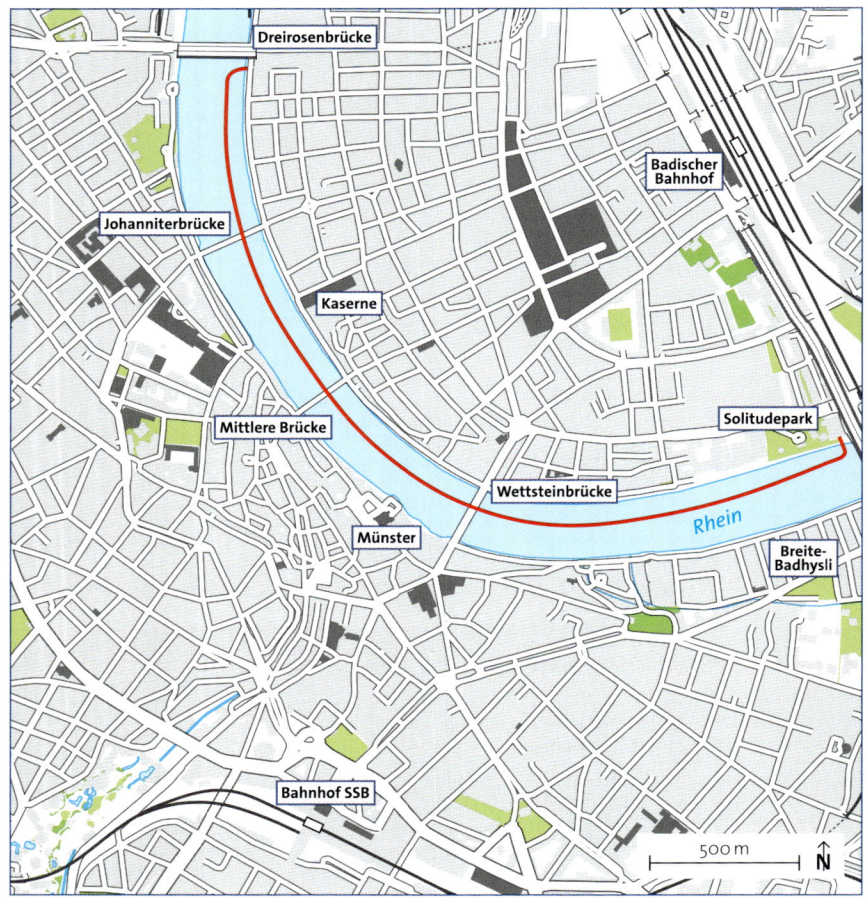

Ausgangspunkt
Kleinbasler Ufer, Kiesstrand unterhalb der Schwarzwaldbrücke und vor dem Tinguely-Museum; zu Fuß von der Wettsteinbrücke oder per Wassertaxi (Tel. 078 796 98 99, www.rhytaxi.ch)

Endpunkt
Beliebiger Ausstiegsort am Kleinbasler Rheinufer

Zeit
0 h 30, je nach Wasserstand etwas mehr oder weniger; Rückweg zu Fuß ähnlich lang

Unterwegs
Besser nicht zu sehr ablenken lassen – aber die vorbeiziehenden Häuserzeilen sind jederzeit einen Blick nach links und rechts wert

Diverse temporäre Buvetten (Beizlein) zwischen Kaserne und Dreirosenbrücke:
www.buvettedreirosen.ch
www.oetlinger-buvette.ch
www.flora-buvette.ch
www.rhyschaenzli.ch/buvette

Das Einmaleins des Rheinschwimmens

Neben den fürs Schwimmen und Baden in Gartenbädern oder Seen generell gültigen Vorsichtsmaßnahmen sind beim Baden im Rhein in Basel diese zusätzlichen Regeln zu beachten:

Wer sich nur mit Schwimmhilfe sicher fühlt, muss aufs Baden im Rhein verzichten.

Rhein-Einsteiger, gemeint sind Anfänger, suchen sich zunächst am besten einen oder zwei routinierte Begleiter.

Sich über die möglichen Ausstiegsstellen informieren und diese rechtzeitig »ansteuern«; nicht an Schiff- oder Fährstegen aussteigen.

Den Wasserstand beachten; bei Hochwasser sind der starke Zug und treibende Gegenstände wie Äste und Baumstämme sehr gefährlich.

Das Schwimmen in Rheinhäfen und bei Stauwehren ist verboten;

Nie in den Rhein springen, schon gar nicht von Brücken.

Die Fährleute mögen es nicht besonders, wenn auf ihren Stegen herumgeturnt wird.

Die Nähe von Brückenpfeilern meiden. Die Nähe von Schiffen ohnehin. Auch Bojen und vertäute Weidlinge meiden, nicht sichtbare Ketten oder Kabel können Verletzungen verursachen.

Nicht gegen Fischwehre schwimmen – dort kann sich gefährliches Schwemmgut ansammeln.

Markierungen für die Schifffahrt an den Brücken beachten (rot-weiss und gelb), die entsprechend markierten Brückenjoche meiden.

Schiffe, die talwärts fahren, sind nicht nur leise, sondern auch sehr schnell – ab und zu einen Blick rheinaufwärts werfen.

Vorsicht vor Scherben und Metallteilen in Ufernähe – Sandalen oder Schwimmschlappen sind empfohlen.

Regeln garantieren nichts; wie bei allen Outdoor-Aktivitäten ist auch beim Baden im Rhein Eigenverantwortung gefragt.

Routen-Telegramm

Kiesstrand Kleinbasel – rheinabwärts: Beim Kiesstrand ein paar Schritte in den Rhein – und der bringt uns dann rasch auf den richtigen Weg – die gedachte Linie zwischen den blauen Bojen einhalten – etwa 100 Meter unterhalb der Kaserne ragt ein markanter Pfahl aus dem Wasser, diesen Pfahl passiert man am besten in einem gewissen Abstand, denn das Wasser kann in seiner Nähe unangenehm unruhig sein – Ausstieg spätestens kurz vor dem Hafen des Motor Yacht Clubs Basel, 100 Meter vor der Dreirosenbrücke

Tipps

Tipp 1: Von etwa Ende Juli bis Mitte August ist während dreier Wochen oberhalb der Mittleren Brücke das Kulturfloß vertäut; es ist die Bühne für lokale bis internationale Musiker, die an der Konzertreihe auftreten. Das Floß sollte auf der linken Seite in sicherem Abstand passiert werden: www.imfluss.ch

Tipp 2: Im Winter ist im Restaurant Veronica (Breite-Badhysli am Großbasler Ufer) eine Sauna installiert: www.msveronica.ch, www.sauna-am-rhy.ch

LITERATUR

Amstutz, Irene / Strebel, Sabine, *Seidenbande. Die Familie De Bary und die Basler Seidenbandproduktion von 1600 bis 2000*, Baden 2002.

Baur, Esther / Nagel, Anne, *St. Alban-Tal in Basel*, Bern 2009.

Berger, Lore, *Der barmherzige Hügel*, Zürich 1981.

Brönnimann, Rolf, *Basler Bauten 1860–1910*, Basel und Stuttgart 1973.

Capus, Alex, *Fast ein bisschen Frühling*, Salzburg 2002.

Christoph Merian Stiftung (Hg.), *125 Jahre Christoph Merian Stiftung*, Basel 2011.

Clavel-Respinger, Alexander und Fanny, *Das Buch vom Wenkenhof*, Basel 1957.

Eggmann, Verena / Steiner, Bernd, *Kannenfeld*, Basel 1997.

FC Basel Fanclub St. Jakob 1975 (Hg.), *Erfolg isch nid alles im Lääbe*, Basel 2016.

Fischer, Helen, *Basel*, Zürich 1956.

Forter, Martin, *Falsches Spiel – Die Umweltsünden der Basler Chemie vor und nach »Schweizerhalle«*, Zürich 2010.

Frei-Heitz, Brigitte / Nagel, Anne, *Landschaftsgärten des 19. Jahrhunderts in Basel und Umgebung*, Baden 2012.

Geiser, Werner (Hg.), *Ereignis – Mythos – Deutung. 1444–1994. St. Jakob an der Birs*, Basel 1994.

Goethe, Johann Wolfgang, *Dichtung und Wahrheit*, Berlin 2000.

Golder, Eduard, *100 Jahre Birswuhr Neue Welt*, Basel 1984.

Golder, Eduard, *Der Birsig und seine Nebengewässer*, Basel 1995.

Golder, Eduard, *Die Birs. Ein Fluss sucht seinen Weg*, Basel / Allschwil 2004.

Greiner, Bernhard, *Römische Straßen und Siedlungsplätze auf den Gemarkungen von Grenzach und Wyhlen*, Verein für Heimatgeschichte Grenzach-Wyhlen, Jahresheft 1997.

Greiner, Sylvia, *Erinnerungen an das Kriegsende und die anschliessende Besatzungszeit*, Verein für Heimatgeschichte Grenzach-Wyhlen, Jahresheft 1995.

Gymnasium Münchenstein, *50 x Münchenstein – ein halbes Jahrhundert Gymnasialbildung*, Münchenstein 2014.

Habicht, Peter, *Basel – mittendrin am Rande*, Basel 2008.

Heimatkunde Baselland, *Arlesheim*, Liestal 1993.

Heimatkunde Baselland, *Münchenstein*, Liestal 1995.

Heyer, Hans, *Der Dom zu Arlesheim*, Arlesheim 1981.

Huber-Greub, Barbara / Andreae, Stefan, *Le Musée sentimentale de Bâle*, Basel 1990.

Huck, Hansjörg, *Vor dem damaligen Aeschen-Thor*, Basel 2006.

Hugo, Victor, *Le Rhin*, 1838.

Iselin, L. E. / Bruckner, A., *Geschichte des Dorfes Bettingen*, Basel 1963.

Jeanmaire, Claude, *Die Entwicklung der Basler Strassen- und Überlandbahnen*, Basel 1969.

Jenny, Christine, *Von Böcklin bis Tinguely. Internationale Kunst auf Basels Strassen*, Basel 1994.

Jenny, Hans A., *Basler Anekdoten*, Basel 1990.

Kemkes, Martin, *Regionalmuseum Römervilla Grenzach – Ein altes Museum in neuem Gewand*, Verein für Heimatgeschichte Grenzach-Wyhlen, Jahresheft 2012.

Kiechel, Lucien, *Geschichte der Stadt und ehemaligen Festung Hüningen*, Schopfheim 1987.

Kirschbaum, Emil, *Ein Jahrhundert Tierpark »Lange Erlen«. Festschrift zum hundertjährigen Bestehen des Erlen-Vereins 1871–1971*, Basel 1971

Kutter, Markus, *Kopfgeburt einer Nation – Das Dreieckland*, Basel 1988.

Labhardt Robert, *Kapital und Moral. Christoph Merian – eine Biografie*, Basel 2011.

Landesanstalt für Umweltschutz Baden-Württemberg, *Der Buchswald bei Grenzach*, Karlsruhe 1979.

Lauterborn, Robert (Zusammenfassung seines Rheinwerks in): *50 Jahre Rheinforschung – Lebensgang und Schaffen eines deutschen Naturforschers*, RegioWasser e.V. (Hg.), Freiburg 2009.

Lüthi, Roland, *Reinacher Heide. Exkursionsführer durch Naturschutzgebiete des Kantons Basel-Landschaft*, Liestal 2003.

Lussy, Peter, *Alles bleibt anders, 60 Basler Portraits aus 500 Jahren*, Basel 2001.

Meier, Eugen A., *Badefreuden im Alten Basel*, Basel 1982.

Meier, Eugen A., *Basel einst und jetzt*, Basel 1993.

Meier, Eugen A., *Das Erlenbuch. Der Tierpark Lange Erlen. Geschichte – Gegenwart – Zukunft*, Basel 1997.

Meier, Fritz, *Basler Heimatgeschichte*, Basel 1974.

Merian Park (Hg.), *Die Erholungsoase*, Basel 2005.

Mertens, Marion / Bösinger, Ruedi / Imhof, Paul / Knutti, Andreas / Küry, Daniel / Staub, Erich, *Der Lachs. Ein Fisch kehrt zurück*, Bern 2011.

Merz, Blanche, *Orte der Kraft in der Schweiz*, Aarau 1999.

Meyrat, Sibylle / Schnyder, Arlette, *Bettingen – Geschichte eines Dorfes*, Basel 2011.

Mischke, Jürgen / Siegfried, Inga, *Die Ortsnamen von Riehen und Bettingen*, Basel 2013.

Monteil, Annemarie, *Der Tinguely-Brunnen in Basel*, Basel 1980.

Müller, Christian A., *Die Stadtbefestigung von Basel, Beschreibung der Wehranlagen nach alten Plänen und Bildern*, Basel 1956.

Müller, Christian A., *Basel – die schöne Altstadt: Rundgänge zu den Baudenkmälern*, Basel 1973.

Nagel, Anne, *Das Grandhotel Les Trois Rois in Basel*, Bern 2007.

Neeracher, Otto, *Bader und Badewesen in der Stadt Basel und die von Baslern besuchten Badeorte*, Dissertation, Basel 1933.

Neisen, Robert, *Lörrach und der Nationalsozialismus*, Lörrach 2013.

Obrecht, Andreas, *Weltgeschichte im Leimental*, Basel 1987.

Raith, Michael, *Grenzen entlang*, Jahrbuch z'Rieche 2004.

Richter, Erhard, *Die Flurnamen von Wyhlen und Grenzach in ihrer sprachlichen, siedlungsgeschichtlichen und volkskundlichen Bedeutung*, Dissertation, Freiburg 1962.

Richter, Erhard, *Beiträge zur Geschichte von Grenzach-Wyhlen und Umgebung*, Schopfheim 1999.

Rohr, Marcel, *Alex Frei – der König des Strafraums*, Bern 2012.

Rueb, Franz, *Alfred Rasser*, Zürich 1975.

Ruetz, Bernhard, *Carl Christian Friedrich Glenck 1779–1845. Salzpionier und Gründer der Saline Schweizerhalle*, Zürich 2009.

Säulizunft Arlesheim (Hg.), *Arlesheim im 20. Jahrhundert. Geschichten und Gesichter*, Arlesheim 2009.

Saladin, Gregor, *Mit Volldampf in die Katastrophe*, Basler Magazin vom 4. Juni 1991.

Salathé, René, *Die Birs. Bilder einer Flussgeschichte*, Liestal 2000.

Salvisberg, André, *Die Basler Strassennamen*, Basel 1999.

Sanitätsdepartement Basel-Stadt, *Das Gartenbad Eglisee*, Basel 1931.

Schäfer-Schmidt Luise, *Maria De Bary. Erinnerungen aus ihrem Leben*, Basel 1915.

Schülin, Fritz, *Märkt – Kleine Ortschronik*, Weil am Rhein 1976.

$\rightarrow$

Schweizerische Vogelwarte Sempach (Hg.), *Vögel der Schweiz*, Sempach 2001.

Seiler, Lukrezia / Wacker, Jean-Claude, *»Fast täglich kamen Flüchtlinge«. Riehen und Bettingen – zwei Grenzdörfer 1933 bis 1948*, Basel 2013.

Staatskanzlei des Kantons Basel-Stadt (Hg.), *Das Basler Rathaus*, Basel 1983.

Staehelin, Balthasar, *Völkerschauen im Zoologischen Garten Basel 1879–1935*, Basel 1993.

Stiefvater, Hermann, *Heimatbuch Inzlingen*, Lörrach 1989.

Stinzi, Paul, *Die Sagen des Elsass*, Colmar 1929.

Sütterlin, Georg, *Heimatkunde des Dorfes und der Pfarrei Arlesheim*, Arlesheim 1904.

Tschamber, Karl, *Chronik der Gemeinde Weil*, Weil am Rhein 1928.

Tschamber, Karl, *Friedlingen und Hiltelingen – Ein Beitrag zur Geschichte der Ödungen im badischen Lande*, Hüningen 1900.

Verkehrsverein Leimental, *Vo hinge füre. Eine Gebrauchsanweisung für das Leimental*, Ettingen 2001.

Veiel, Friedrich, *Die Pilgermission von St. Chrischona*, Basel 1940.

Wanner, Gustav A., *Was Basler Gedenktafeln erzählen*, Basel 1964.

Wanner, Gustav A., *Rund um Basels Denkmäler*, Basel 1975.

Wanner, Gustav A., *Berühmte Gäste in Basel*, Basel 1983.

Windlin, Cornel / Fehlbaum, Rolf, *Project Vitra*, Basel 2008.

Wirz, Eduard, *Unser Riehen*, Riehen 1956.

Woerl's Reisehandbücher, *Führer durch Grenzach mit Emilienbad und Umgebung*, Würzburg und Wien 1890.

Ziegler, Hilde, *Guten Morgen, Goethe Nacht. Beobachtungen aus der Dreiländerecke*, Basel 2006.

Zimmer, Katja, *In Bökenwise und in tüfels hüten – Fasnacht im mittelalterlichen Basel*, Basel 2005.

Zschokke, Peter, *Vom Riechedych und em alte Glaibasel*, Basel 1970.

BILDNACHWEIS

15, 16, 20, 24, 25, 26, 30, 31, 32, 37, 40 unten links, 41 unten, 48 unten, 50, 55 rechts unten, 56 oben, 57, 58, 59 links, 65, 66 rechts, 70, 71, 78, 80, 81, 90
Michael Koschmieder

131, 144, 145, 149, 157, 160, 292, 297 oben
Freddy Widmer

59 rechts: Kunsthalle Basel (Arnold Böcklin, Maske für die Gartenfassade der Kunsthalle Basel 1871)

88 Archiv der Basler Zeitung

89 links: Archiv der Christoph Merian Stiftung, Basel

89 rechts: Archiv der Basler Zeitung

111 pro natura / Beat Hauenstein

112 unten: Museen Muttenz (Carl Jauslin, Das Eisenbahnunglück bei Münchenstein 1891)

117 Daniela Gschwerg

119 oben: pro natura / Beat Hauenstein

124 Stiftung Kloster Dornach

142 Ephraim Moses Lilien, Theodor Herzl auf dem Balkon des Hotels Trois Rois in Basel 1901

156 Archiv Familie Rasser (Alfred Rasser als Läppli)

161 Thomas Löliger

162 Siggi Bucher; für alle Werke von Friedensreich Hundertwasser © 2013 Namida AG, Glarus

175 oben: Münsterbauhütte Basel

176 Andreas Meier (Roger Federer beim Empfang im Basler Rathaus nach Wimbledon 2005)

177 Pro Specie Rara

178 Roland Schmid

182 oben: aus Claude Jeanmaire, *Die Entwicklung der Basler Straßen- und Überlandbahnen* (1969)

185 oben: aus Balthasar Staehelin, *Völkerschauen im Zoologischen Garten Basel 1879–1935* (1993)

185 unten: Archiv Basler Zeitung

192 FC Basel 1893

193 oben: Schloss Binningen

207 oben: Valentin Amrhein

209 Stadtarchiv Weil am Rhein (Rheinschwimmbad Märkt, Postkarte von 1928)

227 Kupferstich von Virgil Solis nach Heinrich Aldegrever (Männer- und Frauenbad um die Mitte des 16. Jahrhunderts)

246 Archiv Kurt Paulus, Grenzach-Wyhlen (Luftschiff LZ-127 »Graf Zeppelin« in der Anfahrt auf Sternenfeld am 12. Oktober 1930)

247 Schweizer Salinen AG (Solbad Schweizerhalle um 1900)

249 links: Illustration Markus Schaub (Rekonstruktionsversuch Römervilla)

249 rechts: Archiv Kurt Paulus, Grenzach-Wyhlen (Kurhaus Emilienbad, Foto: Emil Birkhäuser 1890)

249 unten: Archiv Kurt Paulus, Grenzach-Wyhlen (De-Bary-Weg- und -Villa, Postkarte)

256 Dokumentationsstelle Riehen (Grenzwächter auf Patrouille, Foto: Adrian Stückelberger)

273 Archiv Kurt Paulus, Grenzach-Wyhlen (Auf der Flucht, Holzschnitt von Josef Hauser 1946)

279 Eugen A. Meier (Wassermeisterhaus am Riehenteich nahe der Schließi um 1900)

294 Nils Fisch

297 oben: Nils Fisch